大变局中的机遇

郑永年 / 著

全球新挑战与中国的未来

中信出版集团 | 北京

图书在版编目（CIP）数据

大变局中的机遇：全球新挑战与中国的未来 / 郑永年著 . -- 北京：中信出版社，2021.7（2024.1 重印）
ISBN 978-7-5217-3252-8

Ⅰ . ①大… Ⅱ . ①郑… Ⅲ . ①中国经济—经济发展—研究 Ⅳ . ① F124

中国版本图书馆 CIP 数据核字（2021）第 111866 号

大变局中的机遇——全球新挑战与中国的未来

著　　者：郑永年
出版发行：中信出版集团股份有限公司
（北京市朝阳区东三环北路 27 号嘉铭中心　邮编　100020）
承 印 者：三河市中晟雅豪印务有限公司

开　　本：880mm × 1230mm　1/32　　印　　张：12　　字　　数：285 千字
版　　次：2021 年 7 月第 1 版　　印　　次：2024 年 1 月第 7 次印刷
书　　号：ISBN 978-7-5217-3252-8
定　　价：68.00 元

目　录

第三章 立足当下，认清机遇与挑战

第四章 中国的世界图景

第五章 全球发展新变量：疫情之后的世界

第六章 看清局势，看懂美国大选后的逻辑

第七章 聚焦：未来如何与美国共存？

自 序[①]

各种迹象表明，中国正在进入第三次开放。2020年11月，中国和东盟等国家签署了《区域全面经济伙伴关系协定》（Regional Comprehensive Economic Partnership，RCEP）。中国国家主席习近平在讲话中也表示中国对《全面与进步跨太平洋伙伴关系协定》（Comprehensive and Progressive Agreement for Trans-Pacific Partnership，CPTPP）持开放态度，考虑加入该协定。年底，中欧投资协定（CAI）谈判完成更是一项具有里程碑意义的事件。这一连串的发展都是中国当代开放历史上的大事情，它们预示着中国自1840年鸦片战争以来的第三次对外开放。从开放的性质来看，鸦片战争之后的第一次开放为被迫开放，20世纪80年代开始的开放是主动开放，而现在的第三次开放不仅是一场中国主动的开放，而且是诸多领域的单边开放。从开放的目的来看，第一次开放是求生存和解决“挨打”问题，第二次开放是要解决“挨饿”的问题，而第三次开放则是为了解决“挨骂”的问题，

---

① 本文的写作得到了邱道隆博士的帮助，在此感谢。

即通过竞争国际规则制定权，走近世界舞台中央并且在国际治理过程中扮演一个大国应有的角色。

近代以来的两次开放

近代以来，我国已经经历了两次开放。第一次开放发生在鸦片战争之后，西方列强船坚炮利，强迫中国打开了国门。这次开放是在西方列强强迫下的被迫开放。从历史上看，被迫开放是以往闭关锁国的结果。汉朝、唐朝和宋朝时期，中国曾经是当时世界上最开放的国家。但从明朝开始，中国王朝开始封闭起来，最终走向落后。明清两朝的封闭使得中国失去了两个相关的大时代，一个是海洋时代，另一个是工业化时代。明朝是世界海洋时代的开端。当时中国的海上力量为世界上最强大的。如果说郑和七次下西洋代表的是国家的力量，那么活跃于东南沿海的“倭寇”代表的则是民间海上力量，因为尽管“倭寇”指的是中国近邻日本人，但倭寇队伍当中也有不少是浙江和福建的民间海上力量。欧洲人的海洋时代由葡萄牙开启，西班牙、荷兰、英国和法国等随后纷纷加入。但无论从哪个角度看，中国当时的船队都不是任何一个欧洲国家可比拟的。明王朝保守的意识形态、北方边疆问题和宫廷斗争等因素使得中国的海上发展戛然而止。明王朝不仅中断了国家组织的海上活动，还禁止了民间的海上活动。中国就这样失去了海洋时代。

清朝在闭关锁国方面甚至较明朝更甚。当时欧洲首先开始商业革命，接下来是工业革命，资本主义体系由此而来。诚如马克思所言，资本主义创造了巨大的财富，促成西方世界主导整个世界。就中国而言，尽管学界普遍认为，明清出现了资本主义的萌芽，但始终没有能够发展出欧洲那样的资本主义体系。尽管学界迄今对“工业革命首先发生在欧洲而非中国”这一问题并没有统一的答案，但在众多的因素中，中国朝廷的闭关锁国政策无疑是其中一个重要因素。也就是说，闭关锁国政策也使中国失去了一个工业化时代。

根据经济史学家安格斯·麦迪森（Angus Maddison）的研究，直到19世纪20年代，中国仍然是拥有世界上最大GDP（国内生产总值）的国家，占了世界GDP的1/3。但仅仅20年之后，1840年中国在第一次鸦片战争中被英国打败，1860年的第二次鸦片战争中国再失败。之后，中国很快沦落为毛泽东所说的“半殖民地”国家。（亚洲另一大国印度的命运更惨。印度当时的GDP仅仅稍低于中国，居世界第二位，但印度全国沦落为英国的殖民地。）连续的战争失败使得中国的政治精英们逐渐意识到一个国家的强大并不在于其拥有的经济总量，甚至也不在于单纯的军事力量，而在于一整套新的制度体系，尤其是政治制度。但这种认识并不是一开始就有的，而是付出了血的代价。只有当中国被昔日的“学生”日本打败之后，人们才意识到建立新制度体系的重要性。所以，中国近代史也是中国政治精英寻找中国政治制度的历史，从晚清政治人物到孙中山、蒋介石和毛泽东都是如此。正如近代历史所昭示的，最终以毛泽东为核心的中国共产党找到了成功的道路。1949年，中华人民共和国成立，中国人民站立起来了，结束了近代以来连连挨打的悲催局面。因此，人们说，毛泽东这一代中国共产党人解决了“挨打”的问题。

20世纪70年代末和80年代初，我们开始了第二次开放。20世纪80年代，邓小平这一代领导人总结出了这样一条历史规律：封闭就要落后，落后就要挨打。要避免挨打，就要解决落后问题。因此，我们进行了一次主动的开放。正因为是主动开放，我们紧紧抓住了80年代以来全球化所带来的每一次机遇。实际上，“机遇”一直是80年代以来中国决策者用得最多的其中一个“常用语”。在过去的40年时间里，中国创造了一个又一个世界经济奇迹。中国从“贫穷社会主义”国家成为世界第二大经济体，是世界上最大的贸易国。即使从人均GDP而言，中国也从80年代初的不足300美元提高到今天的11 000美元。更有意义的奇迹在于扶贫。在过去的40年间，中国促成了近8亿人口脱贫；仅仅从中共十八大以来，就有1亿人口脱离贫困。2021年2月，中国宣布消灭了绝对贫困这一困扰中国几个世纪的难题。同时，中国更是对世界的扶贫事业做出了最大的贡献。因此，人们说，邓小平这一代中国共产党人解决了“挨饿”的问题。

第三次开放的必要性

究其本质来说，第三次开放就是要解决一个“挨骂”的问题。尽管人们对如何解决“挨骂”这个问题有不同的看法，“挨骂”的解决途径也必然是综合性的，但从开放的角度来讨论这个问题似乎更能看到问题的本质及其解决方式。

为什么“挨骂”？或者说西方为什么要“骂”我们？这可以从中国和西方之间的关系变化来解释，至少做部分解释。就中国和世界的关系来说，自改革开放以来，已经经历了几个阶段。在第一阶段，也就是20世纪80年代，我们实行的是“请进来”政策。经济发展需要资本，我们缺少资本，因此我们打开自己的国门，请外国资本进入中国市场。在这个阶段，我们和西方国家没有实质性的冲突。在第二阶段，也就是在 20 世纪 90 年代，我们为了加入世界贸易组织（WTO），实行“接轨”的政策，也就是我们改革我们自己的法律、法规和政策体系，以符合世界通行的规则，而世界通行的规则大多是由西方发达国家制定的。在这一阶段，我们和西方也不会发生矛盾。第三阶段是我们加入 WTO 之后，开始了“走出去”的阶段。先是中国的商品“走出去”。加入 WTO 之后，中国很快演变成为所谓的“世界制造工厂”（实际上是“世界组装工厂”），大量中国制造或者组装的产品销往西方和世界各个地方。再是中国的资本“走出去”。中国的发展迅速，很快从一个资本短缺的经济体变成一个资本剩余经济体。和其他所有形式的资本一样，中国的资本也开始“走出去”，包括国有资本和民营资本。最近几年，中国的技术也开始“走出去”。尽管改革开放以来，中国基本上是一个技术应用大国，而非原创大国，但在一些领域，中国赶上了西方国家。

中国“走出去”便和西方利益发生了直接的冲突。中国商品“走出去”使得越来越多中国物美价廉的物品占据了世界市场越来越多的份额；中国资本“走出去”对已经在当地的西方既得利益构成了压力；而中国技术“走出去”则被西方视为对其霸权构成了“挑战”甚至“威胁”。这些年来，西方国家尤其是美国对中国的“抱怨”和“谩骂”都是集中在所谓的“规则”领域，西方的核心思想就是中国没有遵守西方确立起来的方方面面的规则，例如 WTO 规则、投资贸易规则、海上自由航行规则、人权规则等等。

如果“规则”是中国“挨骂”的一个重要根源，那么我们就要从“规则”入手来解决这个问题。换言之，中国需要通过第三次开放解决“挨骂”的问题，而只有掌握了规则制定权才会彻底改变被动挨骂的局面。因此，第三次开放会是更深层次的开放，不是仅仅解决传统上投资贸易的数量和质量问题、技术升级和创新问题，而是重在竞争中国在国际上的话语权和规则制定权。实际上，对规则制定权的竞争是今天国际竞争的核心，更是未来中美竞争的核心。

但是，第三次开放不仅仅是为了应付“挨骂”的问题，还是国家实现可持续发展的需要。过去40多年改革开放历史的一个重要经验是，对外开放往往成为国内改革的推动力。一些人把吸引外资界定为开放的目的，认为中国本身已经具有足够的资本，不需要外资了。这种看法自然是很不科学的。中国在资本充足的时期还在大力引进外资是有多重理性考量的。

首先，中国看重的是外资带来的比当时的中国国内更为先进的管理理念、更完善的国际规则，因此在很大程度上，是在借助国际规则的压力来增强国内改革的动力，让中国的规则主动向西方的规则“靠近”。今天，随着中国产业经济的逐步升级和新业态的萌发，中国在某些领域已经开始具备了与西方类似的规则制定能力，特别是在互联网新经济的实践中，借助庞大的市场优势和商业模式创新能力，应当有更强大的动力和能力去提出新的规则，通过规则来解决当前中国国际话语权落后于西方、规则制定权掌握在西方手中的被动局面，进一步解决好“挨骂”的问题。

其次，在规则方面来自国际的压力和国际层面的迫切性也在增强。2021年2月19日，欧盟委员会主席冯德莱恩出席慕尼黑安全会议时，邀请美国加入欧盟监管数字市场的倡议，共同创建数字经济规则。冯德莱恩表示，“我们可以共同创建一个在全球范围内有效的数字经济规则：一套基于我们的价值观、人员及多元化、包容和保护隐私的规则”。欧洲缺失中国那样的高科技公司，但在竞争数字规则方面不遗余力，足可见“规则”竞争力的重要性了。实际上，在互联网和数字时代，西方对中国的担忧也是在中国制定规则的能力上。近来，西方智库集中关注“技术标准”议题，并将其与中美关系相关联，认为中国正在投入更多资源用于制定技术标准，并建议美欧国家在该领域加强合作，以保持长期优势。西方智库普遍认为，技术标准已成为大国竞争的核心议题，美国应更积极地参与其中，并设法在重要技术领域“挤出”其他大国。美国伍德罗·威尔逊国际学者中心刊文称，在围绕美国国家安全和大国竞争演变态势的讨论中，技术标准占据中心位置。美中经济与安全评估委员会的《2020 年年度报告》分析了中美全球战略关系、经贸关系、政治外交与安全等诸多议题，指责中国正与西方国家“争夺”关键技术标准的控制权，并攻击中国将技术标准作为经济与地缘政治利益的“政策工具”。新美国安全中心近期发布报告称，技术对国家经济实力和国家安全至关重要，是中美关系竞争面的核心议题。报告认为，美国应更加积极参与国际技术标准的制定。很显然，西方已经意识到在新的数字经济领域与中国竞争规则制定权的必要性和紧迫性，中国也应当加快相应的步伐予以应对。

最后，更为重要的是，考量到技术的扩散离不开资本的流动这一事实，我们更应当向外国资本开放。不管我们喜欢与否，一个不争的事实是，近代以来，大部分原创性的技术均来自西方国家。这一局面至今也没有发生根本性的改变。2018 年以来，全球科技竞争格局进入重构期，中美经贸摩擦和科技竞争加剧，以及“逆全球化浪潮”都对我国国际科技合作提出了新的挑战。一些人认为，美国封锁什么（技术），我们就能发明什么。这种观点没有任何科学依据。哪一个国家不想有技术发明？但新技术的发明需要大量的投入，需要很长的时间。即使大量的投入也不见得最终导向新发明。因此，在通往新技术的道路上总是充满巨大的风险。的确，关键的核心技术要不来、买不来、讨不来。但自主创新应当是开放环境下的创新，绝不能关起门来搞创新。我们不能对原创性的技术抱有幻想，认为短期内通过完全的自力更生就会成功，更不能认为核心的原创性技术能够“从天而降”。

美国的科技封锁给我国的自主创新列出了新的“任务清单”，但我们要对这些“清单”做更准确的识别，看看哪些是可以通过进一步开放来引入外国（特别是非美国的发达国家）资本、技术和人力的。这样做可以缩短技术创新的时间和节省技术创新的成本。当前，在“加快构建以国内大循环为主体、国内国际双循环相互促进的新发展格局”下，新的“外循环”不仅仅是资本和贸易的循环，更为重要的是技术，特别是核心技术的循环。历史地看，技术进步的本质就是开放，任何一个国家如果封闭起来，技术肯定会衰落。而这也是中国本身的历史教训。中国今天强调新型举国体制来发展核心技术，这是正确的，但是举国体制也要开放，苏联就是一个很好的例证。苏联时期的举国体制使其当时的技术进步非常快，但是因为不开放，没有竞争能力，很快就衰落了。

另一方面，从科技本身的发展规律来看，科技创新也需要国际合作，需要国际科学共同体的共同参与。尽管近来中美关系恶化，但西方科学界（包括美国的科学界）对国际合作依然抱有积极态度。这次席卷全球的新冠肺炎疫情在各国民粹主义的加持下不断被政治化和污名化，但是西方科学界对中国的抗疫举措还是持有较高的认同度，并与中国的科学界开展了积极的合作。2020 年 12 月 18 日，中国工程院院长李晓红、英国皇家工程院院长吉姆·麦克唐纳爵士（Sir Jim McDonald）和美国工程院院长约翰·安德森（John L. Anderson）共同签署的《中国工程院、英国皇家工程院、美国工程院关于应对新冠肺炎疫情的联合声明》倡议，应该让国际合作，而非竞争，成为应对疫情的设备研发、诊断、疫苗开发和生产、数据分析等领域取得进展的驱动力。同样，尽管美国政府尤其是反华政治力量以危害国家安全为名，对包括华为、字节跳动、大疆等在内的中国高科技企业实行了打压，并努力推动与中国的科技“脱钩”，但包括美国企业在内的西方企业一直在试图绕开禁令，继续和中国“挂钩”。2020 年 10 月，荷兰 ASML 公司表示，该公司对华出口 DUV（深紫外）光刻机将不受到美国的制约，也无须美国的批准。尽管华为更急需的是 EUV（极紫外）光刻机而非 DUV，但这已然表明在国际高科技领域，彻底的封锁是很难实现的。但所有的国际合作，只有在中国开放的条件下才能实现。一旦中国封闭起来，那么什么样的国际合作都是不可能的。显然，中国只有以更开放的姿态，才能吸引到更多的企业和学术共同体加强与中国的技术合作。

第三次开放与创造新的战略机遇期

RCEP 的签署和中欧投资协定谈判的成功，不仅意味着中国的开放层次、改革深度进入到一个新阶段，同时意味着中国在美国对中国发展的围剿和打压中取得了突破性的进展，这些都是主动创造新型

“战略机遇期”的举动。我们过去时常提“国际机遇”，但是以前的国际机遇和今天的国际机遇是完全不同的概念。此前的国际机遇是被动的，是国际上出现了机会，中国赶紧抓住；但如果今天继续沿用这一思路去考虑国际机遇，就很有可能会犯下错误。今天我们已经可以为自己创造很多国际机遇，而不是等待别人给我们国际机遇。

要创造新的战略机遇期，就要更积极主动地对外开放，甚至实行单边开放，这也是第三次开放的应有之意。单边开放意味着，即使美国（西方）不向我们开放，我们也要向美国（西方）开放。在对外开放的问题上，今天的中国不应当学美国，而应当学以前的大英帝国。从历史上看，大英帝国比美国成功得多，大英帝国是单边开放，其他国家即便不向英国开放，英国也向它们开放。美国永远是讲对等开放，只有其他国家向美国开放，美国才向它们开放。从效果来看，单边开放比对等开放要有效。在拿破仑试图用“大陆封锁”政策在商业上击败英国时，英国以“单边开放”彻底瓦解了拿破仑的封锁压力，在贸易上还获得了更多的突破。当然，单边开放也要讲条件，并不是无条件开放。上述 RCEP 和中欧投资协定并非单边开放。

近来，中国在创造新的战略机遇期上依然面临以美国为首的西方带来的压力和挑战。据《华尔街日报》2021 年 2 月初的报道，拜登政府在科技领域对中国的打压与特朗普政府相比只会有过之而无不及，而美国海外投资委员会（CFIUS）将在相关操作中扮演重要的角色，该委员会的国家安全专项小组正在对美国的初创公司进行严密的监控和审查，以寻找它们与中国有关的投资方的任何关系，尤其是涉及敏感技术的。2021 年 2 月 24 日，美国总统拜登正式签署一项行政命令，对四种关键产品的供应链进行为期 100 天的审查，分别为半导体芯片、电动汽车大容量电池、稀土金属、药品。该命令还以美国国防部用来加强国防工业基础的程序为蓝本，指导了六项部门审查，涉及国防、公共卫生、通信技术、运输、能源、食品生产领域。以上举措指向中国的意图十分明显。拜登政府更不顾美国企业界的反对，让特朗普时期对抗中国技术威胁的全面规定生效，这项最初于 2020 年 11 月就提出的规定，将让美国商务部有权禁止其认为对所谓国家安全构成威胁的技术及商业交易，这是保护美国供应链的努力之一。由谷歌前首席执行官埃里克·施密特（Eric Schmidt）领导的美国国家人工智能安全委员会（National Security Commission on Artificial Intelligence）在向美国国会提交的《最终报告》中，针对和中国的人工智能竞争与半导体供应链等领域提出诸多建议，企图遏制和围堵中国在人工智能方面的进步。

拜登还打算组建一个拟议中的“民主国家峰会”，该峰会将寻求建立一个明确的针对中国的方案。美国还将尝试组织较小的民主国家团体来应对先进通信和人工智能等方面的具体问题。拜登政府还意图联合主要民主国家组建技术联盟，包括开发新的电信技术，减少对华为 5G 设备的依赖。拜登政府还将提出几项方案，阻止向中国出售由美国、日本和荷兰企业主导的先进半导体制造技术，试图保持对中国半导体制造技术领先几代的优势。参议院多数党领袖舒默也表示，他已经指示议员们起草一项限制中国崛起的议案，利用美国国会两党都对中国强硬的态度去加强美国科技部门的实力。涉及数额可能高达千亿美元的法案估计会针对人工智能、量子计算、半导体等领域。

因为美国对中国崛起的担忧越来越甚，相信它会千方百计地打压中国。不管美国谁当政，中国在这方面都不应当有任何幻想。但是，中国必须诉诸理性来应对，而非清醒。这里所说的“单边”开放就是理性的产物。就能力来说，我国也已经强大到实行单边开放的时候。经过 40 多年的磨炼，中国积累了足够的物质财富和经验来应对全球化所带来的负面影响，来应付美国（西方）所施加的外部压力。

客观地说，中国的比较优势或者强项不是和美国的“对骂”，而是开放的潜力和市场规模。这些年来，中国一直在朝着更深更广的开放努力。这说明，有些领域我们还没有开放，而在另一些领域我们开放的程度还不够。考虑到开放的潜力加上我们的市场规模，任何一个领域的开放都足以改变国际资本的流向。事实上也是如此。

一个具有 4 亿中产市场的经济体，单边开放正在吸引越来越多的西方资本进入中国。2021 年 1 月 24 日，联合国贸易和发展会议发布的一份报告显示，中国取代了美国数十年来第一的位置，成为 2020 年全球最大的外国直接投资（FDI）流入国，吸引了 1 630 亿美元的资金流入。在疫情带来的全球经济震荡和不确定性下，中国市场成为全球经济的“压舱石”，也是诸多跨国企业 2020 年业绩增长的主要市场。2020 年 12 月 18 日，星巴克在全球投资者交流会上表示，未来 10 年将把全球门店从 3.3 万家扩张至 5.5 万家，中国是其发展的重中之重。2020 年，BBA（奔驰、宝马、奥迪）三大豪车品牌在华销量均实现大幅增长，创造了进入中国市场以来的最佳销售纪录。在特朗普发动中美贸易战之后，美国行政当局试图用财政资金吸引美国资本回流离开中国。当时日本的安倍政府也出台了类似的政策以吸引日本资本回流。但这些都没有得到可见的效应。高盛集团的一份报告显示，美国的半导体设备、材料以及医疗保健领域的大多数企业，不仅没有迁移出中国，而且还扩大了在中国的生产。日媒 JBpress 新闻网称，日本政府2020年4月出台的用于资助日企回流的专项资金并未起到应有作用，仅有5%的日企申请补贴，而且这些日企的主要目的也不是撤出中国市场，而是要借机重组。汇丰前海证券一项调查数据显示，2021年，在全球900多家机构投资者和大公司中，将近2/3计划把在华投资平均增加25%。德国大众集团总裁迪斯和英国汇丰银行CEO祈耀年甚至因夸赞中国而受到西方舆论的攻击。也就是说，不管美国行政当局或者任何一个西方行政当局的对华政策如何，包括美国在内的西方资本是不会放弃中国这一庞大市场的。

我们更应该看到第三次开放的战略意义。美国不仅自己在想方设法地分化中国，还想和盟友结成反华“统一战线”，表现为各种形式的“民主国家间的联盟”。那么，中国如何一方面分化美国内部力量，另一方面分化美国和盟友的“统一战线”呢？这是我们需要认真思考的问题。但总体上，如果美国想用政治和意识形态逻辑（即民主制度和自由价值），那么中国必须使用经济和资本逻辑（即开放和市场）来应对。一句话，第三次开放是中国有效分化美国内部力量、有效分化美国和盟友结成反华“统一战线”的最有效方法。只要中国是开放的，只要美国（西方）依然是资本主义国家，那么不管美国（西方）行政当局采取什么样的政策，中国和美国不会完全脱钩，中国和西方不会完全脱钩。

中国需要做什么？

对中国来说，我们需要思考的是如何通过第三次开放来重塑世界市场的规则。我们认为，至少在如下几个方面，中国可以有所作为。

1. 统一国内市场标准，构建非政府主导规则，避免规则辐射扩散受限和外资的政策套利。

第三次开放要强调规则的重要性。规则里有技术规则，以及社会、投资、贸易等方方面面的规则。首先必须将国内各地不同的规则统一起来。近代国家比传统国家更加强大，一个原因是前者具有统一的规则，而后者则没有统一的规则。近代主权国家首先在欧洲崛起，主权国家内部具有统一的规则。二战之后，欧洲国家又从内部规则扩展到国家间的规则，形成了欧盟。什么叫欧盟？欧盟就是一整套规则。欧盟之所以强大也正是因为有一套统一的规则。同样，其他各种各样的区域性组织包括北美自由贸易区、中国东盟自由贸易区、RCEP 等都体现为一整套规则。

今天，我们提倡通过“双循环”来实现可持续发展。可以从不同角度来理解“双循环”，我们认为通过“双循环”统一国内规则，再在此基础上实现规则的国际化，那么不仅可实现内部的可持续发展，而且可进一步融入国际经济，增强中国在国际事务中的规则制定权或者话语权。

首先需要通过规则的统一化来促进我们的内部大循环。统一的规则对市场经济和法治都至关重要。市场经济的本质就是法治，而规则的统一又是法治的前提条件。欧盟之所以被称为“欧盟”，并不是因为欧盟各国变成了一个国家，而是它把二十几个国家的规则统一起来了。正如 20 世纪 90 年代中国要加入 WTO 一样，在加入 WTO 之前，中国某种意义上还游离于世界体系之外。世界体系并不是抽象的，如 WTO 一样，有一整套规则，是各国都必须遵循的一套规则。如果规则不统一，经济的共同体就很难做到真正的辐射扩散。现在，京津冀、长三角、珠三角各经济区域内部没有统一的规则，各省份甚至不同城市没有统一的规则，不同企业之间也没有统一的规则。各方都对外商提供着优越的条件，表面上在竞争“开放”，但实际上走向了封闭。针对外商的营商规则各地很不一样，甚至同一个区的两个工业园之间的规则都不一样，这反而会导致外商难以做出抉择，影响他们的落户意愿。中国各地的内部规则一定要统一起来，至少要对接起来。没有统一的规则也就说明我们还没有一个统一的市场；而没有统一的市场，就很难把我们的贸易总量转化成为规则。内部规则统一，才能强化内部的竞争力，才能更好地走向世界。

与此同时，规则不一容易造成不同地区、不同企业之间为了吸引外资而产生“恶性竞争”，甚至不切实际地提出不符合本地情况的条件来吸引外资。在改革开放初期，一些地方不惜过度降低本地的环保和劳工保护政策的标准，虽然短时间里发展了经济，但是却牺牲了本地长远发展的社会和政治利益。外资企业也通过不同地区之间不一的规则作为筹码与地方谈判，使自己处在了有利的谈判地位上。近来，我国吸引外资的标准和要求相比改革开放之初都大幅提高了，更应当在规则上形成更好的合力。有更严格的要求，才能吸引到高质量的外资。

规则的缺失或者规则的不统一更影响着中国资本“走出去”的效率和效能。例如，国有企业一直在扮演着“一带一路”先行者的角色，但国企之间的竞争缺乏规则。经常有两家或者多家国有企业在外国恶性竞争，互相厮杀，结果不仅损害了中国的利益，而且也在当地国家造成了非常负面的影响。国有企业和民营企业之间的竞争更没有规则，往往造成巨大的经济损失。

再者，在政府层面的规则统一之后，也要注重社会（市场）层面规则的统一。如果社会（市场）层面没有形成有效的行业组织的规则，政府的规则就会形同虚设，即便各个地方政府之间消除了恶性竞争，也很难避免企业之间、行业之间开展自我降低规则的恶性竞争。在确立市场规则这方面，应当学习欧美的相关经验，构建非政府组织主导的私营规则，这些国家利用私营规则建立起行业壁垒，致使中国企业和产品走出去受阻，例如英国零售商协会（BRC）、美国材料与试验协会（ASTM）、电气与电子工程师学会（IEEE）等。当然，我们学习的目的不是构筑针对性的壁垒，而是为中国的企业和行业组织提供更多的博弈工具，政府与行业两条腿走路共同构筑的规则架构，更有利于中国规则的影响力。

2. 对现有国际规则进行再梳理和重新识别，影响、改革乃至创设国际规则。

在和西方国家进行规则竞争方面，中国面临着几个重要的问题和挑战。第一，对现存规则进行改革。中国通过“接轨”而进入世界体系。但世界体系不是抽象的，而是有各种规则的。现存诸多规则是在美国（西方）主导下确立的，反映的是西方的利益，而不是包括中国在内的发展中国家的利益。中国并不想在国际社会扮演一个革命家的角色，但我们是改革者，提倡通过国际体系和规则的改革使得世界体系更加公正公平。当中国的话语权提高了之后，更需要注意区别对待不利于自身和国际效率的国际规则，同时用更完善的国际规则推动国内改革。

第二，把市场优势转化为规则优势，利用好规则作为处理外部关系的“缓冲地带”。西方主导世界规则和西方的市场分不开。中国已经是世界第二大经济体和最大的贸易国，但我们仍然没有规则制定权。20 世纪 80 年代，中国提出了“以市场换技术”的政策，这句话最早运用在汽车行业。在政策的“保护伞”下，我们希望中国车企能学到西方先进的技术和管理。尽管这种“市场换技术”在一定程度上帮助了中国经济的发展，但是从更长远的意义上来看，该策略最终并不算成功。例如，2003 年德国宝马和华晨集团合资成立“华晨宝马”。然而，华晨跟宝马在投资的话题上相谈甚欢，一谈技术却总被拒之门外，华晨也没能打造出自主品牌，最终酿成悲剧。2020 年 11 月 20 日，既没核心技术又缺乏品牌影响力的华晨集团正式破产重整。华晨的黯然退场，表明中国制造业“以市场换技术”的道路几乎是被堵死了。

第三次开放应该从“市场换技术”转变为“市场换规则”，这尤其体现在数字经济这一新的业态领域。这方面，中国需要向善于制定规则的欧洲国家学习。就互联网发展和规则来看，即使欧洲国家没有大型的互联网企业，也在利用其市场力量，积极制定互联网规则。欧盟已经出台了诸多互联网监管法律法规，和美国、中国竞争规则权。中国尽管拥有很多大型互联网公司，占了世界互联网很大的份额，但我们的规则制定权少之又少。这一方面是由于过去大多数中国互联网企业都在中国市场内发展，很少真正“走出去”，大多数商业模式也是从美国借鉴过来，必然在规则上也沿袭了美国的方案；另一方面是中国互联网行业的发展还不够强大，没有引起足够的重视，所遇到的问题也都是美国互联网企业遇到过的问题。但美国对华为、字节跳动等企业的打压已经开始警示我们，如果没有足够的规则制定权，在规则上继续“美国化”，中国未来高科技企业的发展会举步维艰，也将在面对发展中国家的时候失去科技话语权。

再有，美国利用美国的“规则”来打击中国科技企业，尽管背后带有出于强烈的地缘政治、意识形态的考量，但是依然体现在对“规则”（包括法律）的运用上。相反，中国由于缺乏有效的规则反制手段，在反击时往往体现出较为明显的政治色彩，不像美国一样用规则手段来“包装”目的，在与西方的外交博弈中往往较为被动。这在华为和孟晚舟事件中表现得非常明显。由于缺乏规则领域作为缓冲地带，两起事件直接升级为了中加、中美乃至中西之间外交层次的“硬”冲突，使得事件更加难以解决和退让。如果能够有相应的规则在其中起到作用，事件本身可以更加“软”一些，处理起来的难度也会比现在小。中国不久前已经推出了《阻断外国法律与措施不当域外适用办法》，这是中国在面对美国（西方）无理打压时，通过规则杠杆进行反制的一个开始和好的尝试，今后应当更多利用这样的方式来处理，避免商业事件过度政治化。

第三，主动创始和参与未来规则的制定。近年来，中国通过推进经济区域化和全球化，在主动创始一些区域或者全球规则，例如“一带一路”倡议、亚洲基础设施投资银行和金砖国家新开发银行等，也积累了不少经验。下一步，中国要考量如何吸引更多的国家加入，让更多的国家接受我们的规则。作为大国，我们不能学习从前的西方，把自己制定的规则强加给其他国家；相反，我们在制定规则时需要充分考量到其他国家的利益和需要。在制定规则时要更加重视国际合作，特别是和非西方发达国家的合作，中国要避免美国过去使用世界经济领导权时犯的错误，着眼于长远的利益。在这方面，中国完全可以向世界发出令人信服的宣言，因为中国过去就是美国（西方）单边规则的受害者，今天中国自己制定的规则，必然要呈现出更多的包容性和多元性，是一个更加开放的规则体系。在互联网领域尤其如此，中国已经有了非常丰富的互联网实践，应当将这些实践总结和归纳，推动互联网国际规则的制定和创设，推动国际互联网规则的多极化。

3. 利用开放来实现更高水平的治理，实现国家治理体系和治理能力现代化。

如果说过去的开放更多在于通过开放倒逼国内的改革，这些改革主要包括技术进步、产业升级和对齐国外先进标准，那么第三次开放则重在通过开放来实现更高质量的国内治理，即实现国家治理体系和治理能力现代化。

在特朗普执政的四年里，“对等”理念构成了其对华政策的基石，双边关系也降至历史最低点。特朗普 2016 年当选总统之前，“对等原则”一般只适用于投资和贸易领域。美国人认为中国在过去 20 年里，未能兑现开放投资贸易、提供公平竞争和非歧视营商环境的承诺。特朗普政府充分利用了这样的不满和抱怨，在对华打交道时，突出强调“对等原则”。在“对等原则”的幌子下，特朗普政府对华采取了一系列强硬措施，包括对中国外交官和记者施加限制，撤销与中国人民解放军有关的学生和学者的赴美签证等。美国前财长保尔森长期以来对华友善，支持中美加强合作和互动。在 2020 年 11 月就中美关系发表演讲时，他也曾呼吁双方增加“针对性对等”。拜登新政府上台后，其策略有所不同，但预计也会主要依据这一理念来构建对华关系。无论双边关系如何发展，是好转还是恶化，“对等原则”都是潜在的催化剂。无论我们是否喜欢，能否接受，在中国与美国及其他西方国家的未来关系中，“对等原则”将越发重要。

尽管美国政府对中国的指责大多数并无道理，但不可否认的是，在对外开放的某些领域的限制性准入，是由于中国国内治理能力的要求还达不到的结果，即所谓的“管不住”或者“管不好”。这尤其体现在互联网领域，当然也不仅仅局限于互联网领域。随着中美在科技领域竞争的加剧，上述“对等原则”将在高科技领域体现得更加明显。大多数美国的互联网企业，特别是涉及意识形态的互联网企业，目前大多数都无法进入中国内地。

从长远来看，开放美国互联网企业（或者未来欧洲的互联网企业）有序地进入中国内地，是一个很难避免的现实问题。问题的本质在于如何能够在不影响政治、经济和社会稳定秩序的前提下，对它们实行有效的管理。这就需要通过在国内实践一套基于中国自身特色，同时又符合国际管理标准的互联网管理规则，并将这些规则首先运用于国内的互联网企业，使得互联网的管理、网络空间内容和意识形态的管理可预期，具有确定性，实现法治化和程序化。当前，全球各国都在加强对社交媒体的治理，这些国家不仅包括了欧美发达国家，也包括了很多在互联网领域比较落后的国家，因为社交媒体已经对这些国家的政治和社会安定产生了深远的影响，中国完全可以借鉴和参照其他国家的一些经验，提升互联网内容管理的法治化和机制化水平。这也是中国构建更高水平治理能力的必然要求。

4. 更加注重地方、社会层面的开放，让开放的颗粒度更细，层次更加多维。

第三次开放是诸多领域的单边开放。如前所述，单边开放的主要目的是要在中国面临恶性国际竞争和围堵的情况下，通过开放来分化其内部并非铁板一块的西方世界。其中，有几点开放的路径可供选择。

第一，促进地方层面的开放和交流。目前，中美友好省州、友城已分别达50对和231对。美国俄勒冈州中国理事会主席蓝进在接受新华社采访时表示，“地方和民间交往主体多元，具有资源广、接地气的特点，特别有助于筑牢友好互信的民意基础”。在特朗普政府加强对中国的贸易战和在各领域脱钩时，包括加州在内的地方政府却在不断加大与中国的合作。中国许多发达的地市级单位，在对外开放上拥有移民的亲缘优势、产业的对接优势，特别是闽浙粤沿海地区的城市，它们的开放需求更为迫切，也更具地方特色，可以鼓励这些地方开展更接地气、更贴近民众的开放和交流。

第二，促进社会层面的开放和交流。随着中国经济体量的进一步增长，社会利益多元性的进一步增加，不同社会群体、不同社会阶层对于开放的需求也更加各异，与此同时，各个社会群体在利益诉求上抱团开展对外交流和往来的力量也在增强。由社会层面开展的对外开放，要远比政府层面的需求更为精准，效果更加显著，可以构建更丰富的开放网络，形成更多的开放节点。同样，正如上文所述，西方的大企业和华尔街的资本家，并没有放弃中国的市场；相反，他们看好中国庞大的市场和稳定的商业环境，正大举加仓中国资产。麦肯锡全球研究院最新编制的中国—世界经济依存度指数显示，在贸易、科技和资本三个重点维度上，中国对世界经济的依存度相对有所降低；相反，世界对中国经济的依存度却相对有所上升。

5. 积极推动加入CPTPP的谈判和积极尝试推进中美双边投资协定谈判。

在今天的世界，规则的背后就是标准，方方面面的标准。在加入RCEP的同时，我们已经表示对CPTPP持开放的态度。RCEP和

CPTPP 是两个不同的事物：RCEP 主要涉及传统投资贸易关税等，而 CPTPP 是标准。很显然，对标准的竞争更有利于我们自身技术的提升和产品质量的提高。2020 年年底，我们又和欧洲国家完成了中欧投资协定谈判。这些表明我们有强烈的意愿参与未来标准的制定。

所有这些新进展都有助于激活中美双边投资协定（BIT）谈判。实际上，在中欧投资协定谈判启动前，中美双方于 2008 年启动了 BIT 谈判，到 2015 年进行了长达 7 年共计 34 轮的谈判。特朗普上台后，中美 BIT 谈判搁置。随着拜登政府上台，中美 BIT 谈判具备了重启的可能性。中欧投资协定谈判的顺利完成，也为激活中美 BIT 谈判提供了契机，可以在已交换的负面清单基础上改进清单质量、缩短清单长度，早日达成双边投资协议。即使美国还没有准备好重开谈判，我们也是可以释放善意的。

现实地看，如果中美之间的竞争不可避免，我们就不必避免和过于担心竞争。中美之间的竞争是看哪一个国家更开放，而不是看哪一个国家更封闭。从历史上看，哪个国家更开放，哪个国家就更能得到发展；一个国家如果变得封闭了，不管原来是多么强大，也会最终衰落。道理很简单，只有在开放状态下，世界市场才会存在，生产要素才会流动到那些开放的经济体。

如前所述，中美之间下一步除了技术竞争，更重要的是规则竞争。中美双边投资协定如果达成：一方面可以通过谈判让美方更加了解中国在规则制定上的诉求和态度，通过谈判的方式逐步接受中方的相应诉求，为双方的规则竞争寻找到一个新的平台和舞台，而非特朗普时期的制裁举措；另一方面，中国与欧盟的谈判已经表明中国有能力与发达国家进行规则性的谈判，并将基于自己市场的规则成功让发达国家接受。如果再能够与美国达成类似的协议，将进一步增强中国规则外化的能力，中国将真正实现从过去对标发达国家标准，成为国际规则制定的主要参与者。

一句话，如果内循环的核心是统一国内的规则，那么外循环的核心则是中国规则的国际化。如果从规则和标准的制定来看第三次开放，我们可以提高开放的格局。开放不再是传统的开放，而应当是更广、更深、更高层次的开放。通过连接内外循环，打通国际国内两个市场，在和国际接轨的同时实现中国规则的国际化。如此，我们就在实现内部可持续发展的同时实现外部的真正崛起。

最后，在本书即将付梓之际，感谢在本书成书过程中编辑团队的努力工作，感谢广东粤港澳大湾区研究院对本作品的支持，感谢读者朋友们长期以来对我的支持。

第一章

新发展格局与双循环

中国当前仍处于重要战略机遇期[①]

2020年10月，中共十九届五中全会召开，深入分析了我国发展环境面临的深刻复杂变化，认为当前和今后一个时期，我国发展仍然处于重要战略机遇期，但机遇和挑战都有新的发展变化。

在世界百年未有之大变局下，如何理解中国发展的战略机遇？立足“十四五”新起点，中国又该如何把握新机遇，创造发展新红利？

外企不会主动放弃中国市场

首先，从中国国内情况来看，市场规模巨大，经济潜能依然很大。中国已成为全球第二大经济体、最大的贸易国，拥有全球最庞大的14亿人口，其中中等收入群体至少有4亿人，相当于美国总人口，消费升级势头强烈。中国正在构建以国内大循环为主体、国内国际双循环相互促进的新发展格局，巨大的市场潜力和民众对美好生活的需

---

① 本文根据2020年10月香港《文汇报》对作者的专访整理。

要，为中国经济迈向高质量发展提供新动能。

其次，从国际发展的大环境和大趋势来看，世界经济开放发展与经济全球化仍然是必然趋势和客观规律。西方的企业在中国投资，最根本的原因还是为了赚钱。资本是逐利的，中国市场的规模已经在逐步接近美国市场的规模。如此大的体量，没有一家企业会主动放弃在这个市场中分得一杯羹。

中国已可主动创造“战略机遇”

根据美国著名经济研究机构彼得森智库的统计数据，过去两年有 6 000 亿美元流入中国。我和美国驻华商会交流，没有一个企业想离开或自愿离开中国。从历史上看，是白宫听华尔街的，而不是华尔街听白宫的。

从国际机遇来说，过去中国是被动地接受了“战略机遇”，即 given international relation。随着中国的崛起和在世界体系中地位的上升，中国已经从被动转向了主动。也就是说，今天的中国已经有了很大的能力主动在世界舞台上为自己创造“战略机遇”，而不是像从前那样，经常受制于外部环境。只要中国坚持做好自己的事情，同时坚定不移地扩大对外开放，用更大力度的开放打造更加有利于公平竞争的投资环境，与世界各国分享发展机遇，就能为自己创造更多全球化红利。

疫后“有限全球化”倒逼中国制造升级

“十四五”时期，中国经济将进入从高速度增长向高质量发展转型的历史攻关期，如何加快形成国内高端产业链布局，尽快掌握“卡脖子”核心技术，是中国面临的最大挑战之一。疫后世界将进入“有限全球化”阶段，从客观上倒逼“中国制造”转型升级，向产业链中的高附加值环节发展。这也是在新的战略机遇期里危中寻机的题中之义。

尽管中国是工业门类最齐全的国家，什么都能生产，而且生产量很大，但长期以来产业链偏低端，附加值低，不掌握关键的核心技术，因此，地缘政治一旦发生变动，就会受制于人。从现在开始，要加快形成国内高端产业链布局，尽快掌握核心技术，摆脱对外部产业链环节的技术依赖，真正拿出更多整装的“中国制造”产品。

外部压力比内部压力更有效

一个产品 99% 国产化，但 1% 的核心技术掌握在人家的手里，还是不行。汽车工业发展那么多年，原创性的东西有多少？我们的飞机发动机是别人的，航天领域的很多芯片也是别人的，这些东西中国是会做的，但是没有压力就做不出来。所以，来自外部的压力比内部的压力更有效。

这次新冠肺炎疫情将深刻影响地缘政治。全球化不会停止，但 20 世纪 80 年代以来的“超级全球化”渐近尾声，进入“有限全球化”阶段，全球产业链供应链面临新布局。目前有的国家已经开始把涉及国家安全的技术牢牢掌控在自己手里，或者分散风险，尽量把产业链放在不同国家。从短期看，“有限全球化”无疑会对中国经济产生较大冲击。但从长期看，中国将从“有限全球化”中获益：一方面，西方产业不可能全部撤离；另一方面，目前中国是世界上产业链最齐全的国家，而且国内市场广阔，中国企业不仅可以占领西方企业留下的产业链空间，还可以向产业链中的高附加值环节发展。

政府市场协同，扶贫成效显著

改革开放以来，中国实现了让近 8 亿人口摆脱绝对贫困，这在世界历史上前所未有。中国在脱贫攻坚过程中充分发挥政府与市场的作用，在强调社会二次分配的同时更加注重一次分配的作用，这一点值得世界其他国家借鉴。下一步，在精准扶贫的基础上，要控制相对贫困人口的数量。全球化的过程创造了巨量的财富，但也带来了所有国家财富差异的扩大以及贫困家庭的增加。这也是为什么西方国家这几年民主革命崛起，还有一些欧美国家实行贸易保护主义或者经济民族主义。

西方调控经济手段有限

改革开放以来，中国近 8 亿人口脱贫，正是因为中国从 20 世纪 80 年代开始加入全球化浪潮，这与西方国家贫困家庭增加的情况恰恰相反。为何会出现不同情形？

在欧美国家，资本主导一切，政府没能在收入分配和社会公平方面起到应有的作用。实际上到现在为止，西方国家政府干预经济的手段仍十分有限，一个是货币政策，另一个是财政政策。

而中国除了货币政策、财政政策，还有更多的调控手段。而且中国一直在鼓励民营企业的发展，这些企业对扶贫大有好处。当一个人失业了，光靠政府二次分配，很难过上比较体面的生活。而通过劳动所得，能够实现社会发展与扶贫的双赢。

要做好扶贫，需要发挥好市场与政府的作用。市场是做大饼的，政府是分大饼的，光强调政府“分大饼”，就会导致绝对平均主义。只有处理好市场与政府的关系，两条腿走路，双管齐下，扶贫才有希望。

壮大中等收入群体，畅通“内循环”关键

一定规模的中等收入群体是社会稳定的根基。未来五年，中国需要特别重视培育、壮大中等收入群体，这关乎中国经济扩大内需、推动内循环、建设强大国内市场是否成功，也关乎中国能否避免落入泰国、菲律宾及拉美那样的中等收入陷阱。

一直以来，中国拉动经济靠“三驾马车”，但现在“三驾马车”中，外贸受到疫情的巨大冲击，基建在经历过去多年的大规模投资后已经出现边际作用递减。要拉动经济，主要靠消费，这就意味着要进一步减少贫困人口、壮大中等收入群体，使消费力得到更大释放。

中国目前有 4 亿左右的中等收入人口，大约占总人口的 30%，与发达经济体还有差距，但也意味着有巨大潜力。试想，如果中国的中等收入群体占比也像美国那样达到 50%，那就是有 7 亿中等收入人口，

这得造就多大的市场？

未来五年，中国应该通过提升低收入人群的收入水平、稳定中等收入群体的制度保障等手段壮大中等收入群体。改革开放之后，尤其是20世纪90年代以来，中国中等收入群体的确成长很快，但缺乏制度保障。今天的中等收入群体说不定明天会变成贫穷阶层，小孩上学让他们变成孩奴，买了房子变“房奴”，家人得个重病可能倾家荡产，因为没有保障。所以，要把社会建设做起来，把社会保障做起来。

提升“软基建”，加强社会保障

中国这一轮发力的关键应当在于“软基建”，通过发展医疗、公共卫生、教育、公共住房、医院、老人院、都市停车场等加强社会保障。不解决“医疗、教育和住房”这三座新大山，穷人很难真正脱离贫困，中等收入群体就没有制度基础，也没法激发消费力。培育中等收入群体，在未来三五年、十来年很关键，一旦经济发展到中等发达国家的水平，就可能做不起来了，因此事不宜迟。

保持双循环至关重要[①]

21 世纪头十年，对于中国来说，无论内政还是外交，都是最好的时代。2001 年中国加入 WTO，那么多年的经济两位数增长，都发生在加入 WTO 之后。

国家发展需要资本，没有资本就很难运作，尤其是像中国这种大国。虽然 20 世纪 80 年代中国开始实行改革开放，但那时候进入中国的资本主要还是海外华侨以及中国香港、中国台湾的华人资本。1992 年邓小平南方谈话之后，真正意义的西方资本进入中国，这是中国加入 WTO 的重要动力。因为西方资本进入中国，中国产品要向西方输送，需要接轨。加入 WTO 之后，中国就真正跟世界经济融为一体了。

① 本文根据 2020 年 8 月第 16 期《新周刊》对作者的专访整理，原标题为《光嗓门大没用，要有自己的思想体系》。

全球化带来了什么？

21 世纪头十年，中国在很多领域获得了快速发展。2010 年，中国经济总量超过日本，成为仅次于美国的全球第二大经济体。但到了第二个十年，情况就不一样了。

其实，变化在 2007—2008 年西方发生全球性经济危机时已经开始了。中国抵挡了经济危机的冲击，而西方开始感觉到自身体制存在问题。因为全球性经济危机基本上是华尔街的危机，从金融危机演变为整体性的危机。

从“占领华尔街”运动起，大家就开始反思：全球化跟经济危机有什么关系？它带来了什么？

从宏观层面来看，各个国家都失去了经济主权。到今天为止，没有一个国家敢声称自己有经济主权——包括中国，因为国与国之间互相依赖。

经济的全球化、技术的全球化，导致政府税收的消失、就业的消失，这不是美国一国的个例。美国一直说中国人偷走了美国人的工作，而这当然不是中国的责任。因为生产资源在全球范围通过市场分配，iPhone（苹果手机）在美国产生不了多少工人阶级，工人阶级在珠江三角洲；而且，即使谈“转移”，目的地也可能是其他国家。

这一波全球化被称为“超级全球化”（hyper-globalization），它跟 20 世纪 80 年代以前的全球化不一样。从二战结束到 20 世纪 80 年代的全球化，是基于主权经济体制的全球化；这一波全球化则是生产要素在全球范围的分配，美国很难把所有的东西拉回美国，这也是西方感觉到的危机。

中国的崛起与西方的衰落

2008 年的经济危机也让西方世界感觉到，中国变强大、变自信了。

如果说中国以前韬光养晦，向西方尤其是向美国学习，2008 年以后，中国开始对西方有所怀疑：你怎么搞的？怎么还不如我搞得好？特朗普挑起的贸易战以及经济民族主义做法，可以上溯到 2008 年，这是一个延续的过程，不是一下子跳出来的。

西方在经济上至今没有解决结构性的问题，在政治治理上又出现了很多新问题，加上中国变得更加强势且自信，西方对自己的制度显得信心不足。

“9 · 11”、“非典”（SARS）、经济危机、特朗普上台、新冠肺炎疫情，这些看似偶发的事件，背后都有着大趋势发展的必然。即使这些事件不出现，也会有类似的其他事件出现。“9 · 11”是恐怖主义发展的必然结果，“非典”和“新冠”本质上是城市化和全球化的产物。它们发生的时间和地点是偶然的，但它们的发生是必然的。

特朗普上台更是如此。不是特朗普，另外一个人也会出来搞民粹主义。在欧洲，民粹主义早就抬头了；至于美国，中产阶层从二战以后的 70% 下降到不到 50%。中国是从穷到富，速度慢一点也可以接受，美国则是从富到穷，奥巴马当总统 8 年，美国中产阶层规模每年下降约一个百分点，全球化创造的财富，流到了少数人手里。

这直接导致了西方反华浪潮和认同政治（identity politics）的兴起，西方开始害怕中国的体系了。之后中国提出“中国制造 2025”、“一带一路”以及“中国模式”，这样的舆论和做法也进一步加深了西方的恐惧感。2008 年，美国还是奥巴马这样的传统精英当政，相对克制；特朗普一上台，他代表的保守势力就全面崛起，大搞民粹主义，开始把矛头指向中国。

保持双循环至关重要

外部环境在变化，与此同时，对中国来说，尽管内需比重越来越大，外贸不再像 20 世纪 90 年代或 21 世纪头十年占那么大比重，但外贸的重要性仍不容低估。

保持对外经济关系很重要，它不光是一个量的问题。过去我们常说美国制造、德国制造、日本制造，这些产品，比如当年从日本进口的相机、电视机等，都是整产品。而 20 世纪 80 年代以后，全球化导致国际分工的出现。所以，当我们说中国成为“世界工厂”的时候，“全球化”的内涵已经发生了变化。

这波全球化，中国主要聚焦的是西方技术向中国的扩散和应用。我们是个应用大国，还不算一个创新大国，创新近些年才被重视。正因为中国是个应用大国，所以国际经济环境的变化对中国影响很大。像华为，中国最好的科技企业之一，它相当比重的技术如芯片、操作系统仍依赖于外部供应，成为让人头疼的问题。

根据工信部部长苗圩的说法，美国是全球制造业的第一梯队，日本、欧洲是第二梯队，中国还处于第三梯队。跟新中国成立初期相比，中国的生产技术水平有了很大提高，但这些提高大部分基于西方技术的应用，自创能力仍然有限。对此，我们不能盲目骄傲，要有客观估计。

一方面，我们要发展内需；另一方面，我们还要有外部循环。没有外部循环，我们会再次封闭，逐渐落后。高层强调，我们要“逐步形成以国内大循环为主体、国内国际双循环相互促进的新发展格局”，这一点我们要记住。我们的技术还处于下端，很长一段时间内，我们还应广泛运用西方技术发展自身，因为西方技术也在不断进步；同时，一定要进行自主创新。

21世纪以来，中国确实迎来了发展机遇，而这个机遇也已发挥到了顶点。如今，我们也应该思考如何创造、把握新机遇，实现持续崛起。

未来世界经济的中心在亚洲

我们要看到，美国的衰落是一个长期过程。好多人说美国马上就要衰落、解体，其实不然。无论是经济实力、军事力量还是技术创新，美国仍然很强大。

美国是一个危机感驱动的社会，有危机它就会有反应。现在美国面对的这波危机，远远比不上20世纪60年代的反越战和黑人民权运动。社会抗议、反叛，可以说是美国制度的一部分，它的容积足够大，可以容纳这些矛盾，所以，不要错判美国。

在全球化背景下，我们必须从全球的视角来看问题，不能光看中美关系，否则就会犯错误。根据世界银行和国际货币基金组织（IMF）的预测，到2024年，中国的经济总量会超过美国，成为世界最大经济体，美国排第二，印度、日本、印度尼西亚则依次排第三到第五位。前五位有四个是亚洲国家，这说明，未来世界经济的中心在亚洲，所有国家的重点都会放到亚洲。

在这样一个局面下，中国不仅要跟美国竞争，跟印度、日本、印尼这些国家的竞争也会加剧。中国如何处理自己跟周边这些经济体的关系，就决定了中美关系的走向。中国绝对不要四面出击，如果这些经济体跟美国联合起来，哪怕中国经济总量最大，也没用。

所以，看中国的未来要跳出中美关系。跟美国以外这些大经济体的关系处理得好不好，直接影响中美关系的走向。

光嗓门大没用，要有自己的思想体系

事实上，中国与西方在经济上的竞争并不是那么强烈。中国的开放为西方带来了多大的利益？在某些领域，中国已经接近甚至超越西方，但这些领域跟西方的竞争并不是很强；总体而言，中国的制造业仍落后于西方。而对大部分老百姓来说，中国跟西方在经济上是互补的，主要分歧仍在于认同政治，就是文化、意识形态、政治制度方面的问题。

其实，从新中国成立初期开始，中国一方面反对美苏霸权，一方面也在寻找跟西方尤其是美国的共同利益。改革开放以后也一样，市场经济是资本主义还是社会主义，不争论。市场经济只是一个工具，资本主义可以用，社会主义也可以用。不争论就是不搞认同政治。

我们有不同，但我们也要求“同”。并不是说文明、文化、意识形态有差异就必然发生冲突。实际上，中国加入 WTO 后跟世界接轨，在越来越多的方面跟世界趋同。但有的人渐渐不去讲这些“同”，有时候即使是同，还一定要把它说成不同，比如一些自媒体或民间智库特别喜欢强调“我们不一样，我们比你们好”，这就有问题了。

塑造认同很重要。中国应该跟世界交流，跟区域来往，尽量寻求共同利益。刻意追求不同，就是在妖魔化自己。我们跟人家都是一样的人，只是有些微不同。比如我们用筷子，欧美人用刀叉，印度人用手抓，但一样是吃东西。与此同时，亚洲（包括中国）有政治、经济方面的实践，有跟西方不同的地方，有自己的模式。我一直在主张，要放弃西方的那套概念和理论，回归基本事实，回归科学，回归理性。

这个思路要用来形成社会科学理论知识体系，而不能用于宣传。我们现在没有这套知识体系，而是拿着西方的知识体系来解释自己。从美国拿一点，从英国拿一点，怎么解释得通呢？亚洲崛起得很快，但我们的人，尤其是知识界人士，还在受西方思想的殖民，这是最糟糕的。思想殖民产生的东西，就是加工和应用，缺乏吸引力，也解释不了自己。

为什么德国、法国的社科哲学互相吸引？因为它们基于事实建立了一套自给自足的理论体系，互相交流，这就是基本功。这跟趋同一点都不矛盾，越想跟别人趋同，越需要有自主理论原则，并不是照抄照搬就能跟人家趋同了。新中国成立初期建立的自主经济体系，跟世界接轨有矛盾吗？没有，正因为自主，所以接轨接得更好。

我们缺乏的是软力量。各种媒体形式中国比哪个国家都做得好，嗓门可以很大，但人家听得进去吗？人家听不懂，因为你没有自己的东西。西方的软力量强大，在于它背后有一套庞大的知识体系支撑；我们有钱、有技术，但我们没有这样的思想基础。建立这样的社科思想体系，恐怕需要几代人的努力。但没有这个意识的话，我们永远不能产生这样的知识体系。

科学准确地理解双循环[1]

党的十九届五中全会提出，要加快构建以国内大循环为主体、国内国际双循环相互促进的新发展格局。这是对“十四五”和未来更长时期我国经济发展战略、路径做出的重大调整完善，是着眼于我国可持续发展和长治久安做出的重大战略部署，对我国实现更高质量、更有效率、更加公平、更可持续、更为安全的发展，对促进世界经济繁荣，都会产生重要而深远的影响。

双循环战略无疑也是粤港澳大湾区下一步发展的政策背景。大湾区不仅要配合这个国家战略，更需要在推进双循环战略中扮演一个领头羊的角色。

---

① 本文写于 2020 年 12 月，原发表于华南理工大学公共政策研究院微信公众号“IPP 评论”，标题为《警惕对双循环经济的错误理解》，有删改。

科学准确地理解双循环

中央提出构建以国内大循环为主体、国内国际双循环相互促进的新发展格局，有着复杂而深刻的国际和国内背景。特朗普执政迄今，中美之间的新冷战早已经不是可能发生与否的问题，而是已经进入一个逐渐从不明朗走向明朗、从局部走向全面的过程。美国的对华政策表现为“只有你想不到的，没有美国做不到的”。中美关系因此陷入了一种“自由落体”状态，但仍然不见底。

即使拜登顺利入主白宫，也很难很快改变中美关系恶化的这种大趋势。不仅如此，在有些领域如民主、人权、意识形态等，还会有继续恶化的可能。

特朗普政府致力于中美全方位的脱钩，已经对中国和世界经济产生了巨大的负面影响。如果中美脱钩的趋势得不到控制，那么未来世界就会分化为“一个世界，两种体系”和“一个世界，两个市场”，即一个以美国为中心的体系和一个以中国为中心的体系，一个以美国为中心的市场和一个以中国为中心的市场。如果那样，世界就会两极化，即分化为以美国为核心的一极和以中国为核心的一极。

两极化对我国的发展是非常不利的。我国要破解美国搞两极化的努力，接下来的关键在于实现内部的可持续发展和持续的对外开放。发展还是硬道理。国家间的竞争本质上是经济的竞争，或者说经济竞争是其他所有竞争的基础。实际上，对所有国家来说，内部经济发展都是重中之重。再者，我国的深度开放更是“分化”美国内部力量的最有效手段，因为深度开放至少可以促成华尔街与中国合作。

从 20 世纪 80 年代到 2008 年全球经济危机，世界经历了一波超级全球化。超级全球化带动了资本、技术和人才在全球范围内自由流动，从而为各国带来了强劲的国际经济大循环动力。但当今的世界则经历着一个超级民族主义崛起的过程，表现为贸易保护、经济民族主义、反移民等。再者，中美关系恶化也影响着中国和其他西方国家的关系，因为美国千方百计地想组建“世界队”或者“同盟”来抗衡中国。

尽管已经不存在美苏冷战时代那样的一个整体的“西方”，中国也有能力化解美国把世界“两极化”的努力，但经济上国际大循环的动力明显减弱，已经远不如超级全球化时代。

同时，国内大循环动能日益强劲。中国已进入高质量发展阶段，国内需求潜力巨大，表现在多个方面：（1）中国具有全球最完整、规模最大的工业体系，以及强大的生产能力、完善的配套能力；（2）中国拥有1亿多市场主体（即企业）、1.7亿多受过高等教育或拥有各类专业技能的人才，以及包括4亿多中等收入群体在内的14亿人口所形成的超大规模内需市场；（3）中国正处于新型工业化、信息化、城镇化、农业现代化快速发展阶段。所有这些都显示着中国经济增长的巨大潜力。

国内大循环就是要把所有这些要素的作用都充分发挥出来，把潜力转化成实际的经济增长和发展动力。

内循环为主体意味着消费对国民经济增长的贡献比重越来越大。在从前的“三驾马车”即投资、消费和外贸中，投资规模很难再扩大，大规模的硬基建时代已经过去，新基建所侧重的高科技（例如5G）受到西方的围堵，外贸也受到国际环境的影响。因此，内需变得更加重要。

但是，以内循环为主体并不代表外循环不重要了。无论从理论上还是实践上，我们都很难把两个循环分离和对立起来。

一方面，改革开放以来，中国的经济发展就是在超级全球化或者国际大循环条件下实现的。中国经济已经是世界经济体的内在部分了，即使转向国内大循环，也不会脱离国际大循环。中国的沿海省份和城市，还是会以外循环为主。如果转向内循环，那么美西方和中国脱钩的目标就有可能实现。尽管国际环境在恶化，但外贸依然是沿海省份经济活动的重要组成部分。实际上，中国经济本身也早已开始走向世界。尽管在这个过程中遇到一些困难，但没有困难可以阻碍中国经济的国际化和中国企业的国际化。

另一方面，从国际关系来说，作为大国，中国担负着提供更多国际公共品的责任，这也要求中国不仅要继续加入国际大循环，而且还要花大力气推动国际大循环。实际上，尽管中国以国内大循环为主，但中国对世界经济的贡献并不会因此而减少。

粤港澳大湾区是双循环的领头羊

粤港澳大湾区尤其需要在推进双循环战略中扮演一个领头羊的角色。大湾区所处的特殊地理位置决定了大湾区是内部循环和外部循环的关联点，既要扩大内循环，也要扩大外循环。扩大内循环就是强化广东向周边地区的辐射和扩散效应，扩大外循环就是强化广东的外部经济。

具体地说，大湾区需要做至少三方面的事情：第一，大湾区内部强化融合和升级，把大湾区建设成“地域嵌入型世界级经济平台”；

第二，大湾区强调其辐射和扩散作用，实现和海南自由贸易港和福建—台湾海峡两岸经济区的互联互通，形成一个庞大的南方共同市场；第三，在此基础上，协调向南推进，对接21世纪海上丝绸之路，连接东南亚市场和RCEP，实现国际大循环。

大湾区是南方共同市场的核心，是国内国际双循环的关联点，因此大湾区本身的建设是关键。我们最近提出一个概念，即要把粤港澳大湾区建设成为一个“地域嵌入型世界级经济平台”。地域嵌入型世界级经济平台建设对粤港澳大湾区来说意义深远。

对国家总体来说，数量型的经济扩张已经到了顶点，进入发达经济体行列无疑需要依靠质量经济，即依靠高端资本、技术和人才。就资本来说，中国需要形成数个高端产业链，使这些产业链具有地域性，并不会因为外在形势的变化而迅速流失。强调“地域嵌入型经济”就是重新赋予经济的国家主权性质。

粤港澳大湾区需要补短板

我们在观察西方经济现象时发现，发达国家为资本、技术和人才创造了良好的“地域性条件”，使得资本成为“嵌入地域的资本”。正是因为资本需要流动，也不会停止流动，更需要给资本创造良好的地域条件。尽管当代西方主要国家问题重重，面临着各种危机，但并没有出现高端资本外流的情况。

即使今天西方社会财富分配不均的情况日益严峻，受影响的也大多是底层社会，并没有影响到上层社会，即社会的实际统治者。中、上阶层仍然和资本配合，享受资本带来的好处，而这些群体也正是掌握资本和技术的阶层。

世界上著名的三大湾区，美国的旧金山湾区、纽约湾区和日本东京湾区，都具有类似的特质。欧洲诸国也有很多类似的经济平台。优质资本、技术和人才都拼命地想进入这些平台。在全球化时代，资本是流动的，没有国界。人们也不能依靠政治（例如国家安全）和行政因素使资本停留。

“地域嵌入型经济”就是提供一系列条件，使资本都想进入，进入之后不会走、不想走、走不了。因此，我们认为粤港澳大湾区要建设成为地域嵌入式世界级经济平台，必须要补上一系列的短板。这些短板包括以下几方面。

第一，研发能力和科创能力依然薄弱，原创性技术不足。香港有基础研究和技术，但无市场；有人才，但无就业。香港的既得利益集团固若金汤，很难在短时间内打破，打破了也可能出现其他负面的效应。粤港澳大湾区的内地城市可以把香港的大学和科研体系一同考虑，尤其是和香港毗邻的深圳在这方面大有可为。南沙、前海和横琴可以设立一些香港的“特区”，实行香港的制度规则，和内地对接。这些“嵌入型香港特区”有助于有效吸引香港人才尤其是年轻人了解内地并融入内地。

第二，高端制造业依然缺乏。珠江三角洲曾经被称为“世界制造业基地”，形成了比较完整的产业链，但没能够整体升级，一直维持在劳动力密集型技术的阶段。2007—2008 年世界金融危机之后，尽管一些地区经过转型也得到了相应的发展，但没有起到留住和继续吸引优质资本应有的作用。

第三，与高层次人才配套的中小学教育环境有待改善。要想留住国际化的人才，就必须注重人才的具体需求，子女教育就是其中一个重要因素。本地是否已有或正在建设优质的国际化高中、初中、小学和幼儿园，是人才关注的重点。

简言之，我们应当认真深入研究世界上各类地域嵌入型经济平台的细节和规则，把粤港澳大湾区建设成这样一个超大规模的世界级经济平台。我们不仅要吸引到世界各地的优质资本、技术和人才，而且要促成他们在湾区内不断提升自己。这样，我们才能实现可持续的发展。

中国作为海洋大国需要国际大循环[①]

高质量发展是十九大以来的关键词，因为数量型的经济扩张已经到了一个顶点，产生了很多瓶颈，所以必须转向高质量发展。也正是在这个时候，我们遇到了百年未有之大变局，主要体现在中美关系的巨变上，以及由此引起的世界地缘政治的大变动。

我觉得广东改革开放的历史，甚至是近代的历史，有着非常特殊的地位。习总书记在庆祝深圳经济特区成立 40 周年的讲话中至少用了三个词来形容广东，他说广东是改革开放的排头兵、先行地、实验区。这些词分量很重，对广东来说，这是一份荣耀，更是一份责任。

如果我们研究近代以来的世界经济史，就可以发现高质量发展、质量经济一直跟海洋有关系。可以说，近代以来的历史围绕着海洋展开，这不难理解，因为世界上海洋面积占了 70%。所以，从历史上看，陆地代表的是帝国，海洋代表的是世界，海洋是通往世界各角落

---

① 本文整理自作者在第二届“海丝论坛”暨海洋经济高质量发展高峰论坛上的主旨演讲。

的最有效途径。为什么？海里除了鱼什么都没有，没有人阻挡你，陆地上你每走一步都是人、村庄，到处都是阻力，海洋里没有。但是海洋也不是很容易克服的，所以近代以来的技术创造都跟海洋有关系。

主动出击第三次开放

二战之后的海洋和陆地之争，大家看得非常清楚。苏联是陆地国家，美国是海洋国家，后来苏联解体，美国在冷战中获胜，可以理解成海洋战胜了陆地。很显然，陆地很容易封闭起来，海洋代表着开放。这一点我觉得从整个世界历史上看都是这样。我们要围绕着我们国家海洋的历史来看开放的历史，中国的开放从近代开始都是围绕着海洋进行。

到今天为止，我们已经经历了两次开放，两次的起点都在广东。第一次发生在鸦片战争之后，我们是被迫开放，是英国军舰打开了中国国门。1826 年，第一次鸦片战争前的十几年，中国 GDP 总量为世界第一，超过全世界总量的 30%，印度是第二。西欧 7 个国家的 GDP 只占世界 GDP 的 7%，英国只占 4% 左右。但 1842 年中国就被英国打败了。1856—1860 年，不到 20 年之后，中国又一次被英国打败。而印度在 1858 年正式成为英国的殖民地。所以，大家看到海洋帝国的厉害，不仅打败了世界 GDP 总量第一的中国，而且让世界 GDP 第二的印度沦为它的殖民地。

为什么中国会失败？我觉得这是中国明清时期闭关锁国的结果。明朝初年，世界就是一个海洋时代。先是葡萄牙、西班牙，后来是荷兰、英国、法国，这些国家纷纷加入海洋大国之争。但是不要忘记，郑和下西洋远远早于葡萄牙的海洋探索。无论从哪个角度来说，郑和下西洋都代表我们国家的力量。并且，当时东南沿海一带尤其是浙江、福建的海商，就是民间商人，也力量强大。无论从国家力量还是民间力量来看，中国当时都是最强大的，但是因为朝廷保守的意识形态，中国失去了海洋时代。如果中国当时没有朝廷内部的矛盾而继续走下去，那么没有任何阻力阻碍中国走向世界。是我们自己放弃了这样一个海洋时代。

为什么工业革命发生在英国？跟它的海洋时代开始有关系。我觉得清朝继续闭关锁国使中国失去了工业化时代。结果中国被打败了。两次鸦片战争被英国打败之后，清朝官员还有侥幸心理。直到后来被日本打败，中国精英人物才醒悟过来，要改革，要进步，但是已经太晚了，中国马上发生了革命。

从以前的泱泱大国到近代国家和民族面临生存问题，那个时代的政治精英或者知识精英肯定非常失落。这个转变在当时的人看来很难理解，但它的确发生了。在危机之下，很多知识分子走出来了，尤其是广东，康有为、梁启超、孙中山都是广东人。但最终还是中国共产党找到了正确的道路，使得国家强大起来。所以我们说毛泽东解决了“挨打”的问题。这是中国第一次被迫开放，在被迫开放的情况下，我们找到了一条国家崛起之路。

20 世纪 70 年代末期到 80 年代初，我们开始了第二次开放。跟第一次被迫开放不一样，这一次是主动开放，是邓小平提出的主动开放。这次我们抓住了全球化机遇，改革开放 40 年中国发生了巨大变化。我们从以前那么穷的一个国家，成为世界第二大经济体、最大贸易国。贸易国是什么？就是海洋国家，因为贸易大部分通过海洋进行。我们现在中等收入群体有4亿人，相当于美国人口的全部。改革开放40年，近8亿人口脱贫，过去8年就有1亿人口脱贫。这些数据都是世界经济史上的奇迹。第二次开放，邓小平解决了“挨饿”的问题。

总结过去40年，我们实际上实现了三个可持续——经济的可持续发展、社会的可持续稳定、制度的可持续支撑，这三者缺一不可，构成了中国今天的治理制度。

第二次开放的主战场也在广东，广东是从第二次开放中崛起的，我们可以看到：珠三角已经成为世界制造业基地，深圳、东莞城市带的崛起，广州这个老城市的更新转型。我们同时不要忘记，珠三角城市崛起之后，美国一些城市带就衰落了，尤其是铁锈带城市。如果比较一下，我觉得广东的崛起过程是不容易的。同时也是因为这样快速的崛起，中国现在也被世界上最强的海洋国家美国视为最大的竞争者，甚至敌人。这就是我们今天所面临的百年未有之大变局。

下一步怎么走？我觉得我们要开始第三次开放，第三次开放是什么？这次我们要主动出击，甚至单边开放。单边开放就是，即使美国不向我们开放，我们也要向美国开放。我一直认为今天的中国不要学美国，一定要学以前的大英帝国。从历史上看，大英帝国比美国成功得多，大英帝国是单边开放，你不向我开放，我也向你开放。美国永远是讲对等的，只有你向我开放，我才向你开放。我觉得单边开放比对等开放要有效，当然单边开放也要讲条件，不是无条件的。

中国要和美国进行经济竞争

为什么我们要进行第三次开放？我觉得这是国际局势决定的。我们今天面临一个冷战的格局，人们喜欢也好，不喜欢也好，美国已经对中国开启一种全面冷战状态。我把今天美国对中国的政策总结成“四全”和“四分”。

第一个“全”就是全政府。美国以前的对华政策由国务院、军方、商务部这些部门执行，但是美国现在觉得这些政府部门不够了，要全政府，即所有的政府机构要协调起来对付中国。

第二个“全”是全社会。美国觉得光有政府对付中国不够，还要动用社会组织，尤其是国际NGO（非政府组织），因为美国拥有世界上最多的国际NGO。以前，美国大学自称是世界上最独立的，跟政府毫不相关，但是现在美国的大学无论是愿意也好，不愿意也好，都在全力配合政府反华。孔子学院现在到期一个就被关掉一个，甚至有的没到期就被关掉了。技术交流、学者交流甚至留学生都成为问题。所以我们不要误以为美国的社会是独立于政府的，政府叫他们干什么，他们也照样干。

第三个“全”就是全世界。美国觉得它一个国家对付中国不够，它要团结全世界的力量。用美国人的话说，要组建一个“世界队”来对付“中国队”。我们要意识到美国一方面“退群”，另一方面也在重新组群，它从有中国的那些组织中退出来，重新组建没有中国的群来对付中国。

第四个“全”就是全方位。美国从中美贸易战开始到科技冷战，到意识形态和政治认同，到台湾、新疆、西藏、南海等问题全方位来对付中国。

“四分”就是内部分化中国。第一个“分”大家已经很熟悉了，就是企图把中国共产党与中国人民区分开。第二个“分”是把中国共产党跟中国领导集体分开，把主要矛头对准他们所说的中国领导集体。所以这次在香港问题上，美国制裁中国的人大常委，就是对付中国领导集体。第三个“分”是把汉民族跟少数民族分开。这几年美国在新疆问题上大做文章。最近中国在内蒙古推行双语教育。我们去美国，要生存肯定要学英语。我觉得少数民族地区的双语教育是天经地义，美国却利用这个来分化中国汉民族与少数民族。第四个“分”是把“中”跟“华”分开。我们称自己为“中华”，他们称中国大陆为“中”，称中国香港和台湾，甚至新加坡或者美欧的海外华人为“华”，因为这些地方的人受西方教育，所以西方想要达成“以华制中”的目标。

特朗普下台了，拜登上台是不是对中国就好了？我个人觉得不会改变，有些领域可能会改善一点，但可能有些领域的危机反而会加深。特朗普对人权民主等意识形态不那么感兴趣，但是民主党的拜登感兴趣。特朗普对香港、台湾问题不是那么感兴趣，但拜登会非常感兴趣。特朗普对同盟不感兴趣，但拜登已经说了很多次，他的首要任务就是恢复美国跟盟国的关系。特朗普对战争不感兴趣，客观地说，特朗普是美国那么多年来唯一一个没有发动战争的总统，他不仅没有发动战争，还促进中东的和平，使中东的几个以色列的敌人跟以色列结交。但民主党对战争很感兴趣。以前民主党反战争，但是从克林顿时代开始，民主党对战争非常感兴趣。别忘了在南斯拉夫问题上，人权高于主权是民主党提出来的，当时美国总统是克林顿，英国首相是布莱尔，这些人以前是反战的，以前他们代表工人阶级利益，后来变得对战争比较热衷，我们不要对他们抱任何的幻想。

在这样的情况下，中国怎么办？我们要看到自己的优势，不要用自己的短板来与人家的优势竞争。我们的优势在经济，我们的开放潜力非常大。根据美国一个非常有名的智库统计，前两年在中美贸易战情况下，美国还有 6 000 亿美元流入中国金融市场。英国《经济学人》统计 2020 年前 10 个月有 2 000 亿美元流入中国市场。近年中国因为金融开放，稍微开了一个口子，就有大量外资流入。我们很多地方还没有开放，有些地方开放不足，也就是说中国的开放可以改变世界资本的流向，这个潜力非常大。为什么这么大？因为中国有市场规模。中国今天有 4 亿中等收入群体，相当于美国的总人口。所以，我跟美国驻中国商会、美国驻香港地区商会讨论的时候，发现没有一个美国企业想离开中国。有些美国企业可能迫于政府压力会离开中国，但大部分企业不会离开，只要中国政府不把它们赶走。就像在美国的中国企业一样，如果美国政府不赶，中国企业是不会走的，像华为。中国的市场还在扩大，十九届五中全会提出，下一阶段要把中等收入群体做大，这是非常重要的。如果到 2035 年中国有 6 亿 ~ 7 亿中等收入群体，这样的规模是人类历史上从来没有过的。

改革开放 40 年，我们基本形成了比较完整的产业链供应链，虽然有短板，但是比起其他国家，我们的产业链供应链还是比较完整的。更重要的是，中国可能是世界上唯一一个可以保障三个可持续发展的国家。2020 年是最困难的一年，但是中国的经济也在正增长，其他大部分国家都是负增长。实现可持续的社会稳定，我想中国没问题。中国还有可持续的制度保障，而西方现在出现很多问题。

在这样的情况下，我们还是需要进一步实行开放政策，实现单边开放。为什么要单边开放？第一，中国向美国单边开放是分化美国内部力量最有效的武器，中国如果不向美国开放，美国所有的既得利益集团都会团结起来对付中国。如果开放，我们可以把美国的华尔街拉到我们这边来，华尔街资本不想放弃中国市场，所以这样做可以分化美国内部的力量。第二，可以分化美国和西方国家间的关系。美国现在要组建“世界队”，如果我们开放，日本会跟着美国跑吗？欧洲那么多国家会跟着美国跑吗？只要我们开放，这些国家就不会跟着美国跑，因为利益太大。第三，我们单边开放还可以团结广大发展中国家，发展统一战线。

很多人说，实行单边开放，我们受得了吗？其实我们对很多发展中国家不是单边开放，而是互相开放，非洲向我们开放，我们也向非洲开放，其他亚洲国家也是一样。实际上，我们20世纪80年代的成功就是因为单边开放。当时我们实行“请进来”政策，把自己的国门打开。那时西方也没有向我们开放，我们实际上也是单边开放。因为资本的本质就是开放，所以只要美国和西方还是资本主义国家，中国还是开放的，中国跟美国就不会完全脱钩，中国跟整个西方更不会脱钩。美国没有任何一个领导人，无论是特朗普，还是后面的领导人，都没有能力改变资本的本性，他们可以限制资本流动和流向，但是要实现真正有效的封闭政策却很难。

更为重要的是，技术进步的本质就是开放，不开放，技术会落后。从历史上看，哪一个国家更开放，哪一个国家进步就更快。国家封闭起来，即使本来最强大，也会衰落。所以技术的本质就是两个方面，一个是开放，一个是市场。

中国历史有什么教训？最近看到英国思想家培根所说的中国三大发明（我们中国有四大发明）——印刷术、火药、指南针改变了世界。大英帝国就是因为三大发明而崛起，尤其他说火药跟指南针的结合，造就了英国的海军力量。中国以前是最强大的，后来封闭起来了，为什么？最近一个美国教授写了一本书叫《火药时代》，就是讲中国为什么会衰落。中国封闭起来了，内部也没有敌人了，所以大家把火药用来放鞭炮，转向娱乐化。指南针，最有用的是在航海上，中国的指南针也娱乐化了，用来看风水。所以我们看风水、放鞭炮很发达，但是我们失去了一个世界。在封闭状态下，国家只会落后，已经很强大的也会落后。

另一个教训就是苏联，苏联刚开始的举国体制对技术也有促进作用，但是它没有市场，不开放，它的发明是封闭状态下的发明，最多就是面向东欧这些国家，没有面向世界，没有市场，是封闭性的。所以苏联技术崛起之后，没有实现可持续发展，最后在与美国的冷战过程中解体了。

在这一点上，中国领导层非常清楚。几年前特朗普开始搞贸易冲突、经济民族主义、贸易保护主义的时候，习近平总书记就说我们要继续开放。之后他多次强调中国要深化开放政策，开放也已经成为我们国家的基本国策。最近更令人鼓舞的是我们加入了 RCEP，习近平总书记也表示，我们对 CPTPP 也持开放态度，这是非常正确的一个方向。

今天，我们跟美国的竞争不可避免，想躲也躲不了，所以我们应当直面这种竞争。中美关系在未来一段时间会进入一种竞争兼合作的状态，或者为竞争性的合作，或者为合作性的竞争。但是我们要清楚，中国是一个大国，不能让美国牵着鼻子走，我们一定要自己设定自己的议程。我个人觉得，一定要尽量避免跟美国的军事竞争。尽管我们要加快国防现代化，但是不要跟美国进行军事竞争。

同时，我们要强化跟美国的经济竞争，在竞争中合作。军事上的竞争没有合作可言，以前美国跟苏联进行军事竞争，所谓的合作就是核谈判，用核武器互相威慑，所以这种军事合作是非常差的合作。但是经济合作是我们需要的，最近签订的 RCEP 就非常重要。美国奥巴马时代提出了“重返亚洲”政策，特朗普改成印太战略，但本质上都是一样的，都是针对中国。拜登上台，有人说他会回到奥巴马“重返亚洲”的政策，有人说他会延续特朗普的印太战略，也有人说他可能有新的名词，但不管怎么样，美国的本质不会变，美国的印太战略还是针对中国的。所以中国需要努力把跟美国的竞争从军事轨道拉到经济轨道，因为经济竞争是双赢的。

我举一个例子，20 世纪 90 年代，中国跟东盟进行自由贸易区谈判，结果日本着急了，韩国也着急了。因为中日韩这三个国家不团结，所以形成了三个“10+1”，中国跟东盟的“10+1”，日本跟东盟的“10+1”，韩国跟东盟的“10+1”。这三个国家互相在东盟竞争，结果就形成了今天我们所看到的“10+3”。“10+3”的体制也不错，经济竞争是共赢的，有可能减少冲突。所以，“重返亚洲”也好，印太战略也好，美国现在还是强调军事竞争，如果我们有力量把它转换成经济竞争，我们就会取得一个制高点。这是有可能的，因为我们已经签了 RCEP，并表示对 CPTPP 感兴趣。

利用外循环进行技术和规则竞争

我们一定要正确理解今天所面临的双循环。到现在为止，很多地方领导人、专家把双循环理解错了。习近平总书记说以国内循环为主，是说国内消费对中国经济增长的贡献占主体，而绝不是说外循环、国际大循环不重要。

现在大家都在说内循环不足。长三角、珠三角是中国经济的重中之重，两个"三角"如果出现问题，整个国民经济都会出问题，这两个"三角"也是民营经济最发达的地方。这两个"三角"就是从改革开放、全球化中崛起成长起来的，也是中国海洋经济的主体。如果这两个"三角"也走向内循环，我们国家怎么实现可持续发展？美国正跟中国搞脱钩，长三角、珠三角如果再转向内循环，脱钩马上就实现了。所以外循环还是非常重要的，尤其对广东来说。

对海洋经济来说，高质量发展经济，技术是关键。但我们也不能忽视一个事实，近代以来大部分原创性的技术都是来自欧美国家。我们今天说举国体制搞技术，这是正确的，但是举国体制也要开放。苏联就是一个很好的例证，它的举国体制让当时技术进步非常快，但是因为不开放，没有竞争，马上就衰落了。今天的俄罗斯除了军事工业上还有苏联留下来的一些技术，连基本的民生经济技术都没有，经济结构非常单一，经济总量跟广东省差不多。其实苏联、俄罗斯不是成功的典范，而是民族主义的典范。所以技术肯定跟海洋国家有关系，这个基本态势不会改变。

深圳的科技公司，像华为这样的企业是中国高科技公司里面的佼佼者。即使是华为，也有 30% 左右的技术依赖进口。我们的短板在下一阶段肯定会补起来，但是新技术什么时候出现并不是几个人说了算的，也并不是一些学者想有就有的。有的学者说美国封锁什么，我们就创造什么，这是理想，不是现实。我们向西方开放，这是互利的。20 世纪 90 年代以来，我们是技术应用大国，但原创性技术还是太少，这是基本事实。我们从一个技术应用大国转向原创性大国，还需要很长时间，需要我们继续开放，继续搞国际大循环。技术的竞争需要开放，需要我们成为一个海洋大国。

中美之间除了技术竞争，更重要的是规则竞争。美国说中国在南海挑战美国的规则，贸易上在 WTO 挑战美国的规则，技术上，美国要封锁华为。美国为什么是规则的制定者？跟它控制海洋是一样的，控制陆地永远制定不了规则，控制海洋才可以制定世界规则。所以我们要从这个角度来考虑，英美为什么能把它们的经济体量转换成规则，中国消费世界上大量的东西，为什么形成不了规则？

我们必须严肃考量下一步中美的规则之争。我觉得无论是长三角还是珠三角，国内的规则一定要统一起来。现在长三角的规则跟珠三角的规则不一样，粤港澳大湾区 11 个城市的规则都不一样，投资贸易的规则也不一样。欧盟为什么强大？欧盟不是抽象的欧盟，欧盟有一套统一的规则。

我们下一步怎么走？如果利用内循环把国内的规则统一起来，利用外循环跟国际接轨，并且积极参与国际规则的制定，那么到 2035 年或者 2050 年，中国一定会在实力上更加强大。

做强内需并坚持开放，就会有新繁荣[①]

增强发展新动能

2020 年政府工作报告提出，要依靠改革激发市场主体活力，增强发展新动能，那要如何才能增强发展新动能呢？

中国是从计划经济走过来的，十八届三中全会提出使市场在资源配置中起决定性作用。面对当前国内国际环境，要发展经济，就要发挥市场主体的作用，否则，十八届三中全会所说的市场起决定性作用从何谈起？至于该怎么做，也只能通过进一步深化体制改革。市场主体性、企业主体性必须落实到制度层面。

2020 年两会的很多内容都很重要，例如审议首部《民法典》、推

① 本文整理自《21 世纪经济报道》对作者的独家专访，2020 年 5 月 29 日首发于“21 财经”客户端。

进要素市场改革、“新基建”等。“六稳”“六保”[①]非常重要，但制度性改革也非常重要。如果没有制度性改革，很多事情会很难办。目前来看，制度建设正在进一步往前走。

拿国有企业与民营企业来说，从现实来看，一些民营企业仍较难与国有企业竞争，因为相关竞争的制度条件仍需优化。我们要实事求是。竞争越激烈，进步动力越大。政府应当创造制度条件，让它们不断走向良性竞争。从制度角度来说，还有很多功课需要继续做。

政府工作报告提出要围绕保障和改善民生，推动社会事业改革发展。而改善民生需要从硬基建和软基建两方面发力。

硬基建当然非常重要，国家经济要起飞，必须有这些硬基建。到了今天，中国的硬基建建设还会继续，如更新与维护。现在，我们投资的重点是“两新一重”，就是新型基础设施、新型城镇化和涉及国计民生的重大项目。

什么是软基建？社会建设都是软基建，面对医疗、教育和住房难题，我们要有更多的医院、养老院。我们的旧城改造需要不需要？我们有多少停车场？像新加坡差不多每一个主要的社区都有立体停车场。这是硬基建还是软基建？这些也是可以赚钱的。可以把新基建的很多内容结合起来，建设内需社会。软基建是内部建设，是为了建设内需社会。党的十八大以后做了两件很好的事情，一是解决环保问

① 2018年7月，中央经济工作会议首次提出“六稳”方针。2020年4月，中央又提出“六保”的新任务。“六稳”指的是稳就业、稳金融、稳外贸、稳外资、稳投资、稳预期，涵盖了我国目前经济生活的主要方面。“六保”指的是保居民就业、保基本民生、保市场主体、保粮食能源安全、保产业链供应链稳定、保基层运转。——编者注

题，现在环境好多了，还有一件就是精准扶贫，这些也是社会建设的内容。

西方也好，日本、亚洲四小龙也好，中产阶层很重要。建立消费社会必须有庞大的中产阶层。

习近平总书记强调，一分部署，九分落实。各地区各部门各方面对国之大者要心中有数，强化责任担当，不折不扣抓好中共中央决策部署和政策措施落实。(《人民日报》2020 年 5 月 24 日 01 版）顶层设计的落实非常重要，要确保中央政策在执行层面有效落地，中央与地方以及地方之间的关系就要处理好。哪些权力是由中央来掌握，就一通到底，不要地方干预。有些事情确实属于地方政府的责任，就让地方政府去做。处理好中央和地方的关系应遵循以下原则：第一，权力跟责任必须相匹配，责任与权力不能错位；第二，决策要科学，政策本身要科学，要有可执行性，决策的时候要考虑到地方差异；第三，监察权跟执行权之间一定要有边界。

推进公共卫生治理

公共卫生治理这个短板讨论了很多年。如何建立更好的公共卫生体系，世界上有太多好的经验，做得较好的有像新加坡、韩国、德国这样的体制，它们叫社会市场，政府与市场是相对均衡的。它们没有像其他西方国家那样放任自流，完全让社会去做。能不能走一条中间的道路，让社会力量跟政府力量、市场跟政府互相配合，达成一种均衡，这是我们要思考的。

一言以蔽之，体制建设应该多一点科学，多一点技术，科学知识和专业判断要在治理的每一个环节发挥作用。

美国为什么防疫做得不好？美国政府部门跟科学家团队经常吵架。再看德国，它的科学团队很强大。

公共卫生支出、专业人员短缺、物资的存储调配等技术层面的问题可以完全由社会市场消化。政府需要建立一套真正的公共卫生体制，社会跟政府一起共治，就像新加坡一样，让社群机制发挥作用。进行制度建设时，要把社会组织纳入进来，让政府和社会组织发挥互补作用。

做大内需，坚持开放

做好“六稳”“六保”至关重要。“六保”是我们应对各种风险挑战的重要保证。要全面强化稳就业举措，强化困难群众基本生活保障，帮扶中小微企业渡过难关，做到粮食生产稳字当头、煤电油气安全稳定供应，保产业链供应链稳定，保障基层公共服务。

确保产业链供应链稳定，要从国际和国内两个角度看。先说国际。客观地说，产业链供应链肯定会发生很大变化，首先是疫情的冲击。中国改革开放40年的最大成果之一，就是成为“世界工厂”，也建立了完整的制造业体系。很多西方国家通过上一波“超级全球化”把很多产业链供应链放到中国。以汽车制造业为例，武汉是汽车配件中心，发生新冠肺炎疫情就对日本、德国、美国的汽车产业产生了较大影响。

我认为，受疫情影响，美国、日本、欧洲会对它们的产业链供应链进行重构。中美发生贸易战后，美国已经在做这件事了，主要针对关乎美国国家安全的产业，如高科技和5G领域。

从世界范围看，有些国家如德国已在把医疗物资产业迁回本土。它们会把与国家安全、人民生命健康有关的产业迁回自己的国家，同时不再把所有的鸡蛋放在一个篮子里，而是把很多产业分散到如印度、越南等国。这实际上是一种经济理性。

中国是世界制造业中心，所以这些举措对中国的影响立竿见影，但我不认为它们能完全“去中国化”。我不认同很多人的悲观看法，认为西方会完全退出中国。只要中国自己是开放的，是真正开放的，我想西方就不会放弃这个市场，美国也不见得会放弃中国市场。日本、德国、美国的汽车工业很难把整个产业链迁回去，也很难迁到越南或印度。这实际上操作起来非常难，除非它不计经济成本。

只要美国等西方国家还是资本主义国家，只要中国自己本身是开放的，它们对中国的依存度可能会减低，但不会完全脱钩。

中国本身要持续地开放，不要关起门来，关起门资本当然就进不来了。我不认为美国会限制它的资本流动，所以这一点不用太担心。

李克强总理在2020年5月28日答记者问时表示，关起门来搞发展行不通，那就等于回到了农耕时代。中国坚定不移地推进对外开放，这不会，也不可能改变。我们会继续扩大与世界的合作，自主出台更多扩大开放措施。开放对各国如同空气对人一样，须臾不可离，否则就窒息了。（《人民日报》2020年5月29日01版）

说到产业链问题，我们要怎样看待中国经济发展面临的国际环境，包括一些“逆全球化”现象？这次新冠肺炎疫情以后，我的判断是，美国和欧洲国家会把经济重点放在内部建设——主权经济体的建设上，而不像 20 世纪 80 年代那样搞大规模全球化。

在坚持开放的同时，中国下一步的建设也会转向内部建设，这也是我们需要的。从长远来看，中国的经济增长必须来自内需，中国的内需市场首先必须做大。

世界大变局与中国创新的未来[①]

我们今天面临百年未有之大变局，这对我们的国家、企业、技术创新意味着什么呢？百年未有之大变局是由中美关系的变动引起的。大家喜欢也好，不喜欢也好，现实是中美已经陷入了一种深刻的新型冷战状态。上一次冷战，即美苏之间的冷战，经历了半个世纪。所以我们要思考接下来至少半个世纪的事情，而不仅是五年、十年的事情。

不论是学者、政府官员，还是企业家，都必须思考的问题是下一步怎么走。国际环境的变化也导致国内环境的变化，国家提出了以国内大循环为主体、国内国际双循环相互促进的新发展格局。在这样的情况下，我们必须思考未来的方向，对方向性的东西不能误判。

---

① 本文写于2020年12月，原发表于微信公众号“IPP评论”，有删改。

世界为何进入了大变局时代?

世界大变局的未来发展有几个大趋势。第一个大趋势是中美两国的技术竞争会越来越激烈;第二个大趋势是中美两国的技术脱钩是不可避免的,但是否完全脱钩取决于中国自己的开放程度;第三个大趋势就是中美技术脱钩也会导致中国和其他西方国家的脱钩,但脱钩程度也取决于中国自己的开放程度;第四个大趋势是中美不可避免最后会走上军事竞赛的道路。

一方面,大家不要害怕军事竞赛,军事竞赛也可以推动技术进步,美国每一次技术的跨越性发展都是跟战争有关系的。但另一方面,我们也要意识到,军事竞赛如果搞不好就会置一个国家的国民经济于死地。所以,下一步中国必须要加紧军民融合体制的改革,不改革,我们在中美竞争中会处于劣势。

从长远来看,我觉得中国会形成一个国有资本和民营资本相结合,以企业为主体的开放性技术市场。珠三角与长三角,在国内甚至在世界舞台上已经形成了一个有竞争力的技术创新体系。这两大经济区域在中美技术竞争中扮演着关键的角色,提高创新能力不仅仅在于技术本身的进步,更在于创新体制的进步。

我们现在很多 IT(信息技术)企业面临那么大的困难,就跟我们以前太注重技术本身的进步而忽视了创新体制有关系,也忽视了地缘政治变动对技术的影响。

今天的世界大变局是由什么引起的?简单说,有两个因素:第一是美国的相对衰落;第二是中国的快速崛起。这两个国家的变化决定了今天这个世界格局的变动。但我想强调的是,美国的衰落是相对的。美国实际上还是很强大，说它衰落只是因为中国崛起太快了。这几年我们一直在讨论修昔底德陷阱，也就是一个新兴大国会不会挑战一个现成的老牌大国。现在美国担心中国挑战自己，这造成了地缘政治的大变动。

我把美国今天的对华战略概括成“四全”模式。“四全”模式是指用全政府、全社会、全世界、全方位的模式来攻击中国。

美国的这些想法当然是异想天开的，但我们也不能忽视。不管怎么样，这是美国对中国的战略，美国的战略目标很清楚，就是要再一次中断中国的现代化进程。中国自近代晚清被西方打败以后，现代化进程就一次次被打断，前面几次我们的现代化都是被日本人打断的。

今天美国人其实也很清楚：中国太大，很难围堵中国；中国已经改革开放了40年，得到了相当程度的发展，美国围堵中国也太晚了一些。美国会怎么办呢？这两年我们国内在讨论两个陷阱问题，即中等收入陷阱和修昔底德陷阱。美国现在很明确，如果中国陷入了中等收入陷阱，那么中国就永远没有能力来挑战美国了，也就没有修昔底德陷阱了。所以，美国意图从技术冷战开始，再延伸到各个领域遏制中国。

中国应如何应对？

美国对中国的策略会不会达到预期目标，主要取决于中国怎样回应。如果美国一拳打过来，中国毫不思考地反击一拳，会是一种情形；如果根据中国古典哲学（像太极拳的原理）那样回击，又会是另外一种情形。我觉得中国要思考如何理性地去应对美国，而不能被情绪主导。

首先，我们要对美国有一个客观评估。美国的衰落是相对的，它没有绝对衰落，而是还在进步。美国媒体报道美国的负面新闻，中国媒体也报道美国的负面新闻，所以很多人容易产生错觉，以为美国已经不行了。但实际情况不是这样的。

从历史经验看，一个大国的衰落需要一个很长的历史阶段，不会一下子衰落。中国工信部部长苗圩曾表示，美国还是世界制造业的第一梯队，日本和欧洲是第二梯队，中国处于第三梯队。经济上，美元的霸主地位没有被替代。军事上，美国的军事力量依然是世界上最强大的。

美国今天的问题主要是治理体制问题。从 20 世纪 80 年代到 2008 年，世界经济经历了一波超级全球化，美国是超级全球化的最大获益者，但美国的老百姓中很大部分人不是受益者。因为美国内部治理不善，收入和财富分化，美国已经由引以为傲的中产社会变成现在的富豪社会，从全球化获得的巨大的利益落到了少数人手里。

从二战后到 20 世纪 80 年代，美国的中产阶层一度达到人口的 70%，但今天的美国中产阶层不到 50%，20 年时间下降了 20 多个百分点，这在任何一个国家都说不过去。奥巴马总统在位 8 年，美国中产阶层比例下降尤其严重，没有奥巴马就不会有今天的特朗普。新冠肺炎疫情以来，大量美国人开始骂比尔 · 盖茨，现在美国人的仇富心态可见一斑。

从社会治理看，美国以前是西方民主的典范、精英治国的典范，为什么会堕落到今天的程度？就是因为社会不公平，所以这是治理体制的问题。近代以来，西方发展最主要的一个特点就是政治跟经济分离开来。

今天美国经历的危机当然很深刻，但是可能还比不上 20 世纪 60 年代发生越南战争和马丁·路德·金领导民权运动的时期。中国媒体热衷于报道美国社会的负面新闻，导致大家容易产生误判，认为美国已经衰落了。但实际上中国跟美国的差距还是巨大的。

其次，从技术创新看，我们应该承认中国还只是技术应用大国，而不是技术原创大国。近代以来大部分的原创技术都来自西方，包括我们的“两弹一星”，如果没有钱学森这些优秀知识分子回国的话，我们可能需要更长时间才能研制出来。在未来很长的一段时间中，我们依然会处于技术应用阶段。从应用到原创需要很长一段时间。

再次，美国的脱钩政策有两个领域可能成功。一个是所谓的国家安全领域，美国会以保护国家安全的名义要求甚至强制高科技企业回归。还有一个可能是医疗物资领域。医疗企业的回归已经开始了，我们很多人把这理解为“去中国化”，但我觉得医疗物资是和老百姓生命相关的，不可以全部放到海外生产。根据美方的估计，美国 80% 以上的医疗物资依靠中国供应，97% 的抗生素依赖中国，这是不合理的。

但其他领域的产业转移，不能说是脱钩或者“去中国化”。在中美贸易战之前，西方一些企业已经从珠三角和长三角转移到其他国家去了，因为中国的劳动力成本和土地成本升高了，我们的环保意识增强了，这是正常的经济行为。所以，我们对中美关系变化的解读不能太民族主义化。

中美竞争的本质是技术竞争

有一个重要的内容我们必须搞清楚，中美竞争本质上就是技术竞争，不是像以前那样所谓的陆地之争，美国没有任何意向，要像侵略其他国家一样侵略中国。美国对中国的围堵能不能阻止中国崛起，关键还在于高新技术，尤其是信息技术。中国的短板就在于原创性技术不足。

20 世纪 80 年代以来我们很自豪，因为我们已经成为一个世界制造业工厂。但是，有一个概念需要纠正。中国从 20 世纪 80 年代以来基本上是一个技术应用大国，珠江三角洲地区成为世界制造工厂，更确切的说法其实是世界组装工厂，我们下一步要思考如何从组装转型成为原创，原创的东西才是习近平总书记所说的大国重器。我们要思考怎么样进行原创性的技术创新，技术创新需要什么。

技术的本质就是开放与市场，技术一定要在开放状态下才能进行创新。这一点，中国本身就有很深刻的教训，中国古代四大发明就是巨大的遗憾。英国哲学家培根说，印刷术、火药、指南针这三种发明在全世界范围内改变了事物的全部面貌。印刷术导致了西方的宗教革命；火药改变了战争的形态；指南针在航海方面的应用开启了世界的新篇章，火药跟指南针的结合带来了西方的大航海时代，使西方强大起来。遗憾的是，尽管四大发明是中国的，但中国因为明清以后的闭关锁国而没有让四大发明发挥出更大作用。

苏联的教训距离我们这个时代更近。苏联也有技术创新，但它是封闭式创新，没有市场。苏联的封闭式创新早期也取得了很多成果，但因为缺少应用市场，创新很难持续。美苏冷战总体来说就是开放打败了封闭，市场打败了计划，这两点是最基本的。当然，在苏联的失败中，戈尔巴乔夫的判断失误也是一个因素，但基本上还是因为苏联不开放、封闭性地发展。

另外一个原因是没有市场，技术开发需要大量投入，技术有了，但没有市场就很难收回投入。美国做到了开放式创新，拥有市场，所以它是可持续发展的。苏联是封闭性的，没有市场。

中国的技术创新需要什么？

中国需要吸取苏联的教训。中美军事竞赛可能难以避免，中国不怕跟美国进行军事竞赛，但必须坚持开放和市场这两个原则。所以我们一定要改革我们的经济体制。从历史上看，每一次战争都有效推动了美国的技术进步。

中国的经济体制怎么改革？国企要不要竞争？我觉得国企必须竞争，但国企不能跟民企竞争。最近有人在讨论竞争中性，这是非常理想化的，我不认为国企跟民企之间能做到竞争中性。我们要承认这个现实，国企只有跟国企竞争才可以说竞争中性。按这样一个思路，我觉得要思考国企民企的边界怎么划分。

很多人在说要学新加坡的淡马锡模式。淡马锡模式有科学的地方，也有不科学的地方。我们要学习淡马锡科学的地方，比如坚持市场商业原则。但中国的国企如果复制淡马锡的投资模式，我觉得结果会很糟糕，可能会把所有民企都扼杀了。淡马锡就像个投资公司，看哪一个公司好国家就投资。新加坡的民企非常弱小，中国如果在这方面学新加坡的话，会马上走向衰落。

中国一定要做到三层资本之间的均衡。西方污蔑中国是国家资本主义，其实中国既不是西方所说的国家资本主义，也不是西方这样的自由资本主义，中国是个混合经济体。如果大家有足够的历史知识，就会看到中国从汉朝到今天一直是三层资本、三层市场，顶层是国有资本，底层是庞大的中小民营资本，中间是国有资本与民营资本的互动层。

中国的三层资本发展均衡时，国家的经济发展就好。如果出了偏差，国家经济就出现问题。在很长的历史时期，中国都是三层资本有效分工合作。这是中国的文明性。

国有资本的控制与民营企业的逻辑不一样，国有企业的逻辑应用跟民营资本的应用逻辑也不一样。有些领域可以交给国企去做，例如公共服务、自然垄断领域，但必须是多个国有企业竞争，不能一家垄断，垄断会导致不再进步。更多的领域需要开放给民营企业去做，让民营企业互相竞争。国企和民企分领域改革可能是一个比较好的方向。

这么多年来，西方在知识产权问题上对中国耿耿于怀。我们确实要意识到，我们在技术应用方面遇到了瓶颈，原创性技术必须有知识产权的保护。因为研发投入很大，如果没有知识产权保护，我们的模仿能力又强，就没有企业会去投资技术研发。研发的资金比例要提高，知识产权保护力度也同样要加大才行，否则没有企业有很大的积极性去投入研发。

技术创新需要依靠中产阶层，要把中产阶层的规模做强做大。对吃不饱穿不暖的人来说，环保可能没那么重要，但对中产阶层来说环保很重要。技术创新也是如此，搞原创性的东西一定有风险，只有中产阶层才能承担这种风险。但中国的中产阶层还太小，只有 4 亿人口，占总人口的 30% 都不到。

当中产阶层达到总人口的 60% 及以上的时候，技术创新才可能会蓬勃发展起来。在这个意义上，我们需要搞软基建而不是新基建，医疗、教育、住房、社会保障等方面都需要做强。通过软基建建设让中产阶层壮大起来。中产阶层是创新原创性的非常重要的抓手和主体。

在下一步的发展中，知识经济的核心就是技术，而技术又跟中产阶层相关。技术创新是中国通往 2035 年目标的关键，也是 2050 年中国全面实现现代化的关键。

第二章

发展新引擎：湾区发展逻辑

粤港澳大湾区与中国的未来[①]

大湾区是什么？

今年是中国改革开放40周年纪念。我们可以把这40年称为“当代中国”。如果这样，当代中国的开放就是从广东开始的，就是从沿海经济开放特区开始的。在众多的沿海开放特区中，深圳是典型的代表。这是一个从一个小渔村到世界大都市的成功故事。40年前，没有任何人想到“北上广”三大一线城市会演变成今天的“北上广深”四大城市。

这个成功故事背后也折射出了中国复杂的政治史。从早期的“新租借”理论到20世纪90年代的要废除“特区”，开放过程中的多元声音从来就没有间断过。当然，这些不仅仅反映了来自学者或者政策圈的不同声音，而且反映了不同社会力量的较量。也就是说，一不当心，特区的发展方向就会出问题，在今天尤其如此。中国总体上还是

① 本文根据2018年8月作者在IPP国际年会上的发言整理。

一个比较贫穷的社会，民粹力量的社会基础雄厚，稍不注意，就很容易逆转事物发展的方向。

从这个背景来看今天的粤港澳大湾区，我们可以至少从两个层面来看问题。

第一，就珠三角本身的发展来说，大湾区可以说是开放 4.0 版。20 世纪 80 年代的开放可以说是 1.0 版，90 年代初邓小平南方谈话之后珠三角很快成为世界制造业中心，那个时代可以说是 2.0 版，但把“世界制造中心”改称“世界组装中心”更为科学。2008 年世界金融危机之后，广东实行“腾笼换鸟”政策，这之后可以说是 3.0 版。现在要进入了 4.0 版了。“腾笼换鸟”的过程很痛苦，但这么几年下来，取得了很大的成就，并且，这一政策也是客观条件所需。

那么，之前的 1.0 版到 3.0 版具有怎样的共同特征呢？认识这些特征很重要，认识到这些特征才会意识到 4.0 版的重要性和必要性。

第一个特征是进步的渐进性。相较于其他地区，这个区域一直在进步。尽管进步有时快有时慢，但没有退步过。进步的速度既取决于内部环境的变化（例如意识形态、领导层变化、劳动生产要素等），也取决于外部环境的变化（例如 1997—1998 年的亚洲金融危机和 2008 年世界金融危机）。

第二个特征是经济形态以加工业为主体。从 20 世纪 80 年代的“两头在外”到今天，这个形态没有本质性变化。加工业使得珠三角吸收消化了大量的农民工，造就了中国新一波工业化。但从国际经济体系的角度来看，则造成了一个依附性工业体系。顾名思义，加工业就是为他人做加工的。这就是为什么说珠三角是“世界组装中心”更为确切。加工业的发达解释了原创性技术少之又少。即使深圳是今天中国最为发达的创新型城市，但大多创新还是停留在应用层面。应用就是对西方原创性技术的应用，同时这也意味着对原创技术的依附。

第三个特征是附加值较低。加工业主要利用的是中国廉价的劳动力和土地成本。在早期，劳动力和土地成本比较低的时候，产业的附加值比较高。但到现在，很多企业所能够赚取的利润越来越微薄，可持续性成为大问题。

第四个特征是制度现代化不足。经济现代化并没有导致各方面体制的现代化。虽然现行体制在很长一段时间里发挥了正面的作用，但现在已经成为经济进一步发展的阻力。确切地说，珠三角的政府比较“亲商”，“亲商”推进经济发展；但“亲商”政府掩盖了政府本身也需要转型这个事实。很多地方政府都有所改革，但没有大的结构性改革。受制于总体大环境，地方层面的进步和更高层级的进步不能配合，结果地方只能半途而废。

第五个特征是从城市化的角度来看，存在着两方面问题：大城市化过度，小城市建设不足；城市化过度，乡村建设不足。这是中国城市化的通病。我觉得，中国城市化的设计者主要是经济学家和工程师，前者看重的是经济效益，而后者论证的则是技术上的可行性。城市越大，经济交易越频繁，GDP 就越高。政治人物也往往看重政绩，却忽视了环保、社会公平、社会稳定等问题，发展不可持续。今天，大城市规模越来越难得到控制，中小城市情形恶化。

第二，就大湾区的发展来说，今天已经进入 3.0 版。香港于 1997 年回归祖国，澳门于 1999 年回归祖国，大湾区的发展成功进入“一国两制”背景下的 1.0 版。但回归并非“回归”的结束，而是“回归”的开始。一般所说的“回归”就是从英国人和葡萄牙人手中回归，而香港人和澳门人的“回归”则刚刚开始。为了解决围绕着政治认同的一系列问题，大湾区的发展进入了以“更紧密贸易安排”为核心的2.0版，试图通过经济利益分配的方法来淡化甚至解决政治认同问题。不过，2.0版在解决了一些问题的同时，也导致了更多的问题。在我看来，主要表现在几个方面。

首先，社会分化和收入差异加大。这是全球化时代的普遍现象。但就香港来说，全球化的影响要置于和内地的经济关系中来讨论。“更紧密贸易安排”的好处主要流向了少数进入这个“安排”的群体，而大多数人没有得到足够的好处，有些甚至受到负面的影响。同时，内地本身的富人也涌入香港，尽管他们对香港的发展也做出了贡献，但对香港的中产阶层产生了“挤压”效应。双方的这种互动也导致了社会层面人与人之间的摩擦，认同问题更为突出。

其次，双方对等关系。为了尊重香港，北京和香港基本上处于对等谈判状态，这样产生的问题是可以预测的。因为这对关系的高度不对称，香港很难消化来自内地的压力，尽管内地已经非常克制。再者，因为是对等谈判，一到香港，马上就转换成政治问题。一旦成为政治问题，意识形态化不可避免，不但很难推进两者的关系，更恶化认同问题。

再次，“好意成不了好事”，反而恶化问题。对内地来说，所有这些安排是为了香港的利益，但为什么香港的一些人不接受呢？这导致了对“一国两制”的重新解读。从前，人们一直以为“一国”和“两制”是平衡的，但现在的解读是“一国”优于“两制”，“两制”是“一国”之内的，因此“两制”应当服从“一国”。不过，在原则和理论上厘清两者的关系并不等于在实践上理顺了两者的关系，原则和理论很难解决两者关系之间的诸多重大问题。

不管从哪一角度来看，粤港澳大湾区的确立都表明其在“一国两制”的背景下要进入 3.0 版了。建设大湾区就是把珠三角的下一步发展和香港、澳门的下一步发展一同来考量。从这个角度来说，我们把大湾区称为“内部版欧盟”。

大湾区不仅仅是什么？

珠江三角洲是中国最重要的经济区域之一，而香港和澳门不仅具有经济方面的意义，而且具有政治方面的意义，这些都说明了大湾区改革的成本很高，政策不能失败，只能成功，否则就会影响整个国民经济。也就是说，大湾区的改革只能做加法，不能做减法。

如果说大湾区是“内部版欧盟”，那么大湾区具有经济、政治和社会各方面的含义。从这个角度来说，我们要提出“大湾区不仅仅是什么”的问题。提出这个问题很重要，它会提醒人们在推进大湾区建设的时候，要避免可能出现的差错。

第一，大湾区不仅仅是经济项目。大湾区自然要通过全方位的整合来推进经济发展，以实现可持续发展。但如果把湾区仅仅视为一个经济发展项目，那么湾区的整合必然很难实现，最终会反过来制约经济的发展。这些年来，粤港澳三地也一直在努力推进三地的融合，但为什么三地融合非常有限，远远不及由主权国家组成的欧盟？这主要是因为各地政府都局限于一些经济发展项目，而忽视了体制上的整合。在没有体制创新的情况下，经济发展项目很快就会遇到瓶颈。

第二，大湾区不仅仅是交通上的互联互通。大湾区内部的整合最容易被简单理解成交通设施的互联互通。这种物质意义上的互联互通自然很重要，但更重要的是制度上的互联互通。因为地方政府没有权限来做制度上的互联互通，因此只能把重点放在交通意义上。但是，如果没有制度上的对接和互联互通，交通意义上的互联互通又能做什么呢？例如港珠澳大桥是典型的交通互联互通，但如果没有欧盟那样的通行制度，谁来使用这座大桥呢？又如港口和航空港之间的互联互通，如果没有三个关税区之间的对接，如何实现货物自由通行呢？

第三，大湾区是区内 11 个城市之间的合作，更是企业、社会之间的合作。大湾区的主体是市场，是企业，是社会。当我们讨论大湾区的合作时，往往想到的是政府之间的合作，而其他方面的合作被视为次要的。实际上则不然。在大湾区内，真正影响甚至阻碍合作和整合的便是政府的行政权力。从政府来说，湾区内不仅是“一国两制”，而是“一湾十一制”，就是说 11 个城市都有自己的体制。如果政府成为湾区整合的主体，那么整合和融合可以推进一些，但可能不会有很大的成功，到了一定的阶段就会出现瓶颈。如何克服这种来自行政的阻力呢？还是要依靠行政力量，要解决谁来统筹大湾区的问题。

第四，大湾区不仅是特大城市群，而是让分散性城市群实现均衡发展。不可避免的问题是，大湾区内的各个城市尤其是主要城市，包括广州、深圳和香港，都会来争抢“老大”的位置，这种现象在“大湾区”概念提出来之后实际上已经发生。尽管大湾区内各个城市的比较优势不同，会形成自然的等级性，但这并不意味着所有资源都要置于这些主要城市。把资源集中在几个主要城市的做法已经导致了无数问题，主要是大城市的规模失控，而中小城市发展不起来，甚至衰落。大湾区既要追求基于比较优势之上的合理劳动分工，又要追求均衡的发展，尤其是社会公平，这样才会实现可持续发展。

大湾区与中国的未来

那么大湾区对中国的未来可以有什么样的贡献呢？如上所说，当代中国改革开放的历史离不开广东。广东人也一直自称是中国改革开放的“排头兵”和“先行者”，并且引以为傲。正如40年前，今天的内外部环境变化表明中国又处于一个改革开放的关键时期。广东如何继续扮演“排头兵”和“先行者”的角色？广东要做什么才能扮演这个角色？广东如何和香港、澳门一起来扮演这个角色？这些问题都没有现成的答案，需要人们探讨。不过，如果从中国所面临的内外环境出发来定位大湾区未来的发展，那么如下四个方面不仅不容忽视，而且应当是人们追求的方向。

第一，一个世界级经济平台。把大湾区建设成为世界级经济大平台，既是湾区内部可持续发展的需要，也是对急剧变化的国内国际环境的回应。

就湾区内部来说，无论是广东本身，还是香港和澳门，都面临可持续发展的挑战。如前面所说，广东进入开放3.0版以来，尽管取得了一些成绩，但未来发展动力不足。数量型经济增长已经遇到瓶颈，而质量型经济增长模式有待发展。香港和澳门也如此，自回归以来，大多数产业已经转移到珠三角地区，本地产业结构单一，技术创新既乏力又缺少空间。湾区的融合就是要突破三地现在的瓶颈，把经济提升到一个新的台阶。欧盟的历史表明，整合和融合能够有效促进经济发展。欧盟能够做到，为什么“一国两制”下的大湾区不能做到呢？

就外部环境来说，中国目前面临着越来越严峻的国际经济形势。美国全面实行贸易保护主义和经济民族主义，与中国进行贸易战。尽管贸易战既非中国发动，在很大程度上也不可避免，但中国必须避免中美贸易全面脱钩的情况。原因很简单，中美贸易一旦脱钩，那么中美关系就很有可能演变成为昔日美苏冷战的状态，这对国际政治和中国本身的冲击将是巨大的。在美国不欢迎甚至禁止中国到美国投资的情况下，唯一的方法就是中国通过自己“单边”的开放政策，吸引和留住美国的资本。中国最近宣布的一系列开放举措就反映了这个方向。不过，要实现这个目标，中国需要做很多事情。其中，中国需要构建几个大的经济平台，就如改革开放初期的经济特区。粤港澳大湾区就是这样一个经济平台。平台必须具有强大的吸引力来吸引外资。这既是中国避免和西方发生冷战所需，也是中国的质量型经济发展所需。

第二，一个南方共同市场。建立南方共同市场也是实现内部可持续发展所需。发展既需要来自外部的竞争，更需要来自内部的竞争。中国近年来发展动力不足，一个主要原因就是内部竞争动力不足。在学术界，人们往往把地方政府之间的竞争视为经济发展的一个重要动力。中国现在已经形成了京津冀、长江三角洲和珠江三角洲等几个大经济板块。人们也可以把这些经济板块理解为大经济平台。要实现可持续发展，这些经济板块之间的竞争非常重要。这些板块之间存在着很大的差异，差异化便是进步的动力。很难对这些板块实行统一的经济政策，也不能用行政权力来促成这些板块的一致化。相反，必须强化这些板块之间的竞争。

在中国，往往出现一个奇怪的现象，即没有外来的压力就不会有进步。问题在于我们要等外来的压力吗？外在的压力，就如今天的中美贸易战，应对不好往往就会演变成灾难。近代以来，日本进步的动力表面看来自外部，但实际上是内力。来自外部的压力不可避免，需要理性应付，但创造内部竞争机制更为重要。如果内部失去了竞争，那么就会缺失进步的动力。

人们往往担心内部的竞争会导致权力过度分散，从而影响国家的统一。就历史经验来说，的确是这样。但今天的条件已经不同往日了。高度集中的中央制度构架，中央牢牢控制着的人事任命权，便利快速的交通、互联网和社交媒体等已经赋权中央政府。传统意义上的“分”在今天已经不可能。相反，今天人们应当担忧的是过度的集中导致的地方竞争的缺失。

第三，一个全方面制度现代化的样本。大湾区建设不仅仅是经济发展所需，更是国家现代化所需。20 世纪 80 年代的人们曾经热衷于讨论制度现代化，但后来将重心转移到经济发展，久而久之，似乎经济发展取代了制度现代化。不过，在实际层面，国家面临的制度现代化挑战越来越严峻。制度现代化不仅关乎可持续的经济发展，更关乎文明的进步。衡量一个国家崛起的最主要指标就是一套新制度的崛起，经济发展是一个重要的方面，但其本身不能取代制度建设，尤其是新制度的创新。

制度崛起当然不是制度的西方化。近代以来，刻意追求制度西方化的国家没有几个是成功的，大多数都失败了。成功的都是把自己的文化传统、国情和向西方学习有机结合起来的国家和地区。就制度现代化来说，大湾区最有利于制度创新。这里是“一国两制”，道理很简单，同一制度下不同因素的互动只能产生物理反应，而不同制度下不同因素的互动就会产生化学反应。所谓的制度创新更有可能来自不同制度的互动。香港和澳门回归祖国以来，基本上维持着“一国”和“两制”之间的互动，就是说双方实际上维持在两个较为独立的“单元”。而大湾区内部的整合和融合就不一样了。大湾区就是“一国”之内“两制”的紧密互动，通过互动得到整合和融合。这种互动是化学反应式的，可以导向制度的现代化。

因为香港内部的一些变化，尤其是少数港独力量的出现，人们对香港的看法趋向于政治化和意识形态化。不过，就制度现代化而言，香港和澳门远远处于领先地位。这两个地方的现代化较珠三角其他地方处于先行位置，并且已经把西方的经验和中国传统文化结合起来了。尽管这两地并非在所有制度领域都是成功的，也有不成功的地方，但从总体上说，这两地可供珠三角学习制度现代化的地方仍然有很多。

第四，一个国家统一新模式。除了香港和澳门所面临的进一步整合问题，我们仍然面临着如何实现台湾统一的问题。尽管人们不排除“武力统一”的选项，但这一选项更可能只是对“独立”起到一个阻吓作用，很难实际使用。如果使用武力，且不说其他方方面面的影响，对中华民族必然是一个巨大的伤害。

不过，还存在其他很多实现统一的方法，那就是用社会经济的方法。欧盟就使用社会经济的方法。欧盟出现问题在于欧盟是由众多的独立主权国家组成的，缺少一个有效的协调者。大湾区则不同，已经同属一个“国家”，存在一个强有力的协调者。再者，相对于港澳台地区，中国大陆（内地）是一个巨大的市场，两者之间不是一个对称的关系。不管港澳台如何看待中国大陆，但经济上大中华地区的整合是一个客观的现实。在很大程度上，港澳台经济已经成为以中国大陆为核心的经济体的内在一部分，这就决定了大陆可以实行单方开放政策来促成融合和整合。

大陆单方政策有点像今天人们所说的“供给侧改革”，其有效性在于其无须通过和这些地区进行讨论来做决策和实施政策。尽管香港和澳门已经处于“一国”之内，但一旦启动内地和香港、澳门的双方谈判，事情就容易变得政治化。台湾的情况也类似，早些年“服贸协议”的流产就是双方谈判的结果。而单方开放就是大陆实行单方政策来满足这些地方的需求。单方政策可以涵盖各个方面，包括投资、就业、教育、科研、租房、社会保障等领域。这些领域并非直接的政治领域，但一定会对政治产生影响。等这些领域整合了，政治领域就是“最后的一公里”。再者，无论从哪个指标来衡量，大陆经济体有能力吸收消化单方政策可能引发的负面效应。

在我个人看来，粤港澳的整合是第一步，第二步是把台湾也包括进来。“一国两制”最先是针对台湾提出来的，是为了解决台湾问题，但在实践层面被先用于解决香港和澳门问题。“一国两制”实施多年，不能说它不成功。确切地说，这个政策很成功。世界上还没有其他国家使用这样的方法来和平解决国家统一问题。另一方面，我们也必须承认，“一国两制”政策需要与时俱进，根据客观现实的变化而调整。在香港和澳门成功了，那么就可以进一步应用于台湾。实际上，南方共同市场的外延是可以扩大的。台湾的有识之士多年来一直在提倡“两岸共同市场”。以珠三角为核心的南方共同市场很容易扩展到福建，从而把台湾也包括进来。

当然，现实地说，即使实现了社会经济方面的整合和融合，台湾的“独立”力量或许仍然会存在。人们可以假定“独立”力量会继续存在，但如果实现了社会经济的整合和融合，那么“独立”者肯定是少数，并不难管控。一句话，社会经济方面变成共同体了，政治方面的统一就很容易解决。不管怎样，在世界历史上，从古到今，国家统一都是充满暴力和血腥的，并且即使通过暴力完成了国家的统一，也难以避免“独立”力量的再次出现。从这个角度来说，我们有责任和义务探索一条新的国家统一道路。这是一份对人、对社会、对国家、对文明的责任。

粤港澳大湾区与制度创新[①]

大湾区建设不仅仅要追求可持续的经济发展，也要追求港珠澳地区的进一步整合和国家的统一，加快社会经济的整合，通过社会经济方法实现国家的真正统一。

大湾区与国家的整合统一

粤港澳大湾区由广东境内的9个城市和香港、澳门两个特别行政区组成。这不仅仅是中国的巨大城市群，也是世界范围内的巨大城市群，这11个城市的国民生产总值相当于世界第十大经济体。

为什么中国高层要提粤港澳大湾区？这至少有以下几个层面的意义：第一，大湾区建设就是要实现湾区本身的可持续发展；第二，实现国家的进一步整合；第三，把湾区建设成具有国际竞争力的国际化经济贸易、科技创新平台。

① 本文原发表于2017年6月27日新加坡《联合早报》。

首先，如何实现大湾区内部的可持续发展？今天，广东全省、香港和澳门都面临经济发展和转型问题。珠三角已进行“腾笼换鸟”多年，尽管初见成效，但仍然面对巨大的内外部压力。中国其他城市群（主要是长江三角洲城市群和京津冀城市群）和世界其他国家都在加紧转型，并且在很多方面都比广东快速。

中国很多城市的创新能力已经或者正在超越除深圳外的广东其他城市。香港和澳门产业单一，面临就业、住房等方面的巨大压力。尽管两地领导层决心大，多年努力转型，但都没有取得令人满意的成就。再者，尽管港澳两地都有自身的很多优势，但两地市场极其有限，优势不能充分发挥出来。通过进一步整合，可以促成 11 个城市之间的优势互补，各方面资源的有效配置。

大湾区的发展也要带动整个国家的发展。自改革开放以来，广东“先行一步”，一直在引领中国的发展，做出了巨量的贡献。广东的高速发展很显然也离不开香港和澳门的贡献。中国下一步的发展任务艰巨，不仅要避免陷入中等收入陷阱，全面建成小康社会，还要把国家提升到发达经济体水平。

从世界经济史来看，光是规避中等收入陷阱就不容易。在这个过程中，大湾区如果缺少动力，整个国家的压力就会变得更大。对大湾区来说，不仅自己要达到高收入水平，也要对周边地区乃至整个国家起到辐射作用，也就是继续做经济发展的引擎。

就国家的整合和统一而言，大湾区建设也具有重要意义。近年来，香港少数人开始搞认同政治，甚至搞港独运动。澳门尽管情况比较稳定，但从长期看也不能掉以轻心，因为少数人也开始搞认同政治。因此，大湾区建设不仅仅要追求可持续的经济发展，也要追求港珠澳地区的进一步整合和国家的统一，加快社会经济的整合，通过社会经济方法实现国家的真正统一。

“一国”和“两制”之间并不是平衡的，因为“两制”是“一国”之内的“两制”，大湾区就是在充分发挥“两制”优势基础上的“一国”建设。客观地说，在很长一段时间里，“一国”建设不够，才导致香港今天的局面。

“一国”之内的世界级经济平台

就国际性平台建设而言，大湾区有望成为国家主导的一国之内的国际经济大平台。特朗普当选美国总统后，美国退出《跨太平洋伙伴关系协定》(TPP)，在客观上为中国减轻了国际压力。不过，如何打造新的国际合作平台对中国是个考验。中国现在已经是世界第二大经济体、最大的贸易国，迫切需要推进经济全球化，在实现内部可持续发展的同时，引导国际经济的发展。这并不容易，RCEP 在进行过程中，因为一些国家的阻力，进展并不会很顺利。

而中国倡议的亚太自由贸易区过大，各国之间连基本共识都没有，相信也不会很容易落到实处。在国际层面上，从前西方国家领导全球化，但在今后很长一段时间里，西方很难继续扮演这个角色，因为主要西方国家都面临很大的内部问题。贸易保护主义、经济民族主义、反移民思潮的兴起是西方内部问题的外部反映，他们首先必须解决这些问题，否则很难在国际上有所作为。

在解决众多内部问题之前，西方希望在国际层面进一步推进贸易自由化并不实际。中国通过“一带一路”引导国际层面的发展，做

"领头羊"，不过也要意识到，中国的主要任务仍然是国内发展。如果没有国内的可持续发展，中国的国际角色也很难持续。从前的大国（包括现在的美国）无一不是如此。

粤港澳大湾区有望成为"一国"之内的世界级经济平台。作为自由贸易区，大湾区已经具有诸多优势，包括巨量的经济总量、优质的基础设施、互联互通、世界级制造业基地、优质金融制度、优质服务业、教育科研等。湾区内部的一些城市创新能力已走到世界前列，例如2016年深圳所获得的国际专利超越法国、英国，华为公司连续两年居世界知识产权组织专利申请量第一位。

不过，各地的优势没有整合与利用，也就是没有做到资源有效配置。其中原因很多，但可以从"一国两制"构架中来理解。第一，"一国"的意识不强。一旦涉及具体利益问题，内地、香港和澳门三地可能纠缠不清，谁也不让利，一点小问题纠缠多年而无法及时解决。第二，没有利用"两制"优势，各搞各的，造成重复建设和巨大的资源浪费。例如香港具有金融、教育和科研资源，澳门具有优质服务业资源，但是这些都没有和珠三角其他地方整合起来，通盘考虑。

广州和珠海多年来发展教育，尤其是在高等教育方面已投入大量人力物力，但发展效果并不符合预期。广东为什么不能充分利用香港的教育资源呢？因为在"一国"构架下，广东和香港的教育资源整合完全是可以做到的，只是人们没有这个思想意识。香港的金融制度已很成熟，在世界领先。这些年，广东为了照顾香港的发展，本身没有发展金融体系，但广东也没有充分利用香港这个金融平台，造成巨大浪费。

行政主导地位过强压制企业

在大湾区内，行政分割过于严重，很多问题都是由此造成的。这里不仅仅是“一国两制”，而是“一国十一制”，也就是说，每一个城市都有自己的制度。不仅内地 9 个城市和香港、澳门之间缺乏有效协调，内地 9 个城市之间也没有有效协调。广东很多年前就开始做“同城化”的努力，在很多方面（主要是交通）已经互联互通，但仍然有巨大的改进空间，尤其是在社会保障等社会政策方面，还没有有效地互联互通。

相对于中国其他地区，广东创新发展的主体一直是企业，政府起辅助作用，但因行政主导地位过强，企业和市场的主体地位没有凸显出来，企业仍然面临行政分割导致的巨大制约。在世界其他大湾区，企业在湾区的经济乃至社会整合方面扮演重要角色，但在广东，企业的这个作用被行政分割，起不到整合作用。

怎么办？因为是“一国两制”，相较于其他大湾区，粤港澳大湾区的整合有其难度。但因粤港澳大湾区存在一个强大的中央政府，行政分割造成的困难也不是无法克服的，有几方面路径可以考量。

第一，优质城市建设。湾区可以对标国际一流城市建设来进行。很多年前，广东已经提出“叫板”新加坡、首尔等城市。“叫板”不仅仅是在基础设施建设方面，更是在“软件”方面。湾区内部很多城市的基础设施已经跟上，甚至不亚于港澳，但管理水平远远没跟上。在这方面，湾区各城市通过服务业的整合快速得到提升。应当指出的是，广东现在的服务方式和水平本来就和港澳经验相关。

第二，城市群建设。城市群建设已经提升为国家计划，湾区可以参考其他国家的湾区建设经验，例如东京湾区、旧金山湾区、纽约湾区等。除了要参考这些湾区的基础设施建设，更重要的是研究这些湾区如何克服行政分割的限制，让企业和社会在湾区整合方面起主导作用。

第三，湾区范围内的制度整合。这里要建设的是笔者所称的内部版的“欧盟”。欧盟具有很好的理念，有效推动了欧洲的经济社会发展。现在出了问题，并不是理念不对，主要是因为缺少一个强有力的中央协调者，因为欧盟由主权国家组成，各国之间的利益很难协调。

粤港澳大湾区则不同，有强大的中央政府作为协调者。湾区内部现在的整合情形远不及欧盟，例如在劳动力市场、人员流动、关卡管理、科研合作等方面，都与欧盟差很远，甚至还没有开始。在这方面，有很多湾区“共同市场”有待建设，包括共同制造业基地、共同金融市场、共同劳动力市场、共同房地产市场、共同教育市场、共同服务业市场等。如上所说，香港的金融、教育、科研优势为什么广东不能用？如果这些湾区共同市场建成了，就可以实现湾区内部资源的有效配置。

第四，世界性贸易平台建设。在这方面，湾区要深入研究成功的案例，结合湾区的现实，打造世界级自由贸易平台。欧盟的经验、北美自由贸易区的经验、TPP 规则等都是可以借鉴的。这不是说把这些自由贸易区的规则简单抄过来，而是研究这些经验，把这些国际多边主义的规则内化，变成“一国”之内大湾区自由贸易区的规则。因为这些规则具有国际性，也比较容易为国际企业所接受。

再者，在“一带一路”倡议的背景下，这样做尤其有意义。“一带一路”倡议并非单向道，而应当是双向道。这表明不仅中国要通过“一带一路”走出去，国际大企业、国际技术、专业人才也要通过“一带一路”进入中国，成为中国和世界的永恒关联。从经济总量等各方面来看，大湾区在“一带一路”倡议中的作用，不是中国其他城市群体能比的。

第五，中央高层组织协调。鉴于“一国两制”的复杂性和城市之间的严重行政分割，这 11 个城市本身或广东省这一级很难产生有效的协调机构。如果没有有效的协调，本来很容易解决的一些具体利益问题就会被放大，进而阻碍湾区的整体整合。因此，可以参照京津冀协调模式，由高层组织协调机构。没有这样一个顶层设计，很难达成上述几个方面的目标。

“双循环”、RCEP与大湾区的未来[①]

广深“双城联动”的关键是优势互补

深圳在我们国家的发展中占据着非常重要的地位，是一个具有使命性的城市。40年来，深圳成功从一个小渔村发展为世界级的大都市。不仅在中国，在整个世界地图上，深圳也是一个生机勃勃、充满生命力的城市，是科技创新和制造业的中心。无论从哪一个角度来说，深圳的故事都是中国成功故事的一个缩影，是最好的发展样本之一。

如果我们将深圳与国际上其他地区比较，则更能看到它的成功。20世纪80年代至今，美国一些城市带（如“铁锈带”）逐步衰落，导致了民粹主义的崛起。从深圳的例子来看，改革开放基本实现了可持续的经济发展与可持续的社会稳定，这是因为有很多的制度创新。我国到今年已经基本实现全面建成小康社会的目标，对于2035年乃至

① 本文整理自《21世纪经济报道》对作者的专访，2020年12月4日首发于“21财经”客户端。

更长远的2050年发展而言，制度创新至关重要。所以关于下一步中国怎么走，国家把探索的使命交给深圳，让深圳先行先试。这是深圳新的使命。

深圳这座城市的生命力在于它有几种文化的交汇融合。有些人说，深圳是一个科技城市，人文精神不够深厚。当然，从历史来看，深圳确实难以跟广州、上海、北京相比，在几个一线城市中，深圳是最新的城市。但是深圳之所以能发展起来，其实也与其背后的文化密切相关。首先是岭南文化，具有实事求是、不务虚而务实等特质。其次是移民文化，深圳基本上是一个普通话的世界，因为常住人口来自各个地方。再次是国际化，深圳靠近香港特区，受国际文化影响很深。所以，深圳在多种文化的推动下，成了一个创新型城市。我们不能光以传统文化的概念来判断一个城市的文化氛围。深圳拥有全新的文化气质，这也是它的生命力所在。

关于广深“双城联动”，从最低目标来看，广州、深圳都是广东省的城市，要避免不良竞争，比如在招商引资方面。就中间目标而言，两座城市都要意识到自己的比较优势在哪里。比较优势是在历史中形成的，不可能一下子改变。比如，广州自近代以来一直是世界级的商贸城市，而深圳经过40年改革开放，成长为以科技创新和制造业闻名的城市，两座城市是优势互补的。“双城联动”的最高目标是两个城市既合作，也进行良性竞争。这并不意味着广州不发展科创、深圳不发展商贸，而是要找准定位，即一个是商贸中心，另一个是科创中心。如果能意识到这一点，两座城市的合作就能提高到新的水平。

从发展数量经济转向发展质量经济

在培育科创土壤方面，大湾区还应该下功夫。我们都希望广州和深圳发展成世界性的产业集群，但这是一个系统性工程，不仅仅是产业升级的问题。我一直认为要把以广州、深圳等城市为中心的城市群，建设成为地域嵌入型的世界级经济平台，吸引全球优质资本、优质技术、优质人才并使之留下来，在这里不断升级。这是一个地方可持续发展的基础。这涉及政府跟市场之间的关系问题、国家跟社会之间的关系问题，还有教育系统、土地制度、劳动制度等方面的问题，要求城市整体升级。每个城市都是一个经济平台，这个平台中谁是主角、谁是配角，需要明晰。政府应搭好这个平台，发挥协调、支持作用，吸引产业进来，而主体则是企业。

改革开放初期，国家的主要目标是发展经济，集中发展单一产业。那时候经济总量小，一座城市若有一两个优势产业，GDP 就能实现快速增长。但是现在发展基数变大了，更需要搭平台、讲规则，从数量经济步入质量经济，从以项目经济为主转向以制定规则为主。我们要制定开放的规则，制定有利于优质的资本、优质的技术、优质的人才进来的规则，这样才能形成竞争力。珠江三角洲发展态势比较好，多个城市人均 GDP 已经达到约 2 万美元，但这还不足够。下一步，大湾区城市如何实现再提升，质量经济如何发展，是企业、政府应该一起思考的问题。

大湾区在增强对年轻人吸引力方面应该做些什么？

与世界其他三大湾区相比，粤港澳大湾区经济总量不小，但人才吸引力还有一定差距。从区域内几所大学的外籍教授数量可以看出，大湾区的国际人才还比较少，国际化程度尚待提高。这表明大湾区还有很大的发展潜力。比如，香港有不少优质大学，但是缺乏发展空间，而珠江三角洲发展空间大，但顶尖大学不多，或许可以将二者的优势进行整合。

再者，如何建立学校系统是一个很重要的问题，不能仅仅关注大学的建设。对于人才而言，从博士毕业到四五十岁是黄金年龄，这意味着其子女从幼儿园到高中阶段的学校配套很重要。因此，如果要吸引人才，就必须有优质的幼儿园、小学、初中、高中。世界上发达的国际化城市，都有大量能吸引国际化专业人才的国际学校，让人才真正留下来。吸引人才不能只停留在提供食宿以及研究经费方面。人才都有家，如果能让他们把家也搬过来，才算稳定下来。

当然以上只是其中一个方面，还有环境、医疗保障系统等问题。所以，GDP 和产业已经不足以评价一个城市了，我们要看质量，从质量上把这个短板补起来。公路、桥梁、体育馆等为“硬基建”，是比较容易规划的，难的是“软基建”，也就是社会保障、医疗、教育、公共住房等。中国的“硬基建”已经做得很完善，但还需要有一定程度的“软基建”。教育、医疗、公共住房、社会保障，这些解决好了以后，大家就会生气勃勃地去创新。所以，创新城市的培育是一个综合工程，并非容易之事。“十四五”规划不再强调经济增长的具体目标，那么广州、深圳等城市相应也要转变思路，不应再单纯追求 GDP，要以另外一套指数来衡量城市的高质量发展。

推动大湾区与 RCEP 平台对接

当前的国际新挑战会对大湾区的发展有哪些影响？

其实 2007 年、2008 年我们已经经历过一次挑战，那时候采取了“腾笼换鸟”的措施，应对从美国开始的全球金融危机。当前我们面临百年未有之大变局，中美贸易战加上新冠肺炎疫情，对于大湾区而言是各个方面的“大检测”“大考验”，在这当中就暴露出了一些问题，包括科技公司、芯片、就业、来料加工等方面的短板。那么我们如何把这个短板补齐？过去那种“没有芯片就向国际社会采购”的想法在今天已经行不通了。我们并非不能自主制造芯片，也许早期产品在质量上有差距，但是可以不断改进。当前很多企业都碰到这种困难，在百年未有之大变局面前，要思考怎么去改变。

“双循环”战略强调以国内大循环为主，但我们不要认为国际循环就不重要，尤其珠江三角洲是在改革开放中成长起来的，是在全球化过程中成长起来的。RCEP 签署后，对于珠三角企业而言，关税、政府补贴等都将发生变化。

一方面，RCEP 为中国的企业提供了更广阔的市场。另一方面，竞争压力也随之增大，企业要增加自己的竞争能力。可以说，RCEP 是一个大平台，要推动粤港澳大湾区这个经济大平台与 RCEP 这个经济大平台的对接。中国与东南亚国家以及东北亚的日本和韩国都有紧密的贸易关系，在实施零关税以后有什么影响？我认为，大湾区的企业都要自主评估下一步路径。

中国现在是世界第二大经济体，在制定世界规则方面要主动参与，甚至在有些领域要主导标准的制定。这要求我们进行制度改革创新。大湾区的建设重点不仅是区域内城市之间的整合，它是中国的一大经济平台，同时也是国内国际双循环的关联点。制定规则还要考虑到国际适用性，做一个负责任的大国。这也是为什么我们强调深圳的先行先试经验要可复制、可推广，正是希望这些先行探索不仅适用于深圳这个地方，也可以复制到其他城市、其他地区。

湾区龙头深圳能够形成何种借鉴意义？[①]

40 年，从一个小渔村成长为国际大都市，深圳的崛起无论从哪个角度看，都是一个奇迹。

俄国大文豪托尔斯泰言："幸福的家庭都是相同的，不幸的家庭各有各的不幸。"这句话其实也适用于一个城市的兴衰。从经验来看，无论成功还是失败，一个城市的发展总有其自身的逻辑。深圳是成功的，她的成功逻辑便是中国整体故事的一个折射。

从当代中国的发展进程可以看到深圳崛起的逻辑，而看深圳的崛起更可以加深对当代中国发展的认知。再者，如果从世界范围内的比较而言，人们能够更为清楚地看到中国作为一个整体是如何强势崛起的。

深圳的成功，有哪些可供其他城市借鉴的经验呢？至少可以从如下几个方面来说。

---

① 本文原刊发于 2020 年 10 月 14 日香港《明报》，标题为《深圳的崛起是当代中国的缩影》，有删改。

发展便是责任，责任驱使执政主体不停步

深圳的成功，领导力是首要原因。无论是一个国家还是一个城市，领导力对发展的影响无疑至为关键。

西方盛行新自由主义，相信“自由就是发展”，把“自由”和“发展”等同起来，并且把“自由”等同于没有政府的干预。深圳的发展和这一信条格格不入，甚至相反。

人们可以说，深圳在20世纪80年代以来的成功是因为遇上了哈佛大学的丹尼·罗德里克教授所说的“超级全球化”的机会。这个观点并没有错。不过，机会是平等的。放眼全球，在这一波“超级全球化”下，有几个城市像深圳那样崛起了呢？成功的城市屈指可数。与此同时，有多少城市眼睁睁地衰落了呢？美国的铁锈带城市便是典型。亚洲不少城市要么长期陷入“中等收入陷阱”，要么在进入高收入阶段后受困于国内撕裂的政治而停滞不前。

深圳则不同。深圳不仅抓住了“超级全球化”这个机遇，并且有效克服了两波经济危机（1997—1998年的亚洲金融危机和2007—2008年的国际金融危机），在困境中不断升级，超越自己，不仅提前实现小康社会，也提前进入了高收入城市行列。这背后就是领导力。

领导力来自一个具有使命感的执政主体。对这个执政主体来说，发展便是责任，责任驱使这个执政主体永不停步。实际上，深圳继日本和亚洲四小龙之后再次创造了东亚奇迹，但深圳并不缺乏危机，因为具有坚强的领导力，每次危机都为深圳提供了新的机遇。深圳的产业升级和危机不可分，1997—1998年的亚洲金融危机和2007—2008年的国际金融危机都促成了深圳的产业升级。

深圳处理好了几个重要的关系

第一，深圳的领导力离不开有效的中央与地方关系。在过去40年里，中央充分授予深圳方方面面的权力，无论是法律层面还是实际政策操作层面。有了充分授权，深圳才能发挥出巨大的地方创新能力。同时，中央提供了强大的政治保障，不然，深圳的地方创新要获得成功会变得异常困难。

深圳当然也没有辜负中央赋予的使命，不仅获得了自身的成功，而且充分展示了区域经济辐射和扩散效应，使更多的地方受惠于深圳的发展。

更为具体地说，深圳处理好了几个重要的关系：首先是市场与政府之间的关系。中共十八届三中全会提出了中国经济发展的一个普遍原则，即市场在资源配置中起决定性作用，政府起更好的作用。实际上，这个普遍原则来自深圳等改革开放先驱的实践经验。

作为特区，深圳是社会主义市场经济的先行者，但深圳并没有走向西方新自由主义或者市场原教旨主义，而是找到了市场与政府之间的平衡点。主要体现在国有企业和民营企业的平衡，大型企业和中小型企业的平衡，亲商与亲民之间的平衡，等等。

深圳的国有企业几乎担负了一个大型城市需要的所有基础设施建设。这些基础设施投资周期长、回报低，具有很大的不确定性，民营企业缺乏足够的动机来承担这些建设。所以，即使是西方经济自由主义鼻祖亚当·斯密也主张国家承担基础设施建设的职能。

政府的作用更体现在政府为企业提供的优质服务上。“政府更好的作用”使深圳国企强，民企更强。深圳已经集聚了众多的大中小微型民营企业，它们在政府提供的平台上运作，互相竞争合作。作为制造业中心，即使从全球来看，深圳的产业完整性和产业链的齐全性也是其他城市不可比拟的。

第二，深圳确立了有效的政府与社会的关系。无论在国家层面还是城市层面，一个最难处理的关系便是经济发展和社会稳定。在当今世界，一些地方经济发展了，但社会处于不稳定状态；在另一些地方，经济得不到发展，社会落后不稳定；也有些地方，无论是经济还是社会，始终处于停滞不前的状态。

而深圳则获得了两个可持续性，即经济的可持续发展和社会的可持续稳定。从历史上看，发展并不等于稳定，大规模的不稳定往往出现在一个社会的高速发展过程中，或者在获得相当的发展之后。深圳的社会稳定来自对社会公平的追求，来自深圳居民的真实获得感，来自社会机会的开放性。

深圳是一个典型的移民城市，来自不同地方、不同社会背景的人具有不同的诉求。西方总说中国是“ 党专制”，社会影响不了政府的政策。但实际上恰恰相反。在西方，人们周期性（每隔几年）投完票之后，政治参与就结束了，政治人物要么不能兑现选举时的承诺，要么置民意于不顾。这也是今天西方民粹主义崛起的根源，反映出来的是普通民众对精英阶层的仇恨。但在中国，社会对政策的参与具有连续性，社会对实际政策的影响是那些走选票途径的国家不能比拟的。

就深圳而言，人们不难观察到，政府的很多决策过程是开放的，政策一方面受社会影响，另一方面又不会被一些特殊的利益或者特殊的“民意”挟持，因为政府需要通盘考虑社会整体的利益。这就有效避免了西方社会“为了反对而反对”的情况，政府不会因为一些利益的反对而不去追求社会的整体利益。

第三，深圳有效处理了发展与制度创新之间的关系。发展和制度之间的关系在于：发展需要制度创新，但发展的成果需要制度作为保障。因为中央的充分授权，深圳的制度创新一直走在全国的前列。正是这些制度创新促成了深圳方方面面的快速发展。

然而，人们也不应当忘记，制度创新有底线，那就是坚守中国特色社会主义市场经济原则。制度创新如果不能把握这个原则，便很难实现可持续发展。

第四，深圳也有效实现了外部资本与内部资本的平衡。这一点非常重要，但也往往被忽视。深圳开始时一穷二白，发展从外资起步，没有外资尤其是港资的进入，深圳早期的发展会变得极其艰难。但在完成早期发展阶段之后，深圳充分重视内资的作用，培养了数量庞大的本土企业。一个城市如果外资占据主导地位，那么必然深受国际环境的影响，甚至难以抵挡外在环境的变化；但一个城市如果封闭起来，不受外资影响，那么这个城市也难以赶上时代的步伐。深圳在处理内外资本方面是成功的。

深圳的发展对其邻居有很深刻的借鉴意义

深圳早期的发展获益于靠近香港，不仅仅是因为来自香港的资本，更是因为香港转移出来的产业。鉴于香港的发展空间有限，香港把那些附加值低的产业转移到珠三角，然后在金融、教育等服务业集中自身优势。这无疑是符合经济发展规律的，是大势所趋。

但近年来香港为“认同政治”所苦，把所有的事情都泛政治化和意识形态化。客观上说，香港的发展已经离不开珠三角，更离不开深圳。无论是金融还是教育，香港必须有服务对象，那就是粤港澳大湾区。但人为的“认同政治”硬把香港和内地隔离开来。

在社会层面，“认同政治”导致社会价值观高度分化。香港一些群体尤其是年轻人思想被西方“殖民”，“认同政治”激进化，把自己无限道德化，把“他者”妖魔化。一些人以为掌握了西方“民主”“自由”“人权”的真理，就可以为所欲为，甚至认为诉诸暴力也是“正确的”。这种逻辑体现在任何形式的激进主义中，而香港尤甚。尽管这种行为与香港的实际利益背道而驰，但因为有西方物质和舆论上的支持，一些人仍然以“道德”来论证自己的暴力行为。

从政治上说，香港的“认同政治”演变成为赤裸裸的“对抗政治”，反对派为了反对而反对。这种“认同政治”直接弱化了香港特区政府的治理能力，甚至使香港面临长期“无政府状态”的极端风险。

分化的社会和弱政府使香港缺失一个治理主体。在这种情况下，香港不仅不能充分发挥其作为国际金融中心的作用，也使上述深圳所能实现的诸多平衡变得不可能。

可以说，大湾区建设、深圳的社会主义先行试验区等重大政策议程是香港的机遇。从经济来看，只要处理好和大湾区的关系，香港仍然具有发展和更上一层楼的巨大潜力。

香港的挑战是政治上的。如果政治的分裂使得香港不能抓住机遇，不能接受挑战，那么如同世界上其他城市一样，香港的衰落是必然的。在大湾区内，香港不孤独，也不能自我孤立起来。香港必须随着大湾区城市的进步而进步。不进则退，没有一个城市可以不通过持之以恒的努力取得进步，香港亦然。

深圳的使命与改革目标[①]

深圳 40 年三次完成使命

40 年前，深圳等地被中央批准成为“特区”，但改革目标和模式到底是什么，对于当时的深圳市来说还是未知数。在深圳 40 年的发展经验和路径中，我们做对了什么，或者我们正确地坚持了什么？

我想这和当时的局势有关系。至 20 世纪 70 年代末，包括新加坡在内的亚洲四小龙经历了六七十年代的发展，有了基本的发展经验和路径，那就是后发国家和地区如果想实现经济腾飞，必须依靠资本和技术。

要发展经济、持续不断地发展制造业，在经济发展的基础上改善民生，我想这是深圳发展 40 年的最大经验。20 世纪 80 年代，我们将这个目标设计为“小康社会”，现在我们叫“美好生活”。这一目标要靠制造业支撑，靠改革发展。

① 本文整理自《南方都市报》2020 年 9 月对作者的专访。

但是改革和发展需要找个突破口或者说试验区，这就必须要依靠在地缘上能够就近获得资本和技术的地方。深圳在地理上天然靠近港澳，而当时香港经济蓬勃发展，有大量资本和技术可以就近获得，我想这是选择深圳作为改革窗口的直接原因。

让我来评价深圳 40 年发展，我更喜欢用“使命”来解释这一过程。深圳这 40 年就是三次完成使命的过程，核心是利用市场和要素驱动社会发展与进步。当然，这一条路确实不好走。

我们对市场经济的理解是个渐进过程。1982 年，当时叫“有计划的商品经济”，到 1992 年正式确立“社会主义市场经济”的概念，再到 2013 年，我们提出了“市场配置要素起决定性作用”。所以，当时深圳有句口号叫“杀出一条血路来”。这一阶段的深圳产业多为“三来一补”的组装型制造业。

深圳第二次完成使命是在 2008 年前后，遇到了金融危机，倒逼产业进行升级，当时叫“腾笼换鸟”，诞生了诸如华为、腾讯等具有世界影响力的企业。

2019 年，中央又给了深圳建设“中国特色社会主义先行示范区”这样的新使命。我们怎么理解这样的新使命？中央给了深圳原则性的使命，那深圳怎么完成这个使命？我想还是需要具体细节和改革抓手。比如，深圳可以围绕着制造业技术，形成一个地域嵌入型的世界级经济技术平台。

围绕“先行”和“示范区”大有可为

谈到深圳要嵌入世界级技术，这几年深圳一直围绕打造良好的市场驱动的发展环境，推动了很多具体的落地举措，从细节中见精神。政府、市场和社会之间的良性互动形成了一个共生的社会生态。在当前背景下，深圳政府应利用制度创新力和想象力，更好地激发市场活力和改革动力。

2019 年，中央给了深圳新使命，其中有两个关键词“先行”和“示范区”。围绕这两个关键词，深圳有很多可以做的。比如围绕着世界级制造中心，可以在制度创新和社会治理等领域内进行很多尝试，这需要新的思想解放。

我们看东京湾区、纽约湾区和洛杉矶湾区的运行机制沉淀了那么多优质的技术和资本，为什么这些优质的要素资源没有流动到世界其他地区，这值得我们思考。现在和 20 世纪八九十年代不一样了，当时是项目经济，政府负责招一些大的项目进来，GDP 有了，经济也发展了。而现在政府应该去打造大型经济平台，利用平台优势，去吸引优质资本和技术。

20 世纪 80 年代开始的全球化促成资本、技术和人才在全球流动。这 40 年，我们利用土地、劳动力资源，吸引大量附加值不高的技术进来。为此，我们付出了很大的代价，比如环保、空气等稀缺资源被透支。

按照新发展理念，这些发展模式肯定不行了，所以，我们要向其他湾区学习如何培育和服务优质企业和技术，如何留住优质的技术和资本，比如提升医疗卫生、教育、公共住房等公共产品供给能力，尤其是软环境的建设。

深圳要打造世界级技术平台，没有人才肯定不行，但是这些人才需要很好的软环境支持，比如好的初高中教育资源、好的医疗卫生资源。这些都是营商环境的软实力。政府要做擅长的事情，企业和市场最知道哪些是附加值高的技术。如果所有的资本和技术都想进入，通过好的制度让它们不想走也走不了，这样才可实现高质量的可持续发展。这就是我一直强调深圳的新使命的原因。

构建产业生态，形成南方共同市场

经历40年改革开放，广东珠三角地区成为中国最为富裕的地区。在推动珠三角城市化、工业化的过程中，深圳发挥着重要的引领作用。2019年2月18日，中共中央、国务院正式印发《粤港澳大湾区发展规划纲要》，明确了深圳在大湾区内的发展定位。在这样的政策背景和发展定位下，粤港澳大湾区如何超越世界其他三大湾区，引领世界？

这就是前文讲的建设平台的价值。我们要做顶层设计，这样才有改革抓手，这就是行动纲领。我们要考察其他三个湾区的做法，知道这些平台的建设价值和路径。如果我们还按照以前的简单模式，招商引资发展经济，资本就像农贸市场一样，做完生意就跑了。

所以我建议，深圳应该花大力气，打造一个世界级技术和经济平台，将粤港澳大湾区和海南自贸区考虑进来，利用中国南方的经济腹地，形成一个南方共同市场。有了这样的平台，就能覆盖完整的产业链，附加值既有高端部分也有中低端部分，形成一个产业生态。这个世界级平台有市场空间，有足够的人口，这样就有极大的抗风险能力。

我们不能再走过去“头疼医头，脚疼医脚”的老路，这才是落实新发展理念的做法。我们也可以参照一下新加坡的发展路径，以前是一个个项目落地，现在是整体平台升级，围绕产业平台建设进行城市升级。把粤港澳大湾区建设成这样的世界级经济平台，我们才能具备强大的竞争力。围绕这些制度建设，深圳就可以将内容细化成建设先行示范区的行动纲领。

当前形势下更应明确改革目标

现在国际国内形势发生巨大变化，深圳更应该明确改革目标，围绕这些目标制定更具体的行动纲领，在湾区一体化过程中，继续保持领头羊的价值。

现在外部环境发生了变化，对深圳来说，尽管内需比重越来越大，外贸不再像 20 世纪 90 年代或 21 世纪头十年那样占那么大比重，但外循环的重要性仍不容低估。20 世纪八九十年代，深圳虽然吸收大量西方技术，但创新能力不强，创新能力在这些年才引起了人们的重视。所以，现在国际经济环境的变化对深圳影响很大。像华为，中国最好的科技企业之一，它相当比重的技术，如芯片、操作系统仍依赖于外部供应，成为让人头疼的短板。

客观地说，一方面，我们非常需要发展内需；另一方面，我们还要有外部循环。就深圳而言，外部循环也非常重要。中央强调我们要逐步形成以国内大循环为主体、国内国际双循环相互促进的新发展格局，这一点我们要记住。

我们的技术还处于下端，很长一段时间内，包括深圳在内的粤港澳大湾区城市，还应广泛运用西方技术发展自身，因为西方技术也在不断进步。所以开放很重要，这样才能可持续地打造世界级经济平台。

深圳制造业和香港金融业需对接

在粤港澳大湾区发展规划当中，香港和深圳都有着明确的定位。香港继续打造国际金融平台，深圳在制造业领域继续发力。现在深圳的人均 GDP 接近 3 万美元，香港达到 5 万美元，两地产业定位和功能有着明确要求。深圳制造业持续发展需要香港的金融业支持，二者的关系也非常明确。在粤港澳大湾区内，这些资源对于大湾区发展恰恰会起到促进作用。

在粤港澳一体化中，深圳制造业和香港金融业如何对接是个关键问题。如果大湾区能通过一体化发展，加上海南自贸区，形成一个南方共同市场，那就能形成广阔的经济腹地，带动大湾区城市发展。

深圳要从“组装制造”转变为“创新制造”

逼出来的改革、放出来的活力、摸出来的市场，这三点几乎贯穿了深圳发展的每一个阶段。在当前国际不确定因素增多的背景下，深圳欲进一步改革开放，应该在哪些领域推进重点改革和探索？

我更希望用“辐射”的概念来回答这个问题。比如欧盟共同市场对其他地区就有很强的辐射和带动作用。我们可以去学习深圳好的经验，包括当年的改革精神，但不要学习其过去的做法，而且我们不能做简单的描红，要深刻理解深圳的经验。

我想深圳接下来的发展，需要完成从“组装制造”到“创新制造”的转变。围绕粤港澳大湾区建设世界级经济平台，深圳应该在某些技术的重大突破上形成世界级影响力，这样深圳就有了改革发展的抓手。有了这个目标，包括社会治理、市场驱动等制度创新就有了抓手和内容。

深圳 40 年发展遇到的挑战非常多，成就如此巨大，值得世人尊敬，但接下来还是需要明确自己的使命和定位，实现可持续发展，继续为改革开放做新的诠释。

特区之“特”，是责任不是特权[①]

有信心才有未来

在当前国际国内形势下，信心要比金子更重要。

没有信心就没有未来，没有理想就没有未来，个人如此，城市亦然，国家也一样。习近平总书记在深圳经济特区建立40周年庆祝大会上的重要讲话，就是关于信心的新宣言，也是关于未来的新要求。

发展是硬道理。发展的过程有机遇，也有困难和危机。如何应对重大挑战，抵御重大风险，克服重大阻力，解决重大矛盾？信心很重要！1978年中国做出改革开放的决定，主要来自邓小平等领导人的信心，对和平与发展这两大世界主题的信心。

信心也是判断力、领导力。深圳用40年时间从落后的边陲小镇发展成为具有全球影响力的国际化大都市，其成功得益于20世纪80

---

① 本文整理自2020年10月26日《深圳特区报》“经济特区40年先行示范再出发·高端访谈”，有删改。

年代开始的“超级全球化”。不过，机会是平等的。放眼全球，在这一波“超级全球化”浪潮下，像深圳这样成功崛起的城市屈指可数。与此同时，有很多城市停留在原地，也有不少城市眼睁睁地衰落了。深圳则不同，不仅抓住了“超级全球化”这个机遇，并且有效克服了1998年亚洲金融危机和2008年世界金融危机这两波大危机，在逆境中不断自我升级、自我超越。两波危机最后都促成了深圳的产业升级，这背后就是判断力、领导力。

一个城市要进步，需要强大的信心和领导力，在抓住机遇的同时，也要知道自己的短板在哪里，如何让强的地方更强、薄弱环节变强。深圳下一步面临新的挑战，外部国际环境的变化和内部发展新要求都向深圳提出了新使命。过去成功的经验、对发展规律的深刻认识、中国共产党的核心领导，这些是深圳通往未来的信心之所在。

“特”是特殊使命，不是先行享受

外界普遍认为，习近平总书记在深圳经济特区建立40周年庆祝大会上的重要讲话，再次明确了新时代经济特区之“特”。

但我们要清楚，深圳要做到特区不“特”。“特”是第一步，“不特”是最终目标。所谓“特”，是指国家把一些试点举措放在深圳先行先试；所谓“不特”，就是经验可推广、可复制，当特区的经验复制推广到全国了，自然就“不特”了。

国家一直在发展，深圳的地位始终是特殊的，很多新政策、新试验首先会放到深圳来。这是一份责任，绝不是特权。40年来，深圳没有辜负中央政府赋予的使命，不仅获得了自身的成功，而且充分发挥了辐射带动作用，成功经验在全国比比皆是，很多地方受惠于深圳的发展。国家进入下一发展阶段，深圳要继续当好排头兵，继续杀出一条血路来，当然是在更高层面上，比如在原创性技术和制造业升级方面，继续为全国探路开路。

深圳没有特权，“特”是特殊使命，不是先行享受。深圳是一座使命性的城市。40 年前中央把经济特区放到深圳，现在又把建设中国特色社会主义先行示范区的历史重任交给深圳，就是寄望深圳继续当先行者，率先走出一个可以引导整个国家发展的模式来。深圳要感觉到压力，继续敢闯善创，把经济特区办得更好，办得水平更高，为全面建设社会主义现代化国家、实现第二个百年奋斗目标做出新的更大的贡献。

提升技术密度发展质量型经济

习近平总书记在讲话中强调，深圳要坚定不移贯彻新发展理念。新发展理念指向的是高水平发展、质量型经济。很多国家或城市之所以陷入中等收入陷阱，就是简单扩张的数量型经济已经走到底了，却又没有找到新的出路。

发展质量型经济有难度，但如果因此就不做的话，国家发展的基础就不牢靠。深圳的下一步发展，需要更多高附加值的技术创新。不是什么钱都要赚，而是要赚应该赚的钱，低附加值的、破坏环保的，该舍弃的要舍弃。

深圳的比较优势是制造业，未来质量型经济要靠技术创新、体制创新。深圳对于先进技术的应用速度非常快，制造业、产业链供应链齐全，但缺少原创性的东西，面临不少“卡脖子”的问题，像芯片、底层软件等，都是要去突破的。

经济发展要注重密度，光有广度是不够的。经济密度越大，质量越高。目前，我们很多产业还停留在劳动密集型、资本密集型，没有达到技术密集型，技术的空白还有很多。有些东西不是说别人已经有了，我们就不用再去做了，核心技术还是要靠自主创新。深圳的创新氛围是很好的，硬件配套的条件在全国独一无二，有能力在发展质量型经济方面率先突破。现在，有很多技术类高校和科研平台走进深圳，这是非常重要的。

增强畅通国内大循环、联通国内国际双循环的功能

建设粤港澳大湾区是国家重大发展战略，深圳是大湾区建设的重要引擎。深圳应如何积极作为，深入推进粤港澳大湾区建设，持续增强核心引擎功能？就这一问题，深圳要按照习近平总书记的指示和要求，在加快基础设施互联互通的基础上，推动三地经济运行的规则衔接、机制对接，促进各类要素高效便捷流动，提升市场一体化水平。

物理意义上的公路桥梁互联互通是不够的，相比基础设施的硬联通，机制和规则上的软对接难度更大。机构的密度、体制的密度都是需要考虑的，需要在大湾区不同城市间建立统一的规则。规则必须具有普遍性，否则容易导致恶性竞争，也会造成实质上的封闭。普遍性的规则是法律意义上的，如果每个地方都实行特殊化的规则或政策，尽管初衷是好的，给了很多优惠政策，在外人看来也并不是真正的开放。这就显示出港澳的重要性，因为港澳都非常国际化，其投资贸易

规则已经被国际认可了，有些可以直接对接过来。

这对于深圳加快推进规则标准等制度型开放，率先建设更高水平开放型经济新体制，深化对内经济联系、增加经济纵深，增强畅通国内大循环和联通国内国际双循环的功能，至关重要。新发展格局不是封闭的国内循环，而是开放的国内国际双循环，深圳是内外双循环的重要交汇点。要深入推进粤港澳大湾区建设，加快构建南方共同市场，甚至再辐射到整个东盟，市场潜力会非常大，但前提是要做好规则对接。

深圳本身就是外向型经济体制，是全球化的产物，未来发展要继续在开放中进行，深圳是世界的深圳。技术本质上就是开放性的，思想也是流动的，封闭了肯定会落后。一直处在开放状态下的话，哪怕是比人家落后一点，也知道大趋势是怎么走的。国际化对深圳非常重要，深圳接下来应大力引入国际性机构，尤其是技术类研发总部、国际组织、智库等。

深圳需要什么样的大城市化

经过 40 年高速发展，深圳的城市空间结构、生产方式、组织形态和运行机制发生深刻变革，面临城市治理承压明显、发展空间不足等诸多挑战，要创新思路推动城市治理体系和治理能力现代化。

对此，深圳要走出一条符合超大型城市特点和规律的治理新路子，既需要考虑经济发展规律，也要考虑社会、安全、环保等各方面问题。

大城市化是个世界级的现象，不可避免。但变成什么样的大城市是一个政治考验，需要考量。在日本，约有三分之一的人口集聚在东京周边，但有些小城市就不可避免地衰落了。老是围绕一个中心，安全、交通、环保等方面的压力很大。

而深圳土地空间有限，可多建一些卫星城。深汕特别合作区就是一个很好的例子，离深圳近，能承接深圳的功能外溢，也能享受到深圳的发展红利。同时，强化辐射带动效应也是深圳的责任。

科技创新要有人文基础

习近平总书记在深圳经济特区建立 40 周年庆祝大会上的重要讲话中特别重申：经济特区要坚持“两手抓，两手都要硬”，在物质文明建设和精神文明建设上都要交出优异答卷。我们理解，这其实是中央要求深圳在发展经济的同时，更加注重文化的发展和文明的进步，这样才能做到全面的先行示范。

技术创新离不开人文科学，离不开文化发展。技术问题不光停留在技术上，更是判断力的问题。在后工业社会和信息技术时代，没有文化想象力，技术创造变得极其困难。深圳很多 IT 企业遇到卡脖子的问题，是因为他们早期看问题太简单，认为问题只停留在技术上。其实不是。国际形势风云变化、地缘政治不稳定，这些都涉及文化。

发展需要理论支撑。理论不是从天上掉下来的，也不是从西方教科书抄来的，而是从我们的经验教训中总结出来的。无论从何种角度看，知识体系的构建都是最重要的。没有自己的知识体系，就无从解释自己的社会，无法认清社会的发展趋势，不知道要如何解决越来越多的问题。只有有了原创性的知识体系，才会拥有真正的原始创造力。否则，只会应用不会创新，国家的可持续发展也会受到制约。深圳的实践经验特别丰富，但总结提炼得还不够，还缺乏理论的高度，需要“补作业”。

深圳作为一座年轻的移民城市，国际化、包容度较高，国际文化、移民文化都很丰富。深圳不用去跟北京、广州这种千年古城比，不能从考古学的角度来定义深圳文化。深圳不光有地方文化（local culture），更有世界文化（global culture）。这是深圳的特别之处，需要充分发掘好、利用好。

把顶层设计转化成行动方案

习近平总书记的重要讲话，为深圳提供了一个面向未来的路线图和行动纲领。

有了蓝图之后，重要的是如何实现。中国人讲求知行合一，“知”已经有了，“行”是最关键的，需要做很多准备。习近平总书记的重要讲话里面，给深圳提出了很多新要求。也就是说，顶层设计已经有了，大家也有共识了，现在要考虑的是怎么行动的问题了。深圳一定要有行动方案，思考发展的突破点，把工作做细做实。无论是“双区驱动”还是综合改革试点，内容都非常丰富，关键是如何转化为细化的政策、具体的行动、实际的成果。

习近平总书记特别强调了两点，即“摸着石头过河”和“顶层设计”。“顶层设计”要求深圳不能偏离中国特色社会主义和社会主义市场经济的发展方向，而“摸着石头过河”则要求深圳继续探索创新，敢闯敢试，敢于试错，为自身和国家发展打开新局面。

第三章

立足当下，认清机遇与挑战

未来10年，中国不能掉入这两大陷阱[①]

未来10年，中国或许会面对一个更加不确定的时代，前方“陷阱”重重，中国不能掉入“中等收入陷阱”和“修昔底德陷阱”。对此，我有六点建议。

做好制度建设

在2020年的抗疫过程中，有一些值得再深思的地方，许多人讨论中央政府足够果断，但早期一些地方政府信息披露不及时，光是“谴责”地方政府就足够了吗？

一般来说，在今天的地方行政机构里，可以发现三类群体：一类是唱赞歌的，热衷于讲大政治和大话，“口惠而实不至”；一类是不作为的，准时上下班，上班读书看报写文件，但没有行动；还有一类是想作为的。

① 本文整理自2020年4月“正和岛”对作者的专访。

三种群体，三个结果。每天吹牛拍马、唱赞歌的，被上级领导注意到，被提拔了；不作为也不干活的，不犯错误，也有机会被提拔。

那些想作为的却遇到重重困难，一旦做点事情，就容易触动到其他人的利益。利益被触动的人就会变成告状者，就有人来查。因此，对想作为的干部来说，不作为便是最理想的选择。大家都学着吹牛拍马，都学着不干活，这就是为什么这几年“低级红，高级黑”多了起来，要从制度上找原因，从制度上去改进。

就人性来说，不管什么样的体制，总会出现这三类群体。但要想促成领导干部有所作为，就必须从制度的角度来分析。体制的设计要克服人性的弱点。最高领导人这几年也反复强调要反对“形式主义”“官僚主义”。

所以地方政府为什么“不负责任”？你不能光指着某个领导说：你不负责。

我多次说过，一个国家崛起的核心就是制度崛起，而外部崛起只是内部崛起的延伸而已。没有一个制度是十全十美的。所以面对未来的不确定，从体制角度来说，中央、地方还是需要改革，目标就在于如何使地方政府更具责任感。

不能光从人的角度来说“你不作为”，要从制度上找到不作为的原因。核心是找到“谁来承担责任”，中央政府谁承担责任，地方政府又是谁承担责任，然后从体制上保证他们能承担这个责任，而不能光去批评。

我觉得现在中国的情况是，有些该集权的地方没有集好权，该放权的地方没有放好权，这样地方政府的权力就不足。所谓“使命型政党”不是说不会犯错误，但是有使命感就可以自己去纠正错误。

在这一点上，新加坡的经验值得借鉴。不到600万人口的新加坡只有一级政府。中国哪怕像新加坡这样规模的城市都有三级半政府，需要这么多层级的政府干什么呢？中国从秦朝、汉朝到晚清都是三级政府，现在政府有这么多级别，还是需要改革的。

另外，怎么激发公务员、官员的积极性呢？除了强调意识形态，或许还需要物质。新加坡是世界上公务员工资最高的国家。当然不是说中国公务员的工资都要像新加坡这么高，还是要看自己的经济发展水平。公务员也是人，也要过体面的生活。

还要讲法治，要是太讲政治，法治就会受到影响。政治都是比较主观的，不像法治比较客观，依法治国是国家现代性的主要表征。

我一直在说，利益的困局始终是需要利益来突破的。要让责任跟利益正相关。不能叫人承担无限的责任，而没有利益。有多少利益就有多少责任，我想这个道理在整个世界都是适用的。

破除“唯GDP主义”

这次疫情给处于转型期的中国带来了更多的不确定性。从国际经验来看，任何一个处于转型期的社会，都容易出现社会问题；但如果越来越多的社会问题积累起来，最终就会造成社会失序的局面。

从经验来看，这不仅是中国的问题，也是许多国家的问题。我们需要重视起来，防止中国未来陷入各种陷阱之中。

目前的中国，主要存在着两条政策思路：第一条就是盛行多年的GDP主义。在改革开放的特定历史时期,GDP主义发挥过积极的作用。

但说穿了，GDP主义就是要把中国社会货币化、商品化。可以相信，如果不能改变 GDP 主义的状况，就会有越来越多的社会领域被商品化、货币化，比如医疗、教育、公共住房等。从这次疫情也能看出，中国现在最主要任务的不光是追求 GDP 的增长，还应该搞社会建设。

做大中产阶层

2008 年金融危机前，美国中产阶层占 70% 以上，现在已经降到不足 50%。美国、欧洲为什么现在不稳定？就是因为中产阶层变小了。

任何一个政党，无论是左派还是右派，都要照顾中产阶层的利益，这样就不会走向极端。像泰国那样，如果 50% 是穷人、50% 是富人，那么穷人选出来的总理富人不接受，富人选出来的总理穷人不接受，永远都会是一个斗争的局面。

从收入分配的角度来看，中国目前面临这样一个困境：少部分人得到了与其劳动不对称的过高收入，而其他人没有得到与其劳动相对称的收入。所以，要做大中产阶层的规模。

但培养中产阶层的关键并不是“杀富济贫”，光是分蛋糕的话，这个蛋糕马上就分完了，所以还是需要做大蛋糕，比较有效的选择是改善“一次分配”，而劳动者工资的提高是一次分配过程中最为关键的。

辅助好中小型企业

从汉朝到现在，除了几个很短的历史阶段外，中国呈现出“三层资本”的经济结构：顶层是以国有企业为代表的国有资本，底层是以中小型企业为主体的民营资本，还有一个国有资本、民营资本互动的中间层。只要这三者的力量是均衡的，经济发展就会是稳定、可持续的；反之，就会出现经济问题。

当下要做好的是扶持好中小型企业。对大多数中小型企业而言，目前仍然缺少投资空间。新的空间从哪里来？一方面需要国有企业让渡一些自己不作为也很难作为的空间；另一方面需要技术创新。

第二个问题是缺少为中小企业服务的金融机构。因此需要金融系统的结构性改革，比如设立大量为中小型企业服务的中小型银行。

重视社会改革

中国现在最重要的是今后几十年社会制度的建设。因为社会秩序、社会稳定有它的制度基础所在。

像在英国，老百姓的存款率很低，有钱主要用于消费。房子很便宜，看病不需要很多钱，读书不需要很多钱，那么存钱干什么用？这就是社会政策在起作用。

所以我觉得我们还需要一个更加注重社会公平而不是社会分化的发展方式，比如在一、二线城市外，着力发展三、四线城市，包括产业、卫生、教育等资源和服务，增强国家综合抗风险能力。

避免陷入“明朝陷阱”

从整个世界史来看，进步需要改革开放。所谓改革开放，就是内部改革、外部开放。

1500年，世界海洋时代拉开帷幕，拥有着强大海上力量的明朝却实行了“海禁政策”，中国由此失去了一个时代。但即便是在“闭关锁国”的状态下，中国的瓷器也远销欧洲，当时中国瓷器受追捧的程度超过了今天的iPhone。

中国要吸取这个教训，切勿陷入“明朝陷阱”。在改革开放的道路上不管遇到多大的困难，也要持之以恒地走下去，将改革开放进行到底。

国家领导人这些年宣布的几项重大改革，比如海南自贸区、粤港澳大湾区、长江经济带等，都必须是在开放的条件下才能做起来、发展下去的。

当下，需要社会上每个人负起责任来。当每个人对社会有担当时，这个社会才能是一个命运共同体，才可以减少内耗、增进团结，再大的困难也可以克服。

警惕“封闭”，中国应坚持开放①

中国的开放来之不易，中国的全球化更来之不易，或者说，无论是开放还是全球化，在中国都并非必然出现。中国历史上曾经非常开放过，但之后明清数百年一直处于孤立状态。直到近代，中国被西方帝国主义的枪炮打开大门，被迫开放。但改革开放之前的数十年里，中国也是处于相对的封闭状态，只和有限的国家交往，改革开放之后开始主动向西方开放。不过，向西方开放是血的教训换来的。在20世纪七八十年代，当邓小平这一代领导人决定对外开放时，他们的决策是基于这样一个事实判断：封闭就要落后，落后就要挨打。如果近代是因为挨打而被动开放，改革开放就是主动向世界开放。

中国的开放对中国和世界都是一个机遇，这也是开放政策比较顺利的原因。这里面有一个中国和西方世界之间“推”和“拉”的互动关系。中国主动“推”，积极推动自己的开放政策；西方是“拉”，拉

① 本文原刊发于2020年4月28日新加坡《联合早报》，标题为《中国会再次封闭起来吗？》。

一把中国，即欢迎中国加入世界经济体系。但中国和西方世界的全面交往和融入，是在加入世界贸易组织之后。

毋庸置疑，中国从一个一穷二白的国家转型成为世界第二大经济体，从封闭状态转型成为世界最大贸易国家，从农业大国转型成为世界工厂，所有这些都是中国开放政策的结果。

新冠肺炎疫情会成为中国和西方世界的熔断器，熔断两者之间好不容易建立起来的关联，导致中国再次封闭起来吗？

无论在中国还是在西方，一些人可能对此不以为然，因为他们总是认为中国和西方世界已经深度融合，没有可能被新冠肺炎疫情熔断，更不用说中国再次封闭起来了。的确，直到美国总统特朗普发动中美贸易战之前，人们一直相信中国和西方经济互相依赖的力量。美国的一些人甚至将两国称为“中美国”，而中国的一些人则称二者的关系为“中美婚姻关系”。

中国继续推进全球化的决心

即使美国开始搞经济民族主义和贸易保护主义，中国领导层也仍然保持清醒的头脑，在多个场合表示决心继续推进全球化。中国也是这么行动的，通过艰苦的努力和美国谈判，达成了第一阶段的贸易协议。

但新冠肺炎疫情似乎正在改变一切。尽管改革开放 40 多年了，尽管人们以为中国已经深度融入世界体系，但突然间，人们发现中国其实还没有准备好接受世界，西方也没有准备好接受中国。无论中国还是西方（尤其是美国），勃兴的民族主义和民粹主义不仅在促成中国和美国之间“冷战”的升级，更指向中美局部“热战”的可能性。

事实上，美国（西方）与中国之间从往日的“拉”和“推”的关系，已经演变成“挤”和“退”的关系，即美国（西方）想把中国挤出世界体系，而中国自己也在无意识地“退”出这个体系。也就是说，中国和西方已经不是相向而行，而是背道而驰了。

首先是西方的“挤”。西方对中国的不放心由来已久，这也可以理解。自 20 世纪 90 年代初以来，西方盛行不同版本的“中国威胁论”，无论什么样的理论，其背后折射的是对中国的不放心。对一个具有不同文明文化、不同政治制度、不同意识形态、不同价值体系的国家，西方国家的这种不放心情有可原。但也正因为如此，西方和中国从来就没有建立起足够的政治信任，各种关系皆维持在利益关系上。

这也可以理解，国家间的关系都是利益关系，唯有利益是永恒的。不过，光有利益关系并不足够。如果利益是硬力量，信任就是软力量。没有软力量，硬力量就很容易被理解成一种威胁。实际上，在新冠肺炎疫情之前的中美贸易战过程中，西方很多人就一直批评中国，把世界和中国之间的经济依赖度“武器化”，即中国利用这种高度依存关系来追求自己的利益。尽管“武器化”一直是西方对非西方国家惯用的手法，即“经济制裁”，但因为对中国的不信任，即使中国并没有“武器化”，西方也认为中国在这样做。

从不相信中国到感觉到中国的“威胁”，到排挤中国，这是西方的行为逻辑。中美贸易战无疑是西方和中国关系的转折点。之前，西方总是认为有能力改变中国，通过把中国融入世界经济体系，把中国塑造成他们想看到的国家。但贸易战意味着，西方（尤其是美国）放弃了这一西方学者认为“天真”的想法。既然改变不了中国，就转而排挤中国。

病毒引发的西方（美国）对中国的态度恶化，就是这一逻辑的延伸。从一开始，美国的政治人物就是有其议程的。对疫情在美国的扩散，他们从来就没有承担过任何责任，而是一直把责任推给中国。从病毒冠名之争和关于病毒起源的各种阴谋论，到后来对世界卫生组织的指责和要对中国“秋后算账”，各种行为都是这一议程的一部分。

很显然，这种行为逻辑不仅属于美国，也属于整个西方世界。尽管中国在本土疫情得到基本控制之后，尽力向包括一些西方国家在内的 100 多个国家提供医疗卫生物资，但西方对中国的不信任不仅没有降低，反而急剧增加。中国的对外医疗援助被视为“口罩外交”、“影响力外交”和“地缘政治外交”。秋后算账的声音在整个西方世界盛行，英、法、德高官也直接或间接地指责中国。

除非在接下来的一段时间，西方和中国的关系出现逆转，否则西方新一波更大规模的“反华”和“反中”浪潮不可避免，无论是在疫情之中还是疫情之后。

在西方对中国转向“挤”的时候，中国本身也从“推”转向了“退”。“退”不是表现在物理和物质意义上，而是表现在思想和态度上。实际上，在物理和物质意义层面，正如“一带一路”倡议等项目所显示的，中国近年来刚刚走向世界。然而在思想和态度层面，很多人开始从世界体系回撤，以至越来越多的中国人也持有了如美国人一般的“我就是世界”的心态。

民族主义的崛起与国际化

改革开放无疑促使中国经济越来越国际化。直到今天，无论从哪个角度来看，中国的经济都是相当国际化的。就投资贸易开放度来说，中国甚至比西方一些国家更加国际化。

人们的心态则越来越内向，即“向内看”。产生这种倾向的原因有很多，其中一个最为重要的因素是民族主义的崛起。因为国家的快速崛起，人们对国家的崛起变得无比自豪。同时，经过那么多年的开放，很多人看到西方的体制原来远非过去所想象的那么美好，“不过如此”。这无疑是积极正面的。

但是，人民在享受改革开放成果的时候，并不十分了解这成果是如何得来的，国家是如何崛起的。尽管改革开放的成果和国家的崛起是中国人民辛苦劳动得来的，但不可否认的是，这也是中国和西方互动的成果。如果没有西方“拉”的一面，中国尽管最终也会崛起，但会困难得多。

没有这个认知，越来越多的人就骄傲起来。在一段时间里，“超越西方”的声音盛行，人们相信西方已经衰落，中国已经全面超越西方。当然，也有很多人开始当西方的“老师”了。

但是，一旦面临日益恶化的外部环境，而物质（尤其是技术）面受到西方大力挤压的时候，民族主义和民粹主义的力量更倾向于内部化。人们不是像从前那样选择和西方互动，向西方学习，而是开始“抱团取暖”，通过团结内部力量来应付恶化的环境。这自然也符合行为逻辑，但显然是一种恶性循环。

新冠肺炎疫情发展至今，很多人的行为就是如此。民间的民族主义和民粹主义导致社会内部急剧分化，每个人的意识形态认同都“旗帜鲜明”，“自己人”和“他人”之间的关系犹如井水不犯河水。

儒家社会本来就比较保守，比较内向，所以儒家社会的国际化很不容易。在东亚，日本和亚洲四小龙都是高度国际化的社会，但这些社会的国际化都是人为的结果。这些社会都是精英统治的典范，而精英是高度国际化的。因为近代以来，尤其是二战之后，这些社会属于西方阵营的一部分，因为精英了解这个西方世界是如何运作的，也努力促成社会和国际的接轨。

但今天的中国似乎不是这样。不难看到，被视为最了解国际形势和西方世界的精英，都变成最具民族主义色彩的一群人，他们不去引导民众，而是主动屈服于甚至诉诸民粹。如此，其后果是不言自明的。

很多官僚部门不作为。人们忘记了，中国是世界第二大经济体和最大的贸易国，而且经济深度融入国际，实际上，“国内”和“国际”之间并不存在明显的界线，也就是说，内部发生什么都会对外部产生巨大的影响。人们不禁要问，无论是地方政府官员还是从事“战狼式外交”的人们，他们在说话做事的时候考虑到外部影响了吗？可能没有，更有可能的是把中国当成了世界。否则，如何解释这段时间里频繁发生的外交争议事件呢？

精英部门是这样，民间更是如此。实际上，精英和民间是互相强化的。在自媒体时代，商业民族主义已经达到一个前所未有的高峰，越来越多的自媒体投入“爱国主义”这一蒸蒸日上的行业之中。媒体操作和资本逐利可以理解，但对类似“××国想回归中国”那样愚昧无知又能产生极其负面的国际影响的言论，管理部门难道不应当进行有效管治？

一旦有了“退出”世界的心理，人们与世界的心理距离就会越来越远，和世界隔离的心墙会越来越高、越来越厚。以至一旦走出这堵又高又厚的墙，人们就犹如“外星人”，不知道如何与世界沟通，更不知道与世界沟通什么。自然，世界也并不认同走出这堵墙的人们了。

“我就是世界”离封闭不远

从经验来看，如果有了“我就是世界”的观念，离再次封闭也就不远了。历史上就存在过，笔者称之为“明朝陷阱”。明朝有一段时间，无论是国家能力（例如郑和七次下西洋），还是社会能力（例如民间海商力量），在当时都是天下第一。但在“天朝什么都不缺，哪用得着开放”的心态主导下，明朝实行海禁，最终使中国失去了海洋时代。清朝继承了明朝的遗产，闭关锁国，直至近代被西方彻底打败。

但这并不是说，再次封闭是必然的。其实，自始至终，并非整个国家都骄傲了，也有清醒的社会和精英群体存在，尤其重要的是，领导层一直是清醒的。早期，领导层的清醒表现在和西方世界进行“求同存异”的互动，他们不仅发现了和西方世界的共同利益，更发现在一些共同价值观上，也是可以和西方讨论对话的。

在一段时间里，中国和西方也进行了价值观（包括民主和人权等）的对话。尽管并没有实质性的进展，因为中国本身具有和西方不同的价值系统，可以对话，却并不能互相取代，但这种对话本身很重要，因为它体现了人们心态的开放。

这些年和西方世界的对话因为各种原因少了，但领导层在一如既往地全力推动全球化。很显然，领导层对中国崛起面临的挑战具有清醒的认知。就以人们引以为傲的制造业来说，中国所处的现实仍然严峻。被视为处于衰落之中的美国仍然遥遥领先，处于第一梯队，欧洲国家和日本处于第二梯队，而中国仍然处于第三梯队，甚至更低一些。

考虑到中国目前所处的地位，是前面所说的中国“推”和西方“拉”的结果，也就是西方技术在中国的扩散效应，中国如果要成为制造业大国，还需要30年的时间。简单地说，美国和西方国家能够生产大量的整装产品，而中国的很多产业仍然停留在组装阶段，中国的整装产品少之又少。

无论美国和西方如何对付中国，中国不会停止发展，更不会灭亡。不过，随着西方的“挤”和中国的“退”，中国再次封闭起来是有可能的。曾经被拿破仑称为“东方睡狮”的中国，会不会刚刚醒来不久之后又睡着了呢？没有人可以对此掉以轻心，这自然也考验着这一代人。

社会制度的建设已刻不容缓[①]

重启社会改革：改革关键期的三个群体

改革开放以来，中国一直以经济改革为主，政治改革和社会改革为辅。近年来，尤其是十八大以来出台了一系列政治改革方案，目前中国正逐渐形成一个以党领政、内部分工合作的政治体制，然而，对社会改革的重要性却一直不够重视。长期以来，中国的社会改革都是融合在经济改革的进程当中，但是在通货膨胀、房价高企的经济背景下，社会改革并未起到真正的社会保障作用。尤其是当经济改革带来的增长效应减弱，贫富差距加大、社会阶层流通渠道固化的现象开始冒头时，如何通过社会改革让人民拥有更切实的“获得感”，会决定中国未来相当长一段时间的社会发展状态。

中国社会改革的意义不亚于20世纪70年代末期以后的经济改革，

---

① 本文整理自2019年第6期《文化纵横》对作者的专访，原标题为《重启社会改革：改革关键期的三个群体》，有删改。

但也远比经济改革要困难得多。除了优化社会政策外，中国社会改革最应该关注三个群体，即知识分子、年轻人、中产阶层。

知识分子作为社会中的高知人群，应当立足于当下的中国社会实践，为中国的社会改革提供发展方案；年轻人是任何一个社会发展的动力源泉之所在，没有年轻人的努力奋斗和不断创新，中国的社会改革不可能有长足的动力；中产阶层是维持一个社会稳定的最重要的结构性因素，中产阶层的规模和状态直接决定了社会的稳定状态。然而，在当下的中国，这三大群体的现状都令人担忧。

社科知识分子该如何研究中国？ 知识就是力量。知识为社会带来的既可以是积极的变化，也可以是破坏性的变化。一个社会发展的成功与否，与知识精英所承担的知识责任是相关联的。应当首先说明的是，我们这里并不想讨论科学知识，因为对于科学知识的责任和伦理问题，科学家们已经有很多的讨论。因此，本文的知识分子主要指的是人文和社会科学领域的知识生产者，在这个领域人们生产的是社会知识。从历史上看，社会知识对社会的影响非常之巨大，但是对于社会知识的责任问题，很少有人去讨论。

知识分子的社会责任从来不是一句空话，而与我们每个个体的作为密切相关。在教育改革和智库建设如火如荼的今天，知识分子们在知识贡献方面的使命尤为凸显。一个文明的核心就是能够拥有解释自己和说明自己的知识体系，也就是自己的知识认同。没有一个强大而富有生命力的知识体系，何谈强大的文明？所以文明的重建，关键就是要基于中国经验重建中国自己的知识体系。这是中国知识界的责任。它本可以促成中国知识界进入伟大时代，但当中国成为世界社会科学界最大实验场的时候，中国的知识界却进入一个悲歌时代。

中国社会科学界存在的现象之一，是许多学者将研究重心放在理论上，人人都标榜自己是理论家，习惯于理论先行，或通过搜集、罗列一系列现象去论证理论。而事实上，社会科学不存在先天的理论，而是先有实践，将实践的内在逻辑进行系统化阐述，才成为理论。

古希腊时期，亚里士多德通过比较和分析古希腊各个城邦不同的政治运作方式，形成了伟大的著作《政治学》，这种通过比较和分析所得出的结论被后世称为“理论”。比如民主，它并非先天的理论，而是一种社会实践；又如产权等一系列现在被奉为最高理论的制度，也都是社会实践的概念化。所以，社会科学的理论应当隐含在研究者的观察当中，而不是用封闭的理论约束研究者本应当保持开放的知识体系，否则很可能是以既有的理论来曲解现实。

中国近代的知识体系大多是西方化的产物，社会科学的研究范式均来自西方。用西方的视角看中国，这在很大程度上会歪曲中国。比如，黑格尔以欧洲历史观看中国，得出了“中国没有历史”的错误结论；马克思把社会发展分为奴隶社会、封建社会、资本主义社会、社会主义社会、共产主义社会，但中国历史上并没有经历过西方那种大规模的奴隶社会阶段，秦始皇统一六国后的中国就更难说是封建社会了；马克斯·韦伯认为新教伦理推动了资本主义发展，而儒家伦理阻碍了资本主义发展，然而日本和亚洲四小龙的崛起却证明了儒家伦理同样可以发展资本主义。

这种种对中国的曲解，主要是由于中国与西方的哲学观念不同。西方文明产生的观念之一是政府不能干预经济，即政治和经济是独立的，而在中国的观念中，管理经济是政府的主要责任之一。西方到现在为止，理解中国几千年历史基本只有一个出发点：东方专制主义。现在各种版本的集权主义、权威主义都是从这里衍生出来的，这怎么能正确认识中国呢？

导致中国社会科学界被西方理论“殖民”重要的原因之一，是中国知识分子的自我定位出现了偏差。中国古代有“士农工商”四个阶层，每个阶层各安其分，但近代以后，“士”阶层遭遇困境。中国古代讲究“学而优则仕”，“士”阶层既是知识分子又是政府官僚，科举制度废除之后，知识分子做官的通道没了。晚清以来，康有为、梁启超等一批知识分子走上了改良改革的政治道路，孙中山创立的国民党以及毛泽东领导下的共产党都吸收了大量知识分子为革命贡献力量，但在和平时期知识分子该何去何从，现在仍在探索之中。

在西方传统中，追求知识、创造知识是知识分子的终生追求，而中国至今还未形成这种理念。中国的知识分子如今还在纠结依靠谁的问题，要么依靠政权，要么依靠资本，心甘情愿地成为其他事物的附庸。这种依附型知识分子是当下中国知识分子群体的主体，他们从来没有把创造知识作为自己的使命，缺乏自己独立的定位，这是最悲哀的。人类的思维能力是没有边界的，但一旦依附于权力和利益，思维就有了边界，知识就没有了想象力。中国社会的进步取决于超越权力和利益之外的独立知识体系的出现，这是中国未来知识体系建设的最低条件。因此，中国的变革和社会进步，需要一大批思想独立同时又关心社会的知识分子，他们的努力并不是为了权力或者其他利益，而是为了理解和解释世间万物。

五四运动、20 世纪 80 年代的思想解放与当代青年

从很大程度上说，近代中国知识体系的西方化是从五四运动开始的。2019 年正值五四运动 100 周年，评价五四运动需要从文化运动和政治运动两个角度来看。“五四”之前的新文化运动提倡白话文、移风易俗，打破了传统社会不尊重人权的弊病，具有很积极的意义。然而随着五四运动进入政治化阶段，其内涵发生了变化。就像欧洲的文艺复兴为 18 世纪的启蒙运动奠定了文化基础一样，早期的五四运动就像中国版的“文艺复兴”，但后来却在没有足够文化启蒙的情况下，直接跳到了政治启蒙，从而产生了激进化的结果，这导致中国至今仍然没有确立现代版本的人文主义。中国真的需要一场“文艺复兴”。

“文艺复兴”不是一味排斥西方，而是对西方思想的兼容并蓄和创造性挪用。宋朝时期二程、朱熹就曾将外来的佛教文化整合进儒家传统，西方的文艺复兴也是如此，从古希腊文明中提炼出民主思想，从阿拉伯世界中探索科学理念，从东方世界寻找世俗理性……所以“文艺复兴”不应当是单个国家传统观念的复兴，而应当是开放的、对各种具有普遍价值的人类优秀文明的复兴。

然而，中国如今的“文化复兴”更多是本国传统的复兴，而且沉渣泛起。曾经被五四运动否定的“牛鬼蛇神”“封建糟粕”又纷纷涌现，诸如女德班、小孩念经班等，有些国学教授穿长衫马褂上课——难道穿西服就不能学国学吗？反观日本，曾经所谓的“脱亚入欧”其实是假象，日本只借鉴了西方工具性的内容，对自身的文明保留完善，在现代化过程中坚持了自身的主体性。

20 世纪 80 年代被认为是继五四运动之后，中国的第二次思想解

放高潮。事实上，80 年代的思想解放与五四运动是一脉相承的，如果说五四运动是第一波西方思想在中国大地的文化争鸣，80 年代则出现了第二波。1949 年以后，共产党取得了革命的胜利，中国基本排除了马克思主义以外的西方其他主义；在 80 年代，西方的其他思想重新涌入，又出现了“五四”时期百家争鸣的局面，但依然没有形成中国自己的主义。中国的政治启蒙还是在用西方思想来启蒙。

近代以来，从戊戌变法到五四运动，再到 20 世纪 80 年代的思想浪潮，主力军都是青年。可见，青年人的参与是每一个新时期社会改革的内生动力。但今天中国青年的集体状态却让人感到忧虑。所谓的“佛系”青年，体现出很多年轻人在生活面前放弃抗争的态度，更不关心社会改革和国家命运。日本的情况同样堪忧，500 万宅男，不要性生活，不结婚，不要小孩，这些社会现象值得我们深切警惕和反思。

年轻人不关心社会改革的主要原因是大环境的改变。如今社会生活平稳，短时间内不会出现大危机，因此年轻人没有面临国家危亡、个人饥饱的问题，不需要再思考宏大命题。另一个重要原因是他们看不到机会，社会越来越固化。这可能是危机来临的前兆。中国现在的社会是有利于老年人，而非年轻人。中国用二三十年的时间走过西方国家一百多年的路程，这也意味着中国把未来几代人的资源提前消耗了。所以，当下很多年轻人选择在家“啃老”，并非因为他们主动“偷懒”，而是因为当下社会并未给予年轻人充分的上升空间以及足够的发展机会。

现在这代年轻人面临的社会与以往也大不相同，其最显著的趋势是信息过载。年轻人接触到的信息大都来源于兴趣推送，这种所谓的兴趣化、个性化的内容推荐，其实类似于一个蚕蛹，不知不觉地将人们裹挟其中。在信息茧房当中的年轻人十分危险。所以未来人群很可能会出现两极分化，少部分人越来越聪明，大部分人越来越愚昧。当然，并不是说现在每个年轻人都不思考，有些年轻人也在思考，而且最有成就的一定是独立思考的那些人，但相当一部分年轻人的困境应该被重视。

一个社会、一个国家有没有前途，在于是否给年轻人前途。我们必须要健全社会政策，要完善住房、医疗、教育等社会保障制度，要给年轻人以机会。阿尔伯特·赫希曼曾在其著作中探讨“钟摆情绪”，书中讲到法国1968年革命，年轻人在公共空间造反游行一段时间后厌倦了，退回私人生活中，不再关心社会事务。然而一段时间后他们对私人生活也厌倦了，因此又重回原先状态。我相信中国也是如此。我不认为当前多数年轻人会一直“佛系”下去，但是这确实代表社会存在问题。如果年轻人放弃希望，这个社会也将没有希望。

中国民主实施与中产阶层的关系

五四运动以后，民主的概念在中国已经深入人心。我认为中国不一定要用西方的方式来满足民众的政治参与需求，但民主的推行必须建立在一个有庞大中产阶层的社会基础上。从比较的角度更可以看到这一点。和所有传统社会不同，近（现）代社会最显著的结构特征就是橄榄形社会。这个社会结构是近（现）代化的最主要、最了不起的成就。这个转型和中产阶层的形成主要由两个因素促成：一是资本主义或者市场经济，二是社会主义。简单地说，资本主义造就了中产阶层，而社会主义保护了这个阶层。

资本主义和市场经济是人类社会迄今为止追求发展和财富最有效的机制。在西方，表现为自下而上的工业化直接导致了中产阶层的形成。很多西方历史学家都曾说明这样一个逻辑：没有市场经济就没有中产阶层；没有中产阶层就没有民主。这是对西方发展经验的描述。资本主义大大提高了劳动生产力，为社会带来大量的财富，造就一个中产阶层。但是，如马克思所说，资本的唯一目的就是把所有社会关系货币化，包括中产阶层，所以资本主义不能为中产阶层提供任何保护。

如何保护社会？保护社会是社会主义在欧洲起源的最重要因素。如果没有社会保障、医疗制度、教育、劳动保护等社会主义手段，中产阶层就不可能生存下来。当然，如果没有中产阶层，政府的社会治理就没有稳定的基础。在西方，尽管政治上实行多党制，但就政策来说，则是“一党”的。任何政党，不管是左派的，还是右派的，如果不能照顾到中产阶层的利益，都难以执政。西方各国政党政府轮换频繁，但政策表现出惊人的连续性，同时政府的更换也没有导致社会的不稳定，这背后都有中产阶层的功劳。

在经济发展方面，中国一直被视为属于东亚模式，但在保护社会方面，中国似乎离东亚模式很远。以比较成功的日本和亚洲四小龙为例，和西方比较，这些社会都属于后发展经济，政府在促进经济发展的过程中比西方扮演了更为重要的角色；而在和中产阶层的关系方面，东亚社会的政府也和西方不同。政府不仅要创造一个中产阶层，而且也必须为这个中产阶层提供有效保护。在亚洲社会，政府花费很大的精力促进经济发展，同时非常注意社会群体的收入公平，在欧美国家发生过的巨大的收入差异并没有在亚洲发生。

与此相应，在欧洲发生的大规模的劳工运动在亚洲社会也没有发生。这些都和政府的作用有关。很多亚洲社会能够在短短几十年时间里走完西方社会花了上百年的时间才走完的道路，这和政府所扮演的角色是分不开的。在西方，中产阶层比较独立于政府，但在亚洲社会，中产阶层对政府的依赖性就很强。

在很大程度上说，欧洲的社会主义是通过工人阶级运动自下而上"逼"出来的，工人阶级通过"选票"或者"街头运动"等机制把自己的利益表达于政治过程之中，从而促成了原始资本主义向福利资本主义的转型。但在亚洲，政府一方面大力采用资本主义和市场经济的发展机制，另一方面又自觉地引入社会主义机制来保护自己培养起来的中产阶层。

一些人认为，现在的中国处于中产阶层发展的黄金时期。如果从经济发展速度来看，或许是这样。但实际上中产阶层的生存空间正在受到各个方面的挤压。第一，以 GDP 主义为核心的经济增长破坏了中产阶层的社会基础，而中产阶层的缺失转而又变成了可持续经济发展的瓶颈。没有中产阶层，哪来消费社会？没有消费社会，哪来可持续经济增长？第二，社会基础不稳定，中产阶层的缺失意味着收入差异和贫富分化。这就容易造成社会群体之间的互相对立，暴力行为也容易发生。第三，执政的社会基础变得狭窄。

中国社会的发展需要中产阶层来维系。同时，中产阶层也是政治稳定的基础，缺失中产阶层意味着缺失执政基础。因此，中国政策的最高议程应当是确立社会政策，创造和保护中产阶层。无论是经济的可持续发展，还是社会稳定，都取决于一个健全的中产阶层的形成和壮大。所以，社会建设是重中之重。

中产阶层是很重要的中国社会主体，我们不必把它高度政治化。总有人觉得“中产阶层”一定要跟政府分权，实际上则不然。像在日本和新加坡，中产阶层都是支持政府的。因为中产阶层是政府培养出来的，肯定是支持政府的，这跟西方的模式不一样。我们是社会主义社会，社会主义就是以社会为主体的。如果我们不去主动地建设社会，比起经济风险和政治风险，中国社会的风险会更大。因而，社会改革比政治、经济改革更重要，也更迫切。

结语

今天，中国社会转型的方向面临越来越多的不确定性。从国际经验来看，任何一个处于转型期的社会都会出现重大的社会问题，但如果越来越多的社会问题积累起来，最终就会造成社会失序的局面。保卫社会，重建社会秩序、开启中国的社会改革是唯一的选择。

在中国的社会改革中，如何改变知识分子的现状、匡正定位，形成中国自己的知识体系和话语？如何为年轻人创造机会，发动年轻人的力量为中国的发展提供动力？如何让中产阶层获得更强的安全感，扩大中产阶层的规模，使中国社会改革的基础更加稳固？这些问题并非是这三大群体内部能够自己解决的，而需要政府的重视和投入。

社会改革和社会制度的建设已经刻不容缓，中国如果要取得进一步的发展，必须改革，也必然要通过改革来重建社会。

国家与发展：探索中国政治经济学模式[①]

当下的中美贸易战，尽管表面上看是贸易冲突，但实际上是中西方两种政治经济学模式之间的冲突。由于这两种政治经济学模式是中西方文明长期演化的产物，它们都具有各自文明的内在合理性和可持续性。不管两者间怎样竞争、冲突，也无法改变对方，各自都会按照自己的逻辑发展下去。本文旨在探讨中西方两种政治经济学模式的起源、发展和现状。中美之间是和平还是冲突，很大程度上取决于这两种政治经济学模式之间的互动。

从更深层次来说，与西方政治经济体系进行比较也有助于加深我们对中国自身的政治经济学体系的理解。自近代以来，尽管中国一直在或被动或主动地学习西方，但并没有在本质意义上和西方趋同。中国在更为本质的一些层面，包括哲学、文化、体制、个体和集体的行为模式等，不仅没有被西化，反而随着时间的推移更加中国化了。因此，在话语层面乃至整个社会科学领域，我们就不应该继续拿西方的

---

① 本文原发表于《文化纵横》2019 年第 2 期。

概念和理论来评价中国、解释中国。中国学者需要反思西方中心的话语，找到中国自己的真命题，并努力实现中国现象的概念化和理论化。

西方政治经济学：政治和经济的分离

无论东方还是西方，政治经济学的核心问题都是是否把经济活动视为政治事务和国家的责任。正如经济史学家卡尔·波兰尼（Karl Polanyi）指出的，在近代之前，人类不同的文明曾拥有过相似的政治–经济关系，那就是，经济从来就不是独立的一个领域，而是人类社会诸多领域中的一个领域，并且经济领域和其他社会领域之间有着千丝万缕的联系，共生共存。

然而西方自近代以来，由于资本主义的迅猛发展，市场经济逐渐从社会中独立出来，与社会其他诸领域相隔离，最后发展成为今天的新自由主义经济形态。西方政治经济学的发展过程也是政治和经济的分离过程，这个过程至今仍影响着西方社会的方方面面。政治和经济的分离既是西方经济发展的根源，也是其社会问题的根源。而在东方尤其是中国，经济活动从来就被定义为政府责任的内在部分，政府把推动经济发展作为己任，同时也从中获得政权统治的合法性。尽管政府和市场的关系在不同历史阶段表现形式不同，但经济活动是政府的责任这一政治经济哲学从古至今没有发生根本的变化。直至今天，老百姓的文化心理中仍然对政府的经济责任抱有高度的认同。事实上，如果把西方政治经济学的源头追溯到古希腊，我们会发现古希腊人对经济的看法和中国十分相似：家庭被视为国家的基本单元和基础，而经济则是对家庭的管理。这点和中国古代哲学家尤其是儒家的看法非常相似。这一政治经济概念到罗马帝国时期也没有发生很大的变化。

直到迈入近代，西方社会的政治和经济才分离开来。有两个经验事实促成了这种政治和经济的分离：第一，罗马帝国的解体和商人的崛起；第二，政治秩序的重建。罗马帝国时期，帝国境内不同区域之间存在着广泛的贸易。帝国解体之后，欧洲不再存在统一的政体和政治力量，原来帝国的土地被分割成数量庞大的地方性政体（或者小王国）。宗教成为最重要的力量。经济活动分散化，寺院经济就是表现之一。到了中世纪后期，欧洲城市兴起。由于不存在统一的“中央政体”，城市表现为实质性的自治形式，而城市的政治主体便是商人。商人不仅在欧洲经济发展过程中，而且在欧洲近代国家的崛起过程中扮演了极其关键的角色。虽然商人（后来被称为“资本家”）履行的主要是经济功能，但经济功能导致了商人的政治功能。由于市场越大，利润越大，城市商人发展到一定阶段就必然产生巨大的动力去冲破城市的边界，创造更大的市场。而政治人物（国王）出于统治更多土地和人民的目的，和商人一样也有扩张的冲动。因此，在扩张这一点上，国王和商人共享了同样的利益：商人需要一个统一的“民族市场”，而国王需要统一的“民族国家”。这两种力量的联合，在欧洲形成了巨大的中央集权的动力。欧洲近代的发展首先是这一中央化的过程。

这种政治力量和经济力量的交易造就了欧洲的民主制度。国王要统一国家，商人要统一市场，两者走到了一起。国王要统一国家需要商人的财政支持，商人可以出钱，但又不相信国王。于是，商人要和国王签订“合同”，保护自己的私有产权，“私有产权的保护”就是国王和商人之间的“契约”。但光有这个“契约”对商人来说还远远不够。如何保证国王在国家统一之后继续履行这份“契约”呢？商人的第二步就是让自己成为国王政治权力的根源。这便是西方最早的“人民主权”概念的来源。这里的“人民”显然并非指所有人，而是仅指有钱的商人。这种“人民主权”的结果就是商人占据议会，议会产生政府，也就是商人产生政府。近代欧洲的议会在很长时间里就是商人的议会。商人驯服了政治权力，商人成为和国王分享政治权力的第一个“人民”群体。在这个意义上，马克思把当时西方的民主称为资产阶级的民主，而政府只是资本的代理人。

资本依靠国家的力量成长，但当资本成长之后，其固有的扩张冲动便试图摆脱政治的制约而去寻求自身的独立发展。资本寻求独立的过程造成了经济、政治和社会之间关系的急剧变化。至少在西方，社会的命运和经济“独立”过程息息相关。当商人（资本）依靠国家力量得到了统一的民族市场，商人自身也成为政治的合法性基础，控制了政府过程，就形成了实际上的政治和资本的合一。在这个原始资本主义阶段，资本唯利是图，而社会整体成为资本的牺牲品。雨果、狄更斯、马克思等人都深刻描述过原始资本主义崛起对社会造成的冲击性影响。而当社会忍无可忍的时候，反资本的社会运动就不可避免，这也是社会主义运动兴起的原因。而当社会主义运动最终以资本和社会之间达成新的均衡而终结时，就诞生了“福利国家”。

从原始资本主义到福利资本主义的转型过程，是政治力量、经济力量和社会力量三者互动的过程。三者都有促成这种转型的动力。就社会来说，就是追求至少是体面的生活，例如更高的工资、更好的工作和居住环境、更多的教育等，也就是实现后来所说的各种“人权”。

社会主义运动开始的时候，人们所追求的就是这些利益。不过，马克思当时认为只有推翻了资本主义制度、改变所有制结构才能实现这些方面的利益，因此他提倡革命。尽管这种新意识在当时也为很多人（尤其是知识分子）所接受，但至少在欧洲并没有实现马克思所预见的革命，只有俄国和其他一些落后社会才发生了革命。这是因为马克思过于强调社会力量的作用，对政治力量和经济力量的自身变化估计不足。实际上，当社会主义运动开始时，资本和政治都面临一个新的环境，也开始了自我变化过程。

资本的自我变化是有动力的。首先，资本需要社会稳定。稳定的社会意味着可以预期的投资环境。为了稳定，资本是可以拿出一些利益来做交易的。在社会高度分化的情况下，单一的法治并不能保障社会的稳定，因此资本也并不反对“保护社会”。世界上第一份社会保障计划产生在德国俾斯麦时期，这份计划的目的就是保障社会稳定。第二个变化来自资本本身的矛盾，资本一方面需要剥削工人，但同时又需要培养工人成为消费者，因为资本所生产的产品需要通过消费才能转化成为利润。消费市场包括内部和外部的。当内部市场饱和时，西方资本主义就走上了对外扩张的道路，对非西方国家一方面获取生产所需的原材料，另一方面倾销商品。培养工人消费者不是资本的善心，而是资本获利机制的一部分。但在客观层面，这个培养的过程也满足了工人阶级的利益。

政治变革的动力在于政治合法性基础的变化。近代以来，早期君主专制的基础是贵族。如上所述，商人崛起之后开始和贵族分享权力，所以商人是第一个参与到政治过程的“人民”群体，也是近代西方民主化的主力。尽管早期的选民极其有限，主要是有财产者、向国家纳税者，并不包括工人、妇女和少数民族等，但选举逻辑本身具有某种扩张性，即从少数人扩张到多数人。随着选举权的扩张，政治权力的基础也发生变化。早期，政治权力的基础是贵族和商人，后来逐渐扩张到工人。这个扩张过程刚好也是工人阶级“中产化”的过程。当政治权力的基础不再局限于资本的时候，政府开始偏向社会。这使得西方福利社会的发展获得了巨大的动力。二战之后相当长的一段时间里，基本上是政治力量和社会力量的结合促成了福利社会的大发展。

福利社会的大发展强化了社会的力量，但同时也压缩了资本的空间，导致资本、政治和社会三者之间新的失衡。因此，到 20 世纪 80 年代，资本开始寻求新的方式来改变平衡，这就是美国里根和英国撒切尔夫人以“私有化”为核心的新自由主义运动的大背景。这场运动是对二战以来福利主义的反动。如果说国内的私有化在“一人一票”的选举政治环境中还遇到了社会的强烈抵制，那么在国际环境中它则取得了前所未有的成功，造就了长达数十年的新自由主义全球化运动。资本的全球化使资本得以绕开本国政府的控制与国内社会的抵制，在全球范围内畅行无阻，结果造成了不同国家之间资本、政治与社会的失衡，即收入分配的巨大差异和社会的高度分化。

从历史上看，这一现象的关键就是西方国家政治和经济的全面“脱钩”。如前面所讨论的，西方民主已经经历了从传统的“共和民主”向当代的“大众民主”的转型。早期的民主是精英民主，即少数人的民主，或者少数人之间的“共和”。但自 20 世纪 70 年代以来，随着“一人一票”制度的实现，政治的合法性完全基于选票之上。这一变化导致了以下几个结果。

第一，政府和发展的分离。尽管经济议题总是西方选举的主题，但政府和发展之间的关联充其量也只是间接的，选票和政治权力之间则具有最直接的关联。也就是说，经济表现好有助于候选人得票，但仅仅是有助于而已，并没有直接的关联。对候选人来说，有太多其他的方法来获取选票了。

第二，政治人物即使想承担“发展”的目标，也缺乏有效的方法来实现发展目标。在西方，政府可以和经济发生关系的方法无非就是财政和货币两种。但当利率趋于零的时候，货币政策就会失效；当政府债务过大的时候，财政政策也会失效。西方政府现在倾向于使用量化宽松政策，但量化宽松本身并不解决问题，只能缓解或者推迟问题。

第三，因为巨大收入差异造成的社会高度分化使得传统政党政治失效，政治失去了主体，越来越难以出现一个有效政府，更不用说一个有能力致力于经济发展的政府了。在精英共和时代，西方多党能够达成共识，因为不管谁当政都来自这个小圈子；在中产阶层为主体的社会，多党也能达成共识，因为不管左右，政党都要照顾到拥有最多选票的中产阶层的利益。但在大众民主时代，尤其是在面临社会高度分化的时候，政党之间只能互相否决，造成的只是更多的社会分化。

在上述这个背景里，我们不难理解，今天西方盛行的反全球化、贸易保护主义和民粹主义都是西方社会内部政治、经济和社会失衡的产物。西方如何通过改革使这三者重新回归均衡？这尚待观察。但可以预计，在政府不承担经济发展责任的情况下，即使政府可以积极履行中间角色（主要是税收），而把发展责任简单地留给资本，要走出目前的不均衡状态，也是困难重重。

中国政治经济学：发展作为国家的责任

在东方，中国文明演化出了另一类政治和经济的关系。无论是在知识层面还是实践层面，中国文明从来没有把经济视为一个独立的领域。确切地说，经济从来就是国家治理的一个有效手段。在中国最重要的经济文献《管子》中，首篇《牧民》就论述了经济对国家治理的重要性。春秋战国时代虽然百家争鸣，但对政府的经济角色并无异议，各家只是在政府和经济之间关系的程度上有不同的主张。自汉代《盐铁论》以后，中国基本上对政府的经济责任以及政府如何承担这个责任有了共识。西方近代以来，很多学者把中国视为“水利社会”，并进而把“水利社会”视为中国传统专制主义（东方专制主义）的经济社会根源，这是单纯从近代西方经验出发的，因为如前所述，西方近代以来走了一条政治和经济分离的道路。事实上，“水利社会”仅仅是中国政府经济责任的表现之一。

今天，西方把中国看成是“国家资本主义”。但如果我们梳理一下从汉朝到当代中国的经济形态，就会发现中国几千年来一以贯之地存在着一个比较有效的政治经济体制。叫它“资本主义”也好，“市场经济”也好，中国一直以来都有一个三层市场或者三层资本共存的大结构。顶层永远是国家资本；底层都是自由民间资本，像今天的中小企业；还有一个中间层，就是国家跟民间互动合作的部分。在这个结构中，一些关系到国民经济支柱的领域，国家一定要占主导地位，但是大量的经济空间会放给民间自由资本；而在中间层，政府和民间资本积极互动，有合作也有竞争。

通过这样三层的资本结构，政府维持与市场之间的平衡，并履行经济管理的责任。在中国漫长的历史中，只有四个比较短的时期走了经济国家主义化的极端，即国家完全占据主导地位、市场几乎被消灭：第一个是两汉之间的王莽改革时期，第二个是宋朝王安石变法时期，第三个是明朝朱元璋改革时期，第四个就是改革开放前的计划经济时期。除了这四个时期，中国的国家—市场关系基本上都是相对平衡的。应当指出的是，即使是在这四个时期，政府垄断经济的出发点仍然是更有效地进行经济管理，促进经济发展。在中国历史上，政府承担发展的责任，这一点是一以贯之的。

上述三层资本共存的结构也决定了，在中国，市场一定要服从国家治理的规制。市场是存在的，但不是西方早期资本主义那样的完全自由市场，而是被规制的市场。近代以来，西方的市场尽管也是被规制的，但基本上还是资本占据主导，政府也要服从市场原则。在这个意义上，中国最好的经济学著作就是《管子》。如果要解释中国几千年的经济历史，《管子》比西方任何经济理论都有效。例如，西方经济学讲供需关系，但供需主要是靠市场调节。后来凯恩斯强调政府在这一过程中也要扮演角色，但市场仍然是主体。《管子》不讲“供需”，而讲“轻重”，调节“轻重”的角色便是政府，而非市场。

近代以来，中国一直面临的是“国家与革命”的问题。而到 1949 年中华人民共和国成立后，革命问题转变成了“国家和发展”的问题。这个顺序不难理解，因为只有确立了政治秩序，经济发展才能提到议事日程上来。在解决“国家与革命”的问题上，近代的各派政治力量都有自己的主张，但日后的经验证明中国共产党是最成功的。这个关键便是中共接受了马克思列宁主义。列宁的《国家与革命》要解决的便是在落后国家如何通过革命确立一个新的政治秩序的问题，毛泽东一代的革命家则通过把列宁的学说成功应用到中国革命，在与各种政治力量的斗争中胜出，确立了一个新的政治秩序。

中华人民共和国成立之后的一段时间里，毛泽东也曾经想继续用“革命”的手段来解决“发展”问题，但并未成功。改革开放以来，中国是当代世界少数几个成功解决了“国家与发展”问题的国家。实际上，改革在某种层面上可以说是中国传统政府与市场关系的回归。从中国历史的传统来看，20 世纪 80 年代的改革不是无源之水，而具有必然性。正是这一深远的政治经济传统，使中国与其他国家区分开来。中国与西方区分开来，是因为中国尽管向西方学习市场经济，但不会放弃国有企业作为有效推动经济发展的手段，也不会放弃政府对经济活动的有效干预。中国与苏联和东欧社会主义国家区分开来，是因为中国不会像这些国家那样通过简单的政治手段（政治开放和民主化）和“大爆炸式”的经济手段（政府退出经济活动和激进私有化）来幻想谋求经济发展。同时，中国也与许多发展中国家区分开来，不会幻想依赖西方经济来谋求发展。

今天，西方不承认中国的市场经济地位是从西方的意识形态出发的。但中国怎么变也不会变成西方那样的市场经济。中国还会继续是上述三层资本、三层市场结构，互相协调着往前发展。相较于西方体制，这一结构有它自身的优劣。中国一些经济部门（主要是国有部门）的效率会比西方市场经济差一点。但必须指出的是，西方的公共部门（相当于中国的国有企业）效率也是成问题的。中国经济的效率和创新能力主要在底层的自由企业和中间层。中国的三层结构经济体的优势在于能够预防大的经济危机、能够建设大规模的基础设施、能够大规模有效扶贫等。西方资本主义，正如马克思分析的那样，不可避免地会爆发周期性的经济危机，比如20世纪30年代的大萧条，1997—1998年的亚洲经济危机，2007—2008年的全球性经济危机等。中国过去40年基本上没有发生经济危机，这跟这个政治经济体制的调控能力有关系。改革开放40年以来，中国已经取得了巨大的经济成就，从邓小平所说的“贫穷社会主义”跃升为世界第二大经济体，使7亿多人脱离贫穷。要理解这一奇迹，首先要理解中华文明的政治经济观念及其所演化出来的政治经济体制。

从广义上说，东亚经济模式也是中华文明的衍生。日本、韩国、中国台湾、中国香港和新加坡等东亚经济体被世界银行视为“东亚奇迹”。人们发现，二战之后，在仅有的十几个成功逃避中等收入陷阱的经济体中，东亚就占五个。而这五个经济体就处于传统意义上的“儒家文化圈”之内。在儒家文化圈内，一个普遍的意识就是：推动经济发展是政府的责任。虽然这五个经济体对政府如何推动经济发展有不同的看法，但没有人会怀疑政府负有经济责任。它们的一个共识便是：发展是硬道理。这五个国家或地区的政府不仅推动了经济发展，而且努力通过社会建设，培养中产阶层，实现社会转型。今天，其中一些经济体（尤其是台湾地区）因为效法西方民主，政府和经济开始分离，政府无力继续推进经济发展，结果造成了类似西方的问题。这个趋势也是值得观察的。

两种政治经济学模式的未来

今天，东西方两种政治经济模式都面临问题和挑战。但无论从理论上还是经验上来说，西方面临的问题需要通过结构性再造来解决，而中国面临的问题属于要在现存结构之上进行调整和改进。

在西方，主要的问题是如何实现政治经济之间的再关联，也就是说，政治如何再次对经济行使权力，使经济在一定程度上配合政治的需要，并且在经济和社会之间实现再平衡。目前西方内部的民粹主义和对外的经济民族主义，主要是内部经济问题的结果。2008 年全球金融危机是西方经济结构失衡的产物，但这么多年过去了，其经济结构并没有变好。其主要问题是，在政治很难作为的情况下，结构性调整光靠经济力量本身很难实现。这些年来美国政府在经济上比较有所作为，包括再工业化、技术创新、保护本国产业等，但并不能从根本上改善经济结构，从长远来说也必然产生更多的新问题。北欧少数国家开始试行的“一人一份工资”模式也不是什么新思路，只是福利模式的扩大版。西方如何能够像当年建设福利国家那样再次进行重大的改革和调整，来实现政治、经济和社会的再平衡，还有待观察。

而对中国模式来说，经济发展一直是政府的责任，这一点不仅不会被放弃，而且会更加巩固。中国可以改进的地方有很多，但围绕的依然是三层市场之间的平衡这一目标。实现这一平衡需要产权、法治和政策各个层面的共同努力。从产权来说，光强调私有产权的明确和保护远远不够，国有企业的产权、国有和民营合作的产权和私有产权同样需要明确。从法治来说，法律必须平等地适用于三层资本。在这方面，急需将现有的政治和政策的保护转化为法治的保护。对政策来说，政府需要根据三层资本的发展情况，尤其是失衡的情况，在必要时对不同资本进行扶持和发展。需要进一步研究和厘清哪些领域需要以国有企业为主体，哪些领域可以大量让渡给民营企业，哪些领域适合政府和民营企业进行合作。政府需要促成国有企业追求自身的发展能力，而不是通过现有的方法（例如垄断、政策寻租等）。政府需要更加赋权于社会本身，培养社会自身的发展能力，使社会有能力来平衡资本的力量，而不是仅仅依靠政府来平衡。

作为政府责任的发展是中国国家意识形态的内核。在这一点上，中国仍大有可为。执政党可以围绕发展继续转型，发掘新的合法性基础，同时也可以通过经济发展来重塑中国的社会结构，促进社会稳定。从长远来看，至少在经济层面上，这个多层资本复合体制是中国对世界文明的贡献，也是中国可以为其他国家提供的一个制度选择。

社会层面，警惕个体道德下沉[①]

从历史上看，在世界范围内，人类社会的整体道德会随着经济发展、个人收入和生活水平的提高而提高。古人孟子的“有恒产者有恒心”和管子的“仓廪实而知礼节，衣食足而知荣辱”等都是普遍而永恒的真理。

近代工业文明开始以来，人类道德更是发生了翻天覆地的变化。从前道德的根源在于宗教，近代以来，国家也开始有能力通过经济社会发展和制度建设，来干预（增进或者阻碍）人类道德的产生和发展。工商业文明的一个显著特点在于“计算”（“推理”）之上的理性，因为通过理性才会在最大程度上获得财富。同时，经济发展和财富的积累为社会整体教育水平的普及和提高、医疗卫生条件的改善、人均寿命的增加等提供了物质条件。

工商业文明的另一个特点，在于人们从农业文明之下互不关联

① 本文原载于 2019 年 7 月 23 日新加坡《联合早报》，标题为《当代中国个体道德下沉根源》。

的“个体劳动”脱离出来，走向了公共空间（市场、工厂、社区等）中互为关联的“集体劳动”，人们在公共空间交往和生活，公共空间的扩展也产生了对公共品的需求，同时也发展出公共道德规范。近代以来，政府在社会经济各方面的角色越来越重要，主要是为了提供足够的公共品。随着公共（集体）空间的增加和公共品的供给，社会整体道德水平也随之提高；或者说，社会整体上变得更加合乎道德了。

总体来说，这些经济增长和道德发展之间的关联，也发生在改革开放以来的中国。随着经济增长和社会发展，过去由连续不断的社会政治运动（阶级斗争）和短缺经济造成的总体不道德情况已经完全改观。大多数人已经过上了体面的生活或者小康生活，规模性的饿死、病死、累死现象大大减少，甚至消失。

尽管也有人怀念改革开放之前中国社会的道德水准，但应当说那种道德仍然属于原始和朴素的道德状况，是农业文明的反映，甚至是特殊政治条件下形成的集体政治压力下的道德。随着工商业文明的到来以及政治环境的开放和多元化，农业社会的道德以及政治性道德变得不可持续，道德领域的巨变是必然的。

不过，随着社会整体道德环境的提升，个体道德不仅没有提升，反而出现了巨大的问题，处于下沉甚至解体过程之中。也就是说，整体社会的“趋善”环境，没有能够转化成为个体层面的道德提升。那种在很多发达社会所见到的理性、开放、进步、容忍、文明、平和、简单等行为方式并没有出现。很多人变得为了自己的一点点利益而不择手段。

有学者认为，今天的人是“精致的利己主义者”，但实际上，在很多场合，人们并不精致，而是赤裸裸的利己主义者。损人利己，为了达到目标可以不择手段，目标证明手段正确。在政治领域，人们一直把这种行为称为“马基雅维利主义”。不过，“马基雅维利主义”指的是君主为了达到远大的目标（例如国家的统一），可以不惜一切手段。马基雅维利主义显然也适用于今天的个体。这种手段用过了头，结果便是损人不利己：自己做不了，也不让人家做；自己成功无望，也要阻止人家成功。道德的概念变得如此廉价，以致一些人认为道德和人类社会发展已经不相关了。

为什么会出现这种道德状况？至少可以从如下几个方面来探讨。

传统社会道德解体过程

个体的（非）道德行为是以往总体环境（包括文化、制度、宗教、教育等）的产物。因此，处于变动时期的社会就会产生法国社会学家涂尔干（Emile Durkheim）所说的“失范”，即在旧的道德规范已经失去了效应，而新的道德规范还没有确立起来的时候，个体行为无所适从。传统社会群体的解体、教育内容和方式的改变、人在不同地域的流动、商业化等都会对个体行为产生巨大的影响。对一些人来说，不知道做出何种行为；而对另外一些人来说，想怎么样就怎么样。

工业文明意味着城市化。在城市化的早期，尽管很多人已经从农村迁往城市居住，但从其行为方式和道德行为来说，还远远不是城市居民，通俗一点说，就是还不够“文明”。文明一直和城市化关联在一起。城市化久了，就会出现人们所说的“市侩”，指的是市民的庸俗、虚伪和利益导向的行为。

但“市侩”不应当被视为贬义的，因为它意味着理性计算，是文明的表现形式。“市侩”群体的行为是可以预期的。但新社会群体（包括从农村来的“新移民”）的一些人的行为表现为不可预期。农村居民的道德规范是建立在家庭和乡村共同体（熟人社会）之上的，到了城市之后，面临新环境，就产生了涂尔干所说的“失范现象”。就行为来说，道德意味着可预期性。从很大程度上说，个体行为“失范”和道德是相悖的。也就是说，个体的“道德化”是需要时间的。

竞争压力是所有工商业社会的特征，也是工商业社会进步的动力。个体一旦脱离了传统共同体，而投入工商业社会，那么金钱往往成为衡量成功的最为重要的（如果不是唯一的）标准。对个体来说，竞争来自比较，即与自己的过去比较，与同一辈人比较。到了新环境，就和新的群体比较。比较产生“绝对落后感”或者“相对落后感”。对一些人来说，这种比较很容易产生“不甘心”的情绪。这种“不甘心”的情绪很容易导向非道德的行为，即通过非道德的行为来改变自己的现状。

以上这些（非）道德现象在各个转型社会都或多或少会发生。对当代中国来说，个体道德现象还受两个非常特殊因素的影响，即对基于政治之上的世俗道德的幻灭和独生子女政策。

在西方，个体道德的主要根源在于宗教，在中国则可以说是宗教和世俗文化的混合物。中国文化没有类似西方那样的国家宗教，属于世俗文化。不过，这并不是说，个体层面没有宗教。在个体层面，中国是多神教，包括对祖先和各种神的崇拜，即使是世俗文化也具有准宗教性质。作为道德主体的“孔孟之道”，其起源实际上就是日常生活伦理的综合规范。

尽管后来（汉朝）“孔孟之道”被上升成为官方意识形态，但一旦被确定为官方意识形态，“孔孟之道”更具有了宗教性质，即“国教”。这是因为尽管“孔孟之道”没有类似西方的超然的“上帝”，但因为“孔孟之道”是高度仪式化的，其对统治者和普通老百姓具有很强烈的规制作用。

不过，近代以来的一百来年中，政治意识形态越来越被视为个体道德的来源。从五四运动到“文化大革命”，“孔孟之道”已经不在官方意识形态之列。尽管改革开放以来，“孔孟之道”有回归的趋势，但远非主流，仅仅是些补充。尽管官方意识形态仍然具有其政治效用，但对个体道德则缺乏实质性的影响。

在这样的情况下，官方体制以惩罚为主，对被视为不道德的行为进行惩罚。任何一种政治意识形态的确都可以自上而下地施加于社会，但这样的意识形态很难自觉地“社会化”，成为人们自觉行为（即道德行为）的准则。

中国新一代道德危机

在“文化大革命”中成长起来的一辈，曾经对政治意识形态充满激情与期待。但在经历和目睹了这一政治运动给中国社会带来的毁灭性影响之后，这一代开始对从前的理想感到幻灭。而老一代对理想的幻灭也造成他们子女一辈的道德虚无主义。无论在哪个社会，父母是下一代道德最原初和最重要的来源。

从某种意义上说，独生子女政策更恶化了道德环境。个体无所谓道德，道德是群体行为，也是群体的产物。“独生子女”意味着个体。尽管独生子女有父母和爷爷奶奶等，但这是一种“不对称”的群体。在这个群体中，形成的精神便是“自我中心”，甚至极端的自私感，毫无大家庭中所具有的兄弟姐妹之间的互相礼让精神。当“自我中心”们聚集在一起的时候，因为缺少这种精神，仍然构成不了一种共同体；如果没有公共道德方面的强有力约束，个体道德很难得到提升。

道德危机并非只存在于中国，任何社会在不同的历史时期都会出现道德危机。所以，无论我们喜欢与否，道德危机都会出现，问题在于如何应对危机，通过改善道德环境，增进社会个体和整体道德水平。

在西方，个体道德基本上属于宗教领域，或者说，宗教是道德的主体。欧洲文艺复兴之后，主导社会和个体行为的权威从宗教权力转向世俗权力。但这个转型并不是说宗教消失了或者不重要了，主导大多数个体行为的准则仍然以宗教为主。

近代以来的工商业发展促成了西方社会快速世俗化，世俗化对基于宗教之上的道德产生了深刻（负面）影响。但是，工商业文明也为社会个体和整体道德提供了另一种来源。在世俗层面，道德问题在西方基本上指的是法律、政治和社会体制的内容。亚当·斯密等西方哲学家对此做了充分的论述，他们把道德的关切点从宗教转向世俗。在他们那里，法律、政治和社会制度体系变成世俗道德的制度基础。因此，当原始资本主义对西方传统道德产生了巨大冲击的时候，这些方面的制度建设挽救了西方社会的道德。

在马克思看来，资本主义是道德罪恶的根源，这是一个阶级社会，是一个阶级对另一个阶级的斗争，这种斗争使得一个社会不可能产生各社会阶层都可接受的道德。因此，在马克思那里，只有阶级道德，而没有普遍道德。马克思更是预言，只有消灭了资本主义，才会产生社会道德，无论是个体层面还是整体层面。

不过，西方社会并没有按照马克思预测的方向发展。政治社会方面的制度建设，不仅挽救了资本主义本身，也改善了西方的道德水平。1848 年，马克思发表《共产党宣言》，预言资本主义的灭亡。之后的数十年里，英国的情况的确持续恶化。但当 1867 年马克思的《资本论》第一卷发表的时候，英国就通过改革扩张了民主的基础。1885 年（马克思去世后两年），《资本论》第二卷出版的时候，德国就出台了世界上第一个社会保障体系。这些发展并不说明谁的理论正确或者错误，而是说人类总是可以找到挽救和改善道德的方法的。在马克思之后，他所预言的现象也在不断重复，但社会也在一直寻找自救的方法。

对中国来说，一方面，人们不能忽视个体道德衰落的现状，因为正是道德才构成了一个社会赖以生存的基础。一个社会没有了道德准则，这个社会就会面临解体的命运。另一方面，人们更不能陷于悲观状态，而是应当积极转型寻找道德重建的资源和机制。如果人性不变，那么如同以往，就要寻找道德的宗教和世俗的基础。

如果执政党意识形态没有宗教空间的话，那么应当容许和鼓励国家意识形态给予宗教充分的空间。同时，也要加快推进法治、政治和社会制度的建设，为社会个体和整体道德提供世俗的资源，从而给道德提升一个机会，使得人们从极端自私行为中走出来。

一句话，尽管个体道德的主体是个人，个人具有主体性，但个体道德的产生、运作和发展需要一个总体社会和制度环境。个体道德随着总体社会和制度环境的变化而变化，要重塑道德，就要重塑总体社会和制度环境。

“政治想象力”与中国前途[①]

法国总统马克龙近期在法国外交使节年度会议上发表内部演讲，认为西方霸权或许已近终结。近代以来，法国的启蒙运动、英国的工业革命和在两次世界战争中崛起的美国，让西方世界伟大了300年。不过今天，西方因为种种内外因素，其所确立的世界政治秩序正在动摇。同时，非西方政治大国尤其是中国、俄罗斯和印度崛起了，这些国家的政治想象力超越了今天的西方。它们在拥有了强大的经济实力之后，不再迷信西方，而是寻找自己的“哲学和文化”。

马克龙的这番话的确是对世界秩序的现实思考。不过，他过度夸大了其他政治大国的“政治想象力”。这些其他大国的崛起是不言而喻的，但很难说这些政治大国具有法国启蒙运动所具有的“政治想象力”。现实的情况是，当西方面临巨大的困境时，这些其他政治大国的民众（尤其是知识分子）仍然对自己的“哲学和文化”毫不自信，仍然以西方文化为旗帜，幻想着自己能够摇身一变，成为西方。结

① 本文原刊发于2019年11月5日新加坡《联合早报》。

果，这些政治大国面临着“知行不一”的困境，即这些国家的崛起是基于自己的“哲学和文化”，但其民众的“政治想象力”仍然是西方的。“知行不一”无疑是这些政治大国面临的最大政治挑战之一。

以香港为例

这里不讨论其他国家，只想从近来中国香港问题入手来讨论中国，试图回答为什么中国很难产生马克龙所说的“政治想象力”，其知识界也很难产生法国式的思想启蒙运动。

如果从“知行合一”的角度来看香港问题，便不难理解。一旦“知”出了问题，“行”必然出问题。如果去问香港的抗议者，甚至是暴力行为者，他们中的大多数都会回答：他们都是在争取实现自己的理念或者理想。尽管大多数人谴责暴力行为，但暴力者本身并不必然这么想。在心理层面，激进行为大都是“理念+理念的道德化=正义”这一逻辑的结果。

问题在于这样的“知”是如何形成的？“知”的来源多种多样，但从小到大的教育经历无疑是最主要的。为什么香港的抗议者大多都是1997年回归之后成长起来的一代？这是一个需要深刻思考的大问题。香港原本受殖民统治，思想被殖民并不令人惊讶。令人惊讶的是1997年回归之后的教育更具有“殖民”色彩，从以往的被动殖民教育转变为主动殖民教育。从前的教育是港英政府施加的，而回归之后的教育则是香港自发的，并且具有明显的目的性，那就是抵制内地的影响和培养及强化西方（非香港）认同。

同样，问题得不到解决的主要原因，是因为抗议者所拥有的

“知”和执政者所拥有的“知”相去甚远。如果两者是一致的，执政者就很容易接受抗议者的要求。香港的动荡是否就是抗议者要求“民主”而执政者反对“民主”那样简单呢？显然并不是这样。抗议者所要求的，是一步到位的民主（或者西方式民主），而执政者认为这样的激进民主或者民主方式并不合适。相较于抗议者，执政者所面临的内外部制约更多，所需要考量的实际问题更多。

对中国知识分子的期许

今天香港所面临的问题，在很大程度上也是近代以来中国知识分子在国家民主政治发展进程中所面临的一个困境，即国家需要什么样的民主。这个困境在民国时代经历过，台湾在民主化过程中经历过，今天的香港在经历，而明天的中国大陆也同样会经历。

年轻人变得如此激进，教育者负有很大的责任。教育者的“知”出了问题，学生的“知”必然出现问题。

史学家许倬云教授最近通过对北宋张载的四句话的“曲解”，来讨论中国传统知识分子的角色，很有一番新意。这四句话便是广为流传的“为天地立心，为生民立命，为往圣继绝学，为万世开太平”。他认为，这四句话可以说是对中国知识分子的期许，同时也是中国知识分子应有的四个方向或维度。

“为天地立心”也就是解释自然现象和宇宙意义，属于理念的维度，这一类型的知识分子是理念上的哲学家。

“为生民立命”属于实践的维度，这一类型的知识分子是把理念付诸实践的执行者，也许是官员，也许是社会领袖。

“为往圣继绝学”也属于实践的维度，这一类型的知识分子想办法扩大并传承所学，盼望后来的人能学得比自己更好。

“为万世开太平”属于理念的维度，这个类型的知识分子能提出一个理想境界——理想的社会、理想的生活或理想的人生态度，盼大家往那个方向走，并且用这些理想来针砭、批判、矫正眼前所见的不合理地方。

一般来说，知识分子对现实都具有批评性，充满理想，相信现实应当改变（无论是通过改革还是革命）以符合其理想。对这一点，人们并无很大异议。问题在于，知识分子应当拥有怎样的理想？理想从何而来？是乌托邦还是着眼于现实国情？

全盘西化易导致水土不服

许教授认为，五四运动以来，中国知识分子和传统知识分子（“士”）已经大相径庭。五四运动以后，主张全盘西化的知识分子占据主流，并且越来越左，基本上都是要把西方的一套系统全盘端进来。西化派人物实际上是“intelligentsia”，而不是“intellectuals”。根据许教授的解释，所谓“intellectuals”是指那些在本社会、本系统之内，或做解释工作，或悬挂理想，或做良师、良吏的知识分子，而“intelligentsia”只是知识分子中的某一些人，他们意图将另一个文化整盘端进来，将文化从那个花盆移植到这个花盆，从那一土壤移植到这一土壤。

在西方历史上，intelligentsia 原本指当年东欧学习法国的先锋人士，例如，波兰曾有一批人要全盘学习法国；俄国彼得大帝以后，有一大批 intelligentsia 出现，主张全盘西化。这些 intelligentsia，初心高尚，希望国家改革一步到位。不过，他们通常面临的情况是外来事物与本地土壤不适合，对端进来的东西要么削足适履，要么就去改变土壤，而不会去改变植物。结果怎样呢？改植物，是橘移淮为枳；改土壤，就是彻底把土壤改过来。

不论如何，中国近代以来已经有诸多类似的做法，但都失败了。当然，失败的不仅仅是中国，很多经历类似政治试验的国家也都失败了。

在亚洲，算成功的只有日本。日本明治维新以后，也有大批的 intelligentsia 主张全盘西化，所谓的“脱亚入欧”，不过他们做的只是表面文章，他们骨子里都是日本人，只是外面着上了洋装。的确，如果撇开那些工具型的制度不谈，深入研究日本各项核心制度，就不难发现，没有任何日本制度是“进口”的，都是根据日本自身的实践形成的。因为战败，日本有一些制度为外力所强加，但日本人也一直在抵制。直到今天，日本人仍然在努力地想“推翻”美国为其起草的宪法。

回到中国的例子。近代以来，全盘西化不仅很难在中国获得成功，而且经常造成不小的灾难。但西化派基本上没有反思能力，因为他们往往把他们所接受的西方世俗价值当作一种具有宗教性质的东西来信仰，并且他们也简单地把责任推给执政者或者老百姓。这就造成了执政者和知识分子群体之间的深刻矛盾。

知识与官僚的“断裂”

在中国传统上，因为“士”这个阶层既是知识分子，也是政府官僚，因此在知识分子和政府之间并没有什么大的矛盾。皇帝不仅把“治权”（即相权）给了知识分子，而且把知识领域留给了知识分子。“知识参政”便是知识分子的一个“共识”。

这一点到晚清时并没有改变。从张之洞的“中学为体、西学为用”到康有为的“托古改制”，都体现出中国知识分子试图找到一条以中国为主体、兼学西方的道路。

晚清废除科举考试对知识阶层构成了致命的打击，因为这样做就把知识分子和政府分离开来，没有了把两者连接起来的“桥梁”。

晚清以来，大凡改革或者革命或者社会运动，知识分子都会冲在最前面。这并不难理解，尽管科举废除了，但知识分子的“知识参政”心理已经是一种历史文化沉淀物，不会轻易消失，一旦出现机会，他们还是会拼命参与到政治中去。

不过，正是因为知识和官僚之间的“断裂”，晚清以来的“知识参政”有一个显著的特点，即完全失去了传统上的现实感，而表现为乌托邦式的空想和由此而来的激进化。因为知识分子不再是官僚，他们既不用考量一项价值的现实可行性和可操作性，也没有机会参与到政治现实中去了解现实。这种局面又进一步造成了“官学”和知识分子之间的深刻矛盾。传统上这两者是一体的，因为知识分子就是官僚，所有的“学”都是“官学”。

但近代以来，“官学”和知识分子就分离开来。政治人物开始把“官学”的权力抓到了自己手中。从孙中山的“三民主义”开始，到蒋介石，到毛泽东，到后来的所有主要政治人物，都有系统性的政治论述。无论是革命时代还是建设时代，政治人物总是处于一线，是第一批实践者。他们较其他群体更早、更深刻地了解实践，了解哪些价值可行、哪些价值不可行，把实践融合到自己的理论思考之中。

学者的两种选择

同样重要的是，这些系统性论述并非某一个政治人物的个人思考，而是反映了以该政治人物为代表的整整一代政治人物的思考。正如邓小平强调的，“毛泽东思想”代表的是毛泽东那一代共产党人的思想，而非仅仅是毛泽东个人的思想。也就是说，那一代人对自己身处的“官学”是有“共识”的。

知识分子在知识创造过程中的劣势地位是显而易见的，这也促成了“官学”与知识分子之间的矛盾。认同“官学”者就看不起知识分子，认为他们脱离现实，只会空谈；而知识分子也看不起认同“官学”者，认为他们过于现实，毫无理想，甚至只是为了个人利益。今天，这种矛盾现象越来越严重。基本上，今天的当政者和学者都是知识分子，只是当政者是具有实践机会的知识分子，而学者则是没有实践机会的知识分子。

在这样的情况下，没有实践机会的学者的选择是什么呢？人们可以先撇开那些只是“辅助”“官学”者不谈。学者中间最普遍的选择有两种，一类为“专家学者”，一类为批评型知识分子。但很可惜，这两类人实际上都是“全盘西化派”。

“专家学者”表面上专注于“解释”事物，根据西方的“八股”发表文章。在这方面，今天中国学者发表的文章数量越来越多，中国也已经成为一个论文大国。问题在于，文章众多，但没有出现任何原创性的思想。核心原因在于，这类学者研究的命题大都是西方的，只是用中国的材料来论证西方的命题。很多人从来就没有想过找到中国本身的命题，用中国材料来研究中国命题。

此外，大学有关部门严酷的考核制度的核心就是论文发表量和排名，这也迫使学者成为西方式工具的“奴役者”。实际上，这种似乎非常“学术”的途径是传播西方思想最有效的手段。理由很简单：第一，命题决定结论，用西方命题来研究中国只能证明西方的“正确性”；第二，由于西方命题占据主导地位，中国命题要么得不到确立，要么就根本无人去找。在目前的考核制度下，这类学者已经占据各大学、研究机构的主导地位。

第二类即是批评型的知识分子，广义上说包括今天的“公共知识分子”。这类知识分子越来越多，西方化趋势越来越严重。近代早期的知识分子尽管提倡西化，但他们还受中国传统的深刻影响。现在的情况完全不同，一些人一方面痛恨自己的传统，另一方面也根本不想了解西方的真实情况是怎样的。对这个群体来说，西方的“学术”意义并不重要，因为他们只需要西方的“工具”意义，即用西方来批评和评价中国的现实“政治”。

这也是最不确定的地方。尽管近年来人们在呼吁“文化自信”，但在实践层面则是“西方化”的加速。如果不能确立中国自身的“政治想象力”，就不会有可以解释自己实践的社会科学，最终难以避免“知行不一”的局面。

文化中产与中国经济的未来[①]

中国的经济（乃至政治和社会）如何走向未来？从改革开放以来的经验来看，物质意义上的经济指标，例如逃避中等收入陷阱和进入高收入经济体，比较容易规定；同时，人们对物质目标的追求也具有自我动力，因为这符合人性的自私要求。不过，在任何一个社会，人是主体，在追求经济等目标时，必须考虑到人。

人们常说，一个人能走多远，取决于其思想能走多远。也可以说，人的思想能走多远，决定了一个国家的经济能走多远。尽管这并不是说要求每一个人都有思想，但社会必须具有一个有思想的文化中产，引领社会的进步，否则物质意义上的进步不见得会导向整体社会的进步，说不定还会走向灾难，例如非理性地追求单向面的发展，追求各种“乌托邦”等。

文化和经济增长之间的关联，无论是积极面的还是消极面的，已经有很多学者加以论述。德国社会学家马克斯·韦伯的《新教伦理和

---

① 本文原刊发于 2019 年 12 月 3 日新加坡《联合早报》。

资本主义精神》描述和分析了新教伦理文化对西方资本主义发展的贡献，而企业家群体就是新教伦理的文化载体。相反，美国经济学家托斯丹·范伯伦（Thorstein Veblen）的《有闲阶级论》，直陈当时奢侈文化对经济增长的负面影响。当代经济学家本杰明·弗里德曼（Benjamin Friedman）的《经济增长的道德后果》，讲述了经济和道德之间的关系，贫困和低度发展制约人的道德水准，但反过来也一样，人的道德水准也会制约经济发展。

人们也不难在发达社会观察到一个现象，即富裕与人的关系。经济发展到一定的阶段，人的变化就变得重要起来，因为人的文化无法提高，经济就很难再上台阶。经济发展靠消费和技术创造。就消费来说，人的吃、穿、行是有限度的，而文化消费是无限度的。技术创造更是文化中产的产物。在后工业社会和信息技术时代，没有文化想象力，技术创造变得极其困难。一句话，富裕社会依赖富裕的文化人格。今天，西方社会的主体是文化中产群体。一些研究发现，尽管西方社会经历了全球化和各种经济困难，但高端技术和高端资本并没有流失。这是西方并没有如人们所想象的那样快速衰落的原因。文化中产便是高端技术和高端资本的载体。

文化中产对中国的现实有什么样的参照意义呢？在过去 40 多年里，中国创造了经济奇迹，从贫穷大国转型成为世界第二大经济体，人均国民收入也接近 1 万美元。更为重要的是，中国经过大规模的扶贫，自改革开放以来，已促成近 8 亿人告别绝对贫困的状态。也就是说，物质生活意义上的中产（或物质中产）已经不少。

文化贫穷致公共道德感缺失

很可惜的是，即使是物质中产群体，在文化上仍然是“无产”，甚至是“流氓无产”。即使是最富裕的群体，也很难说在文化上已经逃避了“无产”的格局。问题在于，在“文化无产”的格局下，中国如何逃避中等收入陷阱？如何从数量型经济增长转型成为质量型经济增长？物质中产如何通过深度文化消费，来逃避今天的奢侈消费？如何通过培养文化中产来培养一个健康的消费社会？所有这些都关乎于中国经济的未来，甚至整个国家和社会的未来。

文化贫穷，赤裸裸地表现在日常生活的点点滴滴中。中国所说的“不文明现象”，不仅发生在社会底层，更发生在富人群体。在高档住宅小区不难观察到，很多人在物质生活方面已经是中产或超越中产，但文化生活仍然具有贫穷甚至“流氓”的特点。他们不理性，不守法，贪图一些小利益和小便宜。小区内没有一点公共秩序感，自己的房子内部可能富丽堂皇，外面则脏乱差。自己的房子已经足够宽敞，却竭力侵占公共空间。没有公共秩序是公共道德感缺失的产物，而公共道德感是文化中产的产物。

缺失文化中产使得中国社会意识形态拉美化，社会在极左和极右两个极端之间摆动，人们高度情绪化，缺少理性。这种情况体现在穷人和富人之间的关系上。穷人仇视富人，富人也仇视穷人。穷人见不得人家好，老想着如何搞再分配，抢夺财富；富人对穷人没有任何同情心，信仰“钱能办事”，无法无天，这样的富人群体遭到底层群体的仇视，并不难理解。

缺失文化中产也体现在官员和民众之间的关系上。官员的权力腐败也和文化的贫困有关。民众希望官员道德高尚，靠“喝西北风”就能为人民提供服务；而各级政府也不得不实行低工资政策，无论是因为民众的压力，还是因为自己也这么想。官员需要道德高尚并没有错，但在低工资政策下依靠官员的道德高尚来治理国家并不可靠，甚至很不可靠。官员也是人，也需要利益导向，不过官员的确是公众人物，他们的利益需要有节制。“低工资”就导致了人们所说的“潜规则”，即腐败；而腐败导致民众的怨恨，加剧政府和民众之间的紧张关系。

幻想、空想、假想也都是文化贫困的产物，因为文化的贫困导致人们不知道如何理性地思考，没有兴趣和能力做理性思考。中国历史上的所有乌托邦都是幻想、空想和假想的产物。这和西方理性主义时代的近代乌托邦有天壤之别。包括早期空想社会主义在内的所谓乌托邦，其实都建立在有限的社会实验之上，只是到了可复制（或者推广）阶段，才出现乌托邦的概念。没有现实可行性的理想是空想，只有具有现实可行性的才是理想。

更可悲的是，这些“无产文化”已经变成根深蒂固的“文化”，变成了思维和行为方式。这种文化已经没有了传统底层文化的朴素与善良，所呈现的是精致的恶。这里要强调的是，衡量文化中产的标准绝非教育水平，并不是说受教育程度越高就越有文化。文化和教育有关联，但不是一回事。在今天无产文化环境的主导下，出现了一种情况，即受教育程度越高，就越自私和利己，也就是人们常说的“精致的利己主义”行为。

文化中产与原创的关系

文化中产和中国经济发展有什么关联呢？正如在西方，人们可以从多个方面来探讨这个问题，但这里只想讨论一个简单的问题：为什么中国少有原创性的思想和技术？如果把缺少原创性思想和技术置于这些年中国一直在讨论的“供给侧”改革的内容中，就比较容易理解其对经济的影响。简单地说，原创属于供给侧，缺少了原创，就等于没有来自供给侧的动力。

为什么缺少原创？这个问题可以有无数的答案，但最终都可以归结为一个很简单的答案：鲜有人能够“仰望星空”。

就技术而言，人们对利益都非常敏感，有了技术马上可以应用。近来美国诬蔑中国偷美国的技术，实际上中国是美国技术最大的应用市场。一些人说中国是世界上最大的制造业基地，这是过度夸张了；确切地说，中国是世界上最大的组装基地。在西方技术扩散到中国的过程中，往往是山寨版充斥市场，往往不能尊重人家的知识产权。

这个情况在几乎所有发达国家都发生过，例如美国、德国等后发展国家早期也学英国，日本学美欧，韩国学日本等。问题是，这些国家很快走过了学习阶段，进入原创性阶段。但在中国，人们在很长一段时间对原创性的东西缺乏兴趣，更缺乏能力，结果是既处处受制于人，也始终停留在附加值低端的产业。直到这两年中美发生贸易战，很多人才发现自己和美国的差距还那么巨大，而且在很多方面难以逾越。

今天，美国与中国进行贸易战的最终目标，就是把中国的产业定位在产业链和附加值的低端，只要中国的技术不挑战美国、不超越美国，美国还是世界的老大。当然，中国越来越多的人现在意识到原创技术的重要性，下决心进行大投入搞研发。愿望是一回事，能否实现是另一回事。即使现在急起直追，也需要很多时日。更重要的是，在没有文化中产的情况下，现在的局面是否可以坚持下去，仍然是未知数。

文化无产更表现在社会科学上。一句话，文化无产导致了话语权的缺失，无论在内部还是在国际社会。很多学者只扮演了西方知识买办的角色，忙于贩卖知识。尽管中国有世界史上史无前例的转型，西方想方设法理解中国，但中国学者就是提供不了有效的知识。西方对中国从西方进口的知识并不怎么感兴趣，因为他们本来就已经很熟悉，更因为这些知识无法解释中国的现实。

文化无产未能生产新知

另一方面，马克思主义研究可说是传统意义上的官学，中国实际上也是马克思主义研究大国，拥有世界上最大量的马克思主义研究机构和研究人员。不过，平心而论，投入了如此大量的人财物力，有多少原创性的研究？自毛泽东以来，“马克思主义中国化”一直是各方所努力的，但到现在为止，什么叫中国化的马克思主义呢？

知识界未能生产能够解释中国的知识体系，很多人把原因归诸政治和管理体制。政治环境和管理体制自然很重要，但不是唯一的原因。如果人们认为，缺少有效知识只是没有言论自由所致，那就过于简单化了。中国历史上实行集权的时候，并没有阻碍知识界的知识生产，而分权甚至国家权力解体的时候，也没有出现新的思想。如果知识界不能反思自己在知识生产方面的兴趣、能力、方法论等问题，外在环境再好，也无助于有效知识的生产。

例如，20 世纪八九十年代大家都抱怨知识界太穷，不能集中精力来做学问。现在，大多数知识分子的条件已经大大改善，尤其是那些名教授，但条件的改善是否有助于知识的生产？一个荒唐的现实是，钱越多，知识界就越腐败。从前钱不多的时候，大家还可以专心做些学问；现在钱太多了，大家就转向用各种方法“抢钱”。这么一来，学问自然要荒废了。

实际上，社交媒体时代的来临，使得知识界下行速度在加速。大家为了争名气或争金钱，纷纷加入抢流量的队伍。一些学校甚至公然用流量来衡量学者的业绩。知识阶层一味地庸俗化，只是为了取悦大众。

怎么办？唯一的办法就是首先培养一个文化中产阶层，在文化中产的基础上，培养一批文化贵族。当然，这里所说的贵族，并非传统意义上的物质贵族，而是诚如德国哲学家康德所说的，一个能够有时间、有兴趣和有能力“仰望星空”的群体。唯有这样，经济才会有希望，国家和民族才会有希望。

改革开放以来，中国先提“四个现代化”，后来又加上制度等现代化，但就是遗忘了人的现代化。文化中产无疑是人的现代化的主题，就是要培养富裕的人格。没有富裕的人格，国家很难走向富裕并维持富裕。要培养文化中产，就要从精英做起。西方的历史就是这样走过来的，亚洲社会包括日本、韩国等也是这样走过来的。精英不仅仅意味着拥有权力、拥有财富、拥有知识，更重要的是，精英必须具有责任感和担当。一旦社会的精英失去担当和责任感，再好的社会也会出现问题，当代西方的民粹主义就是这种局面。其他社会如此，中国也如此。

第四章

中国的世界图景

中国崛起开启新的世界历史[①]

20 世纪 90 年代初，美籍日裔学者弗朗西斯·福山发表了其所谓的“历史终结论”，认为西方自由民主是世界上最好，也是人类最后一种政治制度。这一理论广为流传，名噪一时，一方面是因为其符合西方主流意识形态的需要，另一方面是因为苏联东欧共产主义的轰然倒塌。但是好景不长，没过多久，西方内部开始发生巨大危机，并深刻影响到作为西方内部秩序外延的“自由国际秩序”。

今天，西方内外部危机互相交织，不断恶化，人们看不到内外危机如何缓和解决，出路在何方。与此同时，也正是在这段不长的时间里，中国实现了快速和可持续的崛起，在剧烈变化的国际事务上扮演着越来越重要的角色。世界历史不仅没有被西方的“自由民主”终结，相反，中国的崛起开启了新的世界历史。

---

① 本文原载于 2019 年 9 月 11 日《参考消息》。

西方制度造成"三恶"并举

时刻想"终结"人类历史的西方制度为什么会如此快速地衰落?一句话，西方制度抱残守缺，不能与时俱进，到今天形成了政治之"恶"、资本之"恶"和社会之"恶""三恶"并举的局面。尽管人们对此甚感可惜，但也无可奈何。应当指出的是，这里的"恶"指的是一种正常社会现象，即各种角色的"自私"行为。

西方政治制度到底发生了怎样的危机?这要看西方政治制度的"初心"及其演变。

一句话，西方政治制度要解决的是"权力之恶"问题。西方国家起源于暴力，即战争和征服。在理论上，从意大利的马基雅维利到英国的霍布斯，人们已经为通过暴力（包括战争）而建设国家这条路径的合理性提供了最有力的论证。实践层面，欧洲近代国家从战火中诞生，并且绝对专制是所有近代欧洲国家的最主要特色。在近代专制国家形成之后，欧洲才开始了"软化"和"驯服"权力的过程，也就是后来被称为"民主化"的过程。洛克的自由主义理论开始"软化"政治的专制性质，而到了阿克顿勋爵的名言"权力导致腐败，绝对的权力导致绝对的腐败"，欧洲政治制度的设计目标更加明确，那就是"权力制衡"。

西方通过一系列的制度设计来达成"权力制衡"的目标。且不说所有这些"制衡"是否有效及其制衡的结果，西方政治制度的设计既忽视了资本之"恶"的问题，也忽视了社会之"恶"的问题，但这种忽视又很容易理解。西方近代国家的产生本来就和资本不可分离，如马克思所言，资本主义国家本来就是"资本的代理人"。在亚当·斯密的“看不见的手”那里，“恶”（追求私利）是一种积极的要素，他相信人们的“自私”行为可以自动导致公共品的出现。但其他人发现了资本之“恶”的恶果。对资本之“恶”，马克思进行了充分的理论揭示，法国作家雨果和英国作家狄更斯等做了文学描述。近代以来，各国通过社会主义运动，对资本之“恶”有了一定的制衡。在这个过程中，民主的确发挥了很大的作用。

但是，当代全球化已经彻底改变这种局面，资本再次坐大。资本之“恶”可以被民主制衡的条件是资本具有主权性，即无论是政治还是社会，可以对资本产生影响力。然而，全球化意味着资本可以轻易和主权“脱钩”。资本没有国界。一旦资本与主权脱钩，资本所从事的经济活动，无论是全球化还是技术进步，无一不演变成独享经济，而非往日的分享经济。全球化和技术的进步为人类创造了巨量的财富，但大部分财富流进了极少数人手中，大多数人民能够分享的很少。这是今天西方收入差异加大、社会分化加深的最主要根源，也使得各种社会冲突浮上台面。

新时代呼吁新体制出现

与政治和经济相比，在任何地方，社会似乎永远处于弱势状态。近代民主产生以来，社会力量的地位尽管有所改善，但仍然改变不了其弱势的局面。尽管社会之“恶”基本上是其弱势地位的反映，但也有效制约着西方政治体制的运作。今天的西方，社会一方面追求自己的权利，但同时也倾向于滥用权利。福利制度就是明显的例子。民主经常演变成为福利的“拍卖会”。尽管“一人一票”的民主保障了人们可以得到“一人一份”，但并没有任何机制来保证“一份贡献一份”。如果没有“一人一份”的贡献，就很难保障福利社会的可持续性。资本自然被要求多付几份，即政府通过高税收政策来追求社会公平。但很显然，一旦资本可以自由流动，那么就可以逃避本国的高税收。实际上，“避税”也是西方资本“全球化”的强大动机之一。进而，随着社会的越来越不平等，西方社会各种激进主义、极端主义及其所导致的暴力行为横行，影响社会的正常运作。

今天的西方，一个不可回避的现实就是，政治上已经充分实现了“一人一票”制度，但经济上则越来越不平等。西方政府不仅无能为力，反而趋恶，表现为政治精英之间没有共识，党争不止，治国理政被荒废。更为严重的是，党争往往和表现为形式繁多的民粹主义甚至政治极端主义联系在一起，造成了更进一步的社会分化。近代以来的代议民主已经失效，因为政治人物已经失去了政治责任感，导致了“有代议、无责任”的局面。

尽管危机越来越深刻，但人们看不到出路。很显然，在政治、资本和社会所有群体都成为既得利益的一部分，没有任何一个群体可以站在既得利益之上的时候，谁来解决问题呢？

这个新时代因此呼唤一种新体制的出现，这种体制既可以形成政治、资本和社会内部的制衡，又可以形成政治、资本和社会三者之间的制衡，从而实现双重的均衡及其在此基础上的稳定发展。而中国经过 70 年的创造性探索造就的一整套新体制正是适应了这个时代的需要。

中国重视自主制度建设

新中国的 70 年基本上经历了三大阶段。1949 年，毛泽东一代解决了革命与国家的问题，通过革命建设了一个统一的国家，结束了近代以来的内部积贫、外部积弱受人欺负的局面。毛泽东之后的中国被称为“改革”的时代。

改革开放以来，邓小平一代解决了经济发展问题。中国在短短 40 年时间里，书写了世界经济史上的最大奇迹，从一个一穷二白的国家提升为世界第二大经济体、最大贸易国，即使就人均国民所得来说，也已经接近高收入经济体。不过，更大的奇迹在于促成了近 8 亿人口脱离贫困。历史地看，任何社会都有方式致富，但不是任何社会都能够找到脱贫方式。在脱贫成就方面，中国独一无二。

尽管中国的经济奇迹为人们所称道，但中国所取得的成就并不能仅仅以各种经济指标来衡量。无论是中国传统上的辉煌还是近代西方国家崛起的经验都表明了一个道理，不论是国家的崛起还是民族的复兴，最主要的标志便是一整套新制度的确立及其产生的外在影响力，即外部的崛起只是内部制度崛起的一个外延。

制度是决定性因素。看不到中国的制度优势，既难以解释所取得的成就，也难以保障已经取得的成果，更难以实现未来可持续的发展。但同时制度建设也是最难的。近代以来直到今天，很多人一直期待着从“天”上掉下来一套好制度。更有一些人迷信西方制度，以为移植了西方制度，就很容易强大。但恰恰这一点早已经被证明是失败的。二战后，很多发展中国家简单地选择了西方制度，把西方制度机械地移植到自己身上，不仅没有促成当地社会经济的变化，反而阻碍着社会经济的发展。

而自主的制度建设和改进正是中国十八大以来的要务。十八大以来的“制度自信”和“文化自信”相互配合、相互强化，造就了今天人们所看到的一整套制度体系。

创造性地转化自身文明

在基本经济制度方面，中国已经形成了“混合经济制度”。具体地说，就是“三层资本构造”，即顶层的国有资本、基层的以大量中小型企业为主体的民营资本、中间层国有资本和大型民间资本的互动。这种经济制度可以同时最大限度发挥政府和市场的作用。各种经济要素互相竞争与合作，造就了中国经济的成功，同时它们之间也存在着互相制衡的关系。因为一旦三层资本失衡，经济就会出现问题，人们就必须在三层资本之间寻找到一个均衡点。

在这个过程中，政府扮演着不可或缺的角色。在中国的哲学中，发展和管理经济永远是政府最重要的责任之一。政府承担着提供大型基础设施建设、应付危机、提供公共服务等责任，而民间资本提供的则更多是创新活力。过去数十年中国在构造世界经济历史奇迹的同时，又避免了亚洲金融危机（1997 年）和世界金融危机（2008 年），这个经济体制功不可没。

在政治领域，西方的“三权分立”体系为党争提供了无限的空间，造就了今天无能政府的局面。相反，中国在十八大以来，以制度建设为核心，通过改革融合了新中国成立以来的基本制度和传统制度因素，形成了“以党领政”之下的“三权分工合作”制度，即决策权、执行权和监察权分工合作，为建设稳定、高效、清廉的治理制度奠定了基础。

尽管“三层资本体系”和“三权分工合作体系”仍然有很大的改进空间，但它们已经构成了中国最根本的制度。从经验上说，经济形式决定社会形式，而社会形式又决定政治形式。三层资本形式塑造着今天中国的社会结构。同时，中国的政治过程又是开放的，不同资本和社会形式都可以进入这一开放的政治过程，参与政治过程，有序地主导和影响着国家的进程。

中国的制度模式不仅促成了中国成功的故事，也为那些既要争取自身的政治独立又要争取经济社会发展的国家提供另一个制度选择。中国的经验表明，制度建设不能放弃自己的文明，但需要开放，对自己的文明进行创造性地转化。只有文明的才是可持续的。只有找到了适合自己文明、文化的制度形式，人们才可以建设一套行之有效和可持续的制度体系。虚心学习他国经验很重要，但学习的目标不是把自己变成他国，而是要把自己变得更好、更像自己。这是普遍适用的真理，中国成功了，其他国家也会成功。

印度崛起不见得对中国不利[①]

2020 年 9 月 21 日，中印两军第六轮军长级会谈在莫尔多边境会谈会晤站举行。经双方协商，共同发布联合新闻稿。双方一致同意认真落实两国领导人达成的重要共识，加强现地沟通联络，避免误解误判，停止向一线增加兵力，不单方面改变现地态势，避免采取任何可能导致局势复杂化的行动。双方还同意尽快举行第七轮军长级会谈，采取务实举措妥善处理现地问题，共同维护边境地区和平安宁。从国际关系的角度再次认识印度，厘清其现状和逻辑，有很大的必要性。

印度是近代国际关系的产物

有一个说法，印度就像大象一样，我们每个人就像盲人，我们观察印度，正如“盲人摸象”，看到的都只是印度的一个很小的方面。就算是印度人，看印度也很可能是“盲人摸象”。但是，如果把印度

① 本文整理自《南方窗》2020 年 9 月对作者的采访。

放进整个国际关系的地图上来看，反而能把这头“大象”看得清楚一些。我认识的很多印度教授，对“什么是印度”也没有一个基本的共识。

马克斯·韦伯说过，近代国家要有一个地理范围，有统一的官僚机构、统一的武装，中央政府有能力垄断暴力机器，还有共同的文化、共同的语言等。所有这些都是近代以来民族国家概念的组成部分，但是这些概念在印度都很难得到印证。

那么，印度为什么叫印度？印度是国际关系的产物。在成为英国殖民地之前，印度就是一块地方上各自为政的次大陆，英国殖民者到达以后，把这个地方叫“印度”。当时的印度，就只是一个地理概念，缺乏那种拥有一整套官僚机构、垄断暴力的中央政府。

在这个意义上，印度实际上是近代国际关系的产物，也是西方殖民主义、帝国主义的产物。

再追究下去，印度各个地方的“认同”肯定是有问题的。当然，认同问题各个国家都有，中国也有。但是中国从秦始皇开始，书同文，车同轨，规则和规范都具有全国性，加上近代以来中国共产党也是一个全国性的政党，中国总有一个“统一”的东西，而印度“统一”的东西不多。

另外，英国的统治是比较“虚”的，统而不治，利用地方精英分而治之。特别是英国殖民者，虽然秉持自由主义的旗帜，但是在面对广袤的印度次大陆时，由于殖民者数量少，被殖民者数量多，更强化了印度传统的种姓制度。英国人来之前，种姓在印度更像一种文化行为，或者说风俗习惯，但是英国人来了以后，反而把它高度制度化了。等到印度人反殖民主义、赶走英国人之后，种姓制度才在理论上慢慢淡化。

印度是个非常复杂的混合体，学者能找到的共识也非常少。不像中国，虽然很多史学家也会争论“什么是中国”，但大家找到的共识远比分歧多。

新冠肺炎疫情对印度的经济影响有多大？

印度是一个人口大国，确诊的病例数量从比例上说并不很高，但是光看数量的话是很大的。印度的“抗疫”，不能说政府不出力，但它没有像中国这样一套机制，没法把抗疫的各种措施落实下去。

实施抗疫措施有两个条件：一个是制度条件；一个是物质条件，比如有没有口罩、防护服和药物等。因为印度过去是殖民地的缘故，基本的公共卫生条件还是有的。印度的医药市场也很发达，世界上很多药物、疫苗的试验都在印度做。至少就医药来说，印度的物质条件还是可以的。

但印度缺乏制度条件，没有一套具有实施能力的制度存在。以前印度的国大党基本上是尼赫鲁–甘地家族的一个家族性政党，现在莫迪组织的也是以家乡为基础的区域性政党，虽然有向全国扩散的趋势，但毕竟还处于发展过程之中。它的政党和中国共产党、美国民主党 / 共和党很难相比，没有那么高的国家性。

加上印度经济社会发展程度低，有庞大的贫民窟，疫情扩散起来，对一般底层老百姓的生活影响最大。如果我们去跟美国比，美国的中下阶层也受影响，但美国毕竟是高收入国家，中下阶层有失业救济金，美国的经济下滑和印度的经济下滑对社会的影响，不是同一个概念。

印度底层百姓生活受到很大冲击，也是此次中印边境冲突里，印度的行为受民族主义驱动的一个根源。因为内部问题难以解决，统治阶层只能依赖民族主义来转移视线。

莫迪是一个有很高期望的政治人物，希望印度赶上中国，像中国一样发展经济。不过，莫迪有一点跟甘地不同。后者提倡精神生活，不看重物质生活，所以是非常反对西方的物质主义的；而莫迪则强调经济发展，他的野心加上印度所具有的丰富资源，使他希望模仿中国的路径。

实际上，印度目前对中国的态度和美国差不多，自己经济问题很大，就想通过打击中国的企业，把责任往外推，这有一点像西方的右派民粹主义了。

印度国内的“反华”情绪意味着什么？

这主要是一种民族主义的趋势。印度自古就是多宗教、多民族国家，充满多重矛盾，唯一能把现在的印度人团结起来的，特别是在外交上，就只有民族主义。或者说，印度内部没有“主义”来引导其发展。社会主义就是通过国家内部发展来解决社会问题的理念。近代以来，西方左派社会主义，要做的是通过内部改革来解决内部问题，而西方右派民粹主义，往往是把内部矛盾转移到外交上。

印度现在的做法，类似于西方右派民粹主义的做法，用国家安全的名义，打击中国的互联网企业。当然，这样的事情美国在做，其他一些国家也在做。我们可以说，互联网公司的安全性是一个世界性的问题，确实没有一个统一的解决办法。一旦被视为威胁到国家安全，各国都把矛头对准了外国企业。

问题在于，印度真的可以在排除中国企业之后得到更快的发展吗？一方面，这是印度想支持“民族资本”，希望提高自己企业的竞争力；另一方面，提高自己企业的竞争力，总要有所“竞争”，通过学习也好，模仿也好，总要跟先进的企业看齐。那么，把中国的经济力量赶走之后，其他国家有没有能力和意愿来助力印度发展经济？换句话说，如果没有足够的外来资本和技术，印度有没有足够的发展经济的内部动力？

从历史上看，答案还是很悲观的。印度自身没有足够的内部动力。所有的发展中国家，经济发展都需要资本。在缺少资本的情况下，第一步都需要大量的外资进入。另外，发展经济不仅仅是钱的问题，还有技术的问题。有了这两个要素之后，还需要把这些外部的力量转化成内部的动力。印度能不能做到？这是一个很大的疑问。

印度外部也面临巨大不确定性。美国为了地缘政治的需要，希望印度成为美国印太战略的一部分，让印度扮演一个重要的角色。但是美国真的有那么大的意愿和能力，来帮助印度发展经济吗？何况，印度一直是个不结盟国家，对西方也持怀疑的态度。我们不能只看印度的媒体，那些都是懂英文的精英做的，非常亲西方；如果把印度作为一个整体来看，很难说是亲西方的。

所以，内外部都有很大的不确定性，印度经济发展的波动还会更大。现在印度排挤中国企业，实际上减缓了农村和城镇的发展。印度的中心城市受西方影响大，中国企业往往扎根在印度城镇，在印度有点“农村包围城市”的意思。如果把中国企业赶走了，这一部分的空白谁来填补呢？印度通过驱赶中国的企业，或许能够实现印度所说的“国家安全”，但经济发展则会受到负面的影响。

对于任何国家，民族主义都像一把双刃剑。民族国家总要塑造国家认同，因此民族主义不可或缺。从法国大革命开始，自由、平等、人权等构成了近代民族主义和西方自由民主主义的基本价值观，这是大家都认同的。但是，第一次世界大战和第二次世界大战也是民族主义的产物。民族主义走过头就是帝国主义。

印度的民族主义面临很大麻烦。印度当然需要国家认同，但是在内部，如果它的各个邦都搞民族主义，或者民族主义跟穆斯林结合起来，那么就会出现大问题。近年来，莫迪提倡的印度教民族主义，就很容易导致宗教矛盾、种族矛盾的激化。

对外，民族主义确实可以让印度团结国民，针对中国的民族主义就是如此。但是如果过度提倡民族主义，就没法理性地处理外交问题，就像第二次世界大战时的德国和日本。民族主义是排他性的，怎么能容忍外国力量呢？

民族主义理念对印度政府来说是一个很大的挑战，它需要把握这个平衡。莫迪政府有没有能力来达到平衡？显然没有。

印度的做法对中国也是一个考验。中国如果态度过于强硬，刺激了印度，那么印度的反华情绪会进一步高涨；但同时，我们也要维护自己的核心（主权）利益。

中国的义和团运动是不是民族主义的表现？它当然有民族主义的成分，但它也有不理性、愚昧的部分。民族主义作为一种情绪、一种团结的象征，确实能激发出很多能量，但那些非理性的因素是很糟糕的。

国际关系是很现实的。民族主义能团结国民，但和赢得战争胜利是两回事。义和团那么有“民族主义”，在洋枪洋炮面前一样要挨打，后来一样要被“围剿”。

中东的阿拉伯国家，反美的民族主义情绪不强吗？委内瑞拉反美的民族主义情绪不强吗？在外交政策上，任何时候，该斗争就斗争，但该妥协就妥协，因为外交和军事，必须实事求是。那些情绪固然有自己的道理，但是光靠情绪能赢得战争吗？不能。

印度内部凝聚靠民族主义，是否还有其“民主制度”的作用？

印度自称是世界上最大的民主国家，西方也这么看。不过我们要想一想，印度的民主，是不是我们所说的真正的民主？印度之所以成为印度，维持一个统一的国家，还是因为统而不治，联邦政府权力很小，地方政府分权。

印度的“民主”，是个程序上的东西，只是外加的民主，是英国人的遗产。

印度宪法规定废除种姓制度，“贱民”和低种姓阶层的政治影响力与日俱增。这是不是促进印度更加“民主化”的步骤？

其实随着经济发展和城市化，接受教育的人也多了，印度还会经历一波民主化的危机。低种姓的人觉醒了，是肯定要参与政治的，会要求创立我们所说的“现代民族国家”，要求人人平等。

印度的民主化危机有两个根源：一个就是印度教大民族沙文主义；一个就是怎么样从一个外生的民主国家，变成内生的民主国家。印度民主的品质，取决于它有没有可持续的经济发展。

有人说，莫迪依靠军警和基层组织，让占据多数的印度教教徒压抑了近两亿穆斯林国民的宗教及民族感情，这种做法是不是也为政局的变化埋下不稳定的种子？

但我们要知道，要创造任何一个统一的国家认同，都是很难的。印度有十多亿人口，穆斯林只有两亿左右，莫迪要依靠大多数人，从政治上说也是理性的。过去国大党主张非常世俗的民族主义，经济上学的也是苏联的五年计划。现在的莫迪政府有很强的宗教性质，奉行的是印度教民族主义。

世俗民族主义，是视各个主体一律平等的。但是宗教民族主义常常会有道德上的“高下”或“优先”之分。异教徒是不能享有平等权利的。

美国是非常世俗的国家了，特朗普总统的很多做法也免不了宗教因素。尽管西方实践了这么多年的政教分离，但宗教还是对政治有影响。这就看政治人物要不要利用宗教因素为自己服务。

有些政治人物会利用宗教给自己打造一个基础，所以领袖个人的偏好还是很重要的。在晚清和民国早期，中国的民族主义只是当时政治人物的一种工具。在民族主义阶段性任务完成之后，他们就进行了多民族国家的建设。

对外挑衅无法解决内部问题

有人说，以下三股势力如果能够整合，印度未来便会成为中国的强劲对手：一个是“笔杆子”雅利安学社，一个是“枪杆子”印度国民志愿服务团，一个是“钱袋子”帕西人。

这种假设总是有的，问题在于会不会成为现实。印度崛起，大家都喊了很多年了，但是它的崛起依然艰难。

印度和外部国家有矛盾，它和巴基斯坦有矛盾，现在还和中国有矛盾。但是印度的主要问题还是内部问题。没有一个国家的内部问题，可以通过外部的挑衅得以解决。

如果这些力量整合起来，推动印度的发展，使印度最后成为中国的有力竞争者，这有可能。不过，如果印度真的从内部推动经济发展、城市化，人民受教育程度提高，从而成为一个强国，不见得就一定会对中国构成一个比较大的威胁。那个时候，印度的民族主义也会有，但这个民族主义会是比较理性的。

民族主义在什么时候最危险？在国家还很穷，很多领域都没有得到发展的时候。这个时候印度鼓动老百姓的民族主义情绪反对中国，最危险。

用一句简单的话说，就是穷人的民族主义和富人的民族主义是不一样的。富人的民族主义是理性的，穷人的民族主义是非理性的。

我希望印度得到发展，发展了以后，它的民族主义会比今天理性得多，不见得会和中国发生冲突，顶多是竞争罢了。竞争是好事情，但是穷人的民族主义不能要。中国人有老话说"光脚的不怕穿鞋的"，那才是真正对中国的威胁。

不能说欧洲那些发达国家、美国那样的发达国家就没有民族主义。但应当看到，富裕国家，仓廪实而知礼节，言论自由，各种声音都能表达出来，不会"一边倒"；相反，穷国的意见表达，往往是一边倒的。根据经验观察就是这样。

这个经验也包含了对中国的观察。以前的反日游行中也有打砸抢烧的情况出现。如果自己家有车有房的话，就不会烧人家的车、烧人家的房子，因为要担心自己的车和房被人家烧。如果自己没车没房的话，看到人家的车就可能仇恨起来。中国古代人说“有恒产者有恒心”，什么是“恒心”？恒心就是理性。

印度的崛起对中国不见得不利

美国现在要组建一个“世界队”，对付“中国队”。它要搞的是世界的“两极化”。这个局面不仅对中国不利，对整个世界都不利。

印度、俄罗斯等国的强大，都有助于促成世界的多极化，多边世界、多元世界对大家都是有利的。

所以我们要用长远的战略眼光来看待印度的崛起。一个国家强大之后，不会完全依附另一个国家。像日本，当它成为世界第二经济大国时，也是想从美国体系里脱离出来的。

而且，印度是从文明基础上建立起来的国家，也坚持不结盟，它以后不会完全投向某个国家。只要中国处理得当，印度不会完全投向美国，正如它之前也没有完全投向苏联。

印度的追求，至少是一个区域大国。它的野心并不是就对中国不利。把世界“两极化”，才是对中国最不利的。

世界为何变得如此愤怒？[①]

如果要找一个词来形容2019年的世界形势的话，那么“愤怒”一定是恰如其分的。这是一个没有欢乐、只有愤怒的年份，更是一个日趋危险的年份，指向着未来的巨大不确定性。很多观察家已经指出，对未来唯一可以确定的就是不确定性。这并不为过。

愤怒的时代

社会在愤怒

社会抗议运动风起云涌，几乎涵盖了所有类型的国家和社会，不管以什么方式来分类。不同政体（民主与非民主）、不同发展程度（发达国家与发展中国家）、不同宗教、不同种族的社会都发生了或者发生着社会抗议运动。和以往所有的社会运动一样，每一个地方的抗议运动都有其独特的原因，但综合起来，这些社会运动都显现出它们

① 本文原刊发于2019年12月24日新加坡《联合早报》。

的诸多共同性。

第一，所有社会运动都是反建制的，明显表现为社会与政府之间严重的直接对立。

第二，任何一个因素，无论是宏观的还是微观的，都可以触发大规模的社会抗争，大到福利政策改革、移民政策改革、警察过度使用或者滥用权力，小到洋葱、地铁票涨价。

第三，社会抗争都表现为可持续性。参加社会抗议的不仅仅是传统意义上的无产者或者社会底层人士，也有中产阶层、大学生，甚至社会精英。

第四，社会抗议大多表现为暴力性，社会抗议现场形同战场，打破了从前中产阶层社会抗争的“和平”神话。

第五，在国际层面，社会抗议呈现高度的相关性，大家互相学习、互相输出抗议的经验。

政治精英在愤怒

政治精英间互相竞争政治权力纯属正常，因为政治本身就意味着权力斗争。但政治精英们的愤怒大大超越了传统适用于政治竞争的那些法律和规则，演变成互相抗议，通过近乎暴力的手段来获取政治权力，也通过超乎法律和规则的手段实施政治权力。在多党制国家，愤怒表现为日益恶化的党争，政治力量之间没有了任何妥协性。

当传统的法律和规则不再能够调节政治人物的行为时，人们只差没有直接诉诸暴力了。民粹主义连连得手，局外人纷纷崛起，越来越多的政权被民粹领袖掌控。传统上，民粹主义更多地表现在底层社会成员和穷人，但今天的民粹已经不分社会阶层，右派民粹和左派民粹显得同样可怕，并且也都是反建制的。更需要指出的是，民粹主义是以民主的方式崛起的。尽管各种民粹为各国带来了无限的不确定性，但没有人敢质疑或者挑战民主的方式。

国家在愤怒

有人认为中美之间的“冷战”开始于2019年，也有人相信这两国之间的关系已经不可避免地走上了“冷战”的不归路。更有人预测两国之间发生热战的可能性，因为今天围绕着中美关系，世界已经出现了和欧洲一战、二战前类似的情形。当然，国家间的愤怒不仅仅表现在中美关系上，也表现在其他国家之间，例如印度与巴基斯坦，美国和拉美国家、伊朗，俄罗斯与欧洲国家，等等。尽管美国依然是世界头号强国，但它2019年表现出异常的愤怒，以致不管自身能力如何，做出四面出击状。

美国一方面到处“退群”，摧毁着二战以来自己花大力气构建起来的世界秩序，同时与多国打贸易战，使用极端的手段向盟友施压，意图使其对手屈服。美国视中国香港、台湾、新疆和西藏问题犹如其内政；为了对付华为公司，美国到处游说甚至公开施压其他国家抵制华为的5G技术。美国也制裁俄罗斯输送天然气到德国的相关公司。美国的行为使人眼花缭乱，不知道它到底要做什么。

尽管即使今天的美国人也很难相信美国可以依然像“上帝”那样无所不能，但美国的行为还在假装自己的全能。这样除了表达其愤怒之情之外还能说明什么呢？尽管美国的极端手段的确给一些国家（尤其是小国）一种莫名其妙的威慑感，使它们恐惧美国而不敢公开表示不满，但没有多少人会真正相信美国可以如其所愿。法国总统马克龙就公开批评北约的“脑死亡”，建议建立欧洲军队。

全面异化的时代

那么，世界为何变得如此愤怒？曾几何时，人们都还在讲全球村、一体化、互相依赖、世界和平等等，但今天的主题词则变成逆全球化、脱钩、冲突和战争了。短短数年，面目全非。

马克思曾经用“异化”的概念来分析他所处时代的诸多社会和国际现象。简单地说，所谓的异化指的是个体对自己所处的环境失去了控制感，对环境无能为力，但又被环境威胁。这是一种具有强烈生存危机的感觉，导向了人们的激进甚至极端的行为，包括社会抗争、冲突，乃至国家间的战争。今天这个概念仍然有效，只不过是个体的范畴大大扩展，从以前的社会边缘人和底层穷人扩展到今天的精英阶层。

精英阶层从前是最有能力的，往往被视为异化的根源，但现在的精英阶层也往往无能为力，在继续扮演着传统异化者的同时，自身也被环境异化。异化感甚至也扩展到了国家，就是说国家也很难掌控自身所处的环境，不仅仅是中小国家，也包括像美国和中国这样的大国。

当事物的发展超出了人们的控制时，一个全面异化的时代变得不可避免。

全球化所导致的异化

全球化意味着资本大规模且快速地流动。全球化已经展示了其深入世界各个角落的能力，把全世界所有的东西都关联起来，使得所有的东西都处于全球范围内的流动过程之中。没有人和国家能够逃避全球化，但没有人和国家能够掌控全球化。这就是人们所说的“过度全球化”。在这种全球化面前，个人没有自主权，国家也没有主权。

技术进步在导致异化

人工智能是人工的结果，但却取代着人工，使越来越多人的就业成为大问题。阿尔法狗（AlphaGo）在某些方面打败了人类，但人们迄今只知道结果，不知道阿尔法狗是如何导向这一结果的。人工智能本来就是人类知识积累的产物，但知识似乎扮演着自己的掘墓人。一方面是人工智能的进步，另一方面是大多数人因为沉迷于社交媒体、智能手机而日益愚昧化，这更在强化着人类为技术所取代、所控制的恐惧感。

无论是全球化还是技术进步，都为社会创造了前所未有的巨量财富，但这不仅没有导致社会的进步，反而在破坏着社会甚至解体着社会。巨量的财富落到了绝少数人手中，社会的大多数不但没有收获，反而成了受害者。全球化和技术进步导致了发达国家中产阶层的大大缩小，很多社会不再是往日“两头小、中间大”的橄榄形。一些发展中国家的情况更为糟糕，社会呈现出倒“丁”字形结构，底盘过大，很难承受任何哪怕是微小的经济压力。

国家权力在异化

尽管世界经历了数十年新自由主义导向的全球化，但国家权力仍然继续普遍扩张。新自由主义反对国家干预，但新自由主义所导致的人类生存环境则强化着国家干预的需要。没有人有能力抵御全球化，只好转向求助于国家权力。“一人一票”的民主机制则有效地推动着国家权力的扩张。

今天，无论是民主还是非民主，所有国家的公共事业（国有企业、社会福利）都在有效扩张，同时传统意义上的社会自治空间大大缩小，社会自治能力流失。当所有社会成员在资本和政治面前都是赤裸裸的个体时，他们便毫无能力，这种无力感便是社会抗议的巨大动能。而就国家来说，国家权力的扩张意味着公共空间的扩张，任何公共空间内的改革都可以导致社会抗议。

政治在异化

政治的意义在于提供秩序，至少提供一个社会赖以生存的基本社会秩序。不过，今天政治所扮演的角色很难说是在提供秩序，在很多方面，政治扮演着秩序破坏者的角色。越来越多国家的治理能力在急剧衰退，无法应付已经发生了巨变的社会经济形态。荒唐的是，从理论上说，"一人一票"式民主的拓展使得政治权力具有更广泛的社会基础，但实际上则不然，甚至相反。

今天的民主政治不仅不能成为整合社会的力量和机制，反而经常成为社会分裂的根源。民主政治表现为既激进又保守：说其激进，是因为民主政治保证了谁都可以发声；说其保守，是因为在民主政治下谁都干不了事情。实际上，在缺失一个强大的中产阶层或者一个强有力的执政主体（无论是执政党还是统治阶级）的情况下，民主已经很难产生一个有效政府。

民主本身往往成为瘫痪民选政府的主要根源。当市场失败的时候，政府就要开始起作用。有效政府的缺失意味着政府的失败。今天很多国家的情况并不仅仅是市场的失败，也不仅仅是政府的失败，而是市场和政府的双重失败。

意识形态在异化

在其本来意义上，意识形态是对一个社会实践的总结，对这个社会起着规范和引导的作用。不过，无论是哪种政体，今天所有的意识形态已经不能反映社会的现实面，而作为意识形态核心的价值观则变得如此廉价，成为谁都可以使用的口号。民主、自由、公正、正义、平等、独立、自治等，随手可得，俯拾皆是。

但荒唐的是，人们越追求这些价值，这些价值离人们越远。这里并不是说，这些价值毫无意义了，问题在于为什么这些人们以为应当获得的价值，反而因为人们的积极追求而失落了呢？在西方，尽管传统的意识形态已经衰落了，但没有替代的意识形态出现。结果，无论是社会还是政党都转向极端主义。左派政党趋向于走向极端社会主义，而右派政党则转向威权主义或者威权民粹主义，更多政党的纲领的极端性已经很难把它们和非政府组织区分开来。

在非西方社会，尤其在发展中国家，仍然呈现“西风东渐”的趋势，西方价值观随着全球化已经扩展到地球的各个角落。尽管西方的自由民主体制已经发生了巨变，经历着前所未有的挑战，前景也不明朗，但在这些非西方国家，人们对西方的价值观仍然趋之若鹜。

更有甚者，在这些国家，很多西方价值观演变成为一种信仰，一种有无现实条件都必须追求、都必须实现的信仰。自然，因为各种环境的制约，当这些价值不能实现的时候，社会抗议就成了追求者的有效手段。目标正确证明手段正确，只要是为追求这些价值观，使用什么手段都可证明为合理，包括暴力。

一个显见的现象是，在一些社会，新的部落主义（尤其是网络部落）正在崛起，而更多的社会则经历着传统民族主义、种族主义、国家主义等不可避免的复兴。追求者所使用的理论冠冕堂皇，即对后现代的政治认同的追求。不过，名为认同，实则是在寻找安全，至少是心理安全。从这个角度看，今天的情况并不新鲜，历史上一而再、再而三地出现过。但每当这些情形出现的时候，世界就已经异常危险了。

无论如何，当异化远远超出人们（穷人和富人、统治者和被统治者、有信仰者和无信仰者）可以承受的程度时，世界便开始酝酿一种大变革，一种包括内部体制和外部国际秩序的大变革。

从历史上看，变革一来，没有国家可以幸免。“凛冬将至”已经成为今天人们的惯用语，但不要忘记这样的变化是合乎自然规律的。不过，这次的“凛冬”很可能是一个达尔文式的适者生存的新时代的开端。

西方民主到底出了什么问题？[1]

近年来，随着西方内政的变化甚至恶化，学术和政策研究界出现了越来越多的文献，讨论西方民主如何正在走向“死亡”。究其原因，人们无非把民主“死亡”的责任归于内部的民粹主义，以及在民粹主义运动中崛起的专权政治人物。美国特朗普“意外”当选总统之后，人们更开始担忧民粹主义对现存民主体制的冲击和破坏。

也有很多人把责任推到所谓的外部“专制主义”的崛起及其对西方民主构成的挑战。不过，“外部原因”说只是学者根深蒂固的意识形态的折射，因为经验地看，很少有内部制度是因为外部的挑战而“死亡”的，几乎所有的政体都是因为内部要素而变化，或者最终死亡。

西方学术界强调的“权威主义式的民粹主义”（authoritarian populism），倒是指向了西方传统民主正在走向“死亡”的真正原因。然而，人们并不能简单地把西方民粹主义的崛起，归于像特朗普那样

---

① 本文原载于 2020 年 1 月 7 日新加坡《联合早报》。

的一些政治人物的崛起，因为道理很简单，无论是民粹主义还是特朗普式的政治人物的崛起，都是西方民主的必然产物。

简单地说，西方民主今天所面临的挑战，在很大程度上犹如从前共产主义阵营“计划经济”所面临的挑战；或者说，建立在“一人一票”之上的民主制度和基于“一人一份”之上的“计划经济”，两者的运作逻辑有很多类似之处，如果不是完全一样的话。在一定意义上，人们也可以把民主称为“计划政治”。

计划经济的两种经济制度形式

如历史所见，苏联式的“计划经济”最终因为失败而遭到抛弃，但在其产生之时是具有诸多崇高的“初心”的。资本主义经济不断发生周期性危机，并且没有有效的解救危机的机制，同时这也是一种人剥削人的制度，导致了社会的高度分化和高度不平等。计划经济显然是针对资本主义制度的缺陷而产生的。但计划经济的几个假设具有致命的缺陷：第一，它假定每一个人的需求是一样的（平等）；第二，它假定人是“善”的，会发扬光辉的一面，例如不会偷懒，而会努力工作；第三，它假定国家（政府）有获取足够信息的能力并理性地做出生产和分配等决策。

典型意义上的计划经济已经寿终正寝，但计划经济的一些要素则生存下来，并且得到了发展。不同形式的计划经济要素至少表现在两种经济制度形式中。

第一，东亚发展型国家（developmental state），主要指日本等经济体，政府通过经济规划促进经济发展。不过，尽管发展型国家的经济规划和计划经济有类似性，但和原先意义上的计划经济很不相同，即这种规划仍然是基于市场之上的，而非消灭市场经济。

第二，欧洲等福利国家制度，政府在经济生活的很多方面，例如经济规制和二次收入分配等过程中起了关键作用，也具有计划性质。实际上，批评苏联计划经济的自由主义者，也经常把福利国家置于同样的批评范畴。不过，和发展型国家一样，不管政府在福利国家制度中扮演何等重要的角色，市场仍然是经济的主体，这便和原先的计划经济区分开来。确切地说，在今天的世界上，就政府和市场的关系来说，大多数经济体都是混合经济体。

民主的两个发展阶段

相较于计划经济，民主的产生比较自然。但正如计划经济是对资本主义市场经济的反动，民主也经历了不同的发展阶段，每一个现存形式的民主也都是对前一阶段民主形式的反应和修正。简单地说，民主经历了从早期的精英民主到今天的大众民主两个大的历史阶段。尽管大众民主是精英民主的必然产物，但两种民主的运作逻辑是不一样的。

人们如果把法国思想家托克维尔在《论美国的民主》中所描述的古典民主，和今天西方学者所描述的当代民主对照一下，就可以看出精英民主和大众民主的差别了。

托克维尔所描述的民主，是一种具有广泛意义的制度安排和社会经济实践，而在当代学者那里，民主研究几乎被简化成为一种选举（选票）分析。不同时期学者所描述民主的内容不同，刚好反映了民主制度的历史变迁。

托克维尔在描述美国民主时，与其说是在说民主，倒不如说是在说平等。他在美国观察到，民主有利于一个社会趋向于平等，不仅仅是经济上的平等，而是平等的权利。更为重要的是，民主意味着从家庭到国家之间的一系列制度安排，其核心是市民社会、社会组织的自治和自我管理。

在托克维尔时代，尽管选举权也在扩大，但选举权仍然仅仅局限于少数公民。当时的政治参与主要是指老百姓对其所属的地方事务的参与。在国家层面，托克维尔强调的是三权分立、联邦体制下中央地方关系等因素对中央政治权力的制约。

所谓的民主，也就是精英之间的“共和”，即权力共享。民主制度的有效运作，取决于精英之间的政治共识。政治共识之所以成为可能，最主要是因为精英圈子小，大多精英具有类似的家庭背景，进入同样的学校，接受同样的教育，具有差不多的思维和行为方式。

一般认为，经济学家熊彼特所定义的民主是典型的“精英民主”。但这种看法在现在看来并不确切。熊彼特把民主简化成政治家通过竞争选票而获取政治权力。说其是精英民主，是因为作者在这里所强调的是政治精英，而非老百姓的政治参与。或者说，在熊彼特的定义里，选举是第一秩序，而参与是第二秩序。不过，如果从选举逻辑的角度来看，确切地说，熊彼特对民主的定义反映了大众民主的内容。

大众民主最主要的制度表现形式便是“一人一票”。这一制度安排具有两个主要的理论假设。第一，民主可以被简约成至少存在两个政党竞争之上的“投票行为”。诚如托克维尔所描述的，民主具有极其广泛的内容，但到底是什么才使得一个政体成为民主呢？最终人们把民主简约成多党竞争之上的选举政治。

第二，民主是“政治人”假设的完美实现。西方从古希腊开始就有政治人的假设。政治人的假设就是每一个公民都有权利参与政治，并且都有能力就政治事务做出理性的判断；再者，政治也是实现人的价值的最重要舞台，政治参与因此也是实现政治平等的唯一途径。

需要指出的是，在古希腊城邦，公民的政治参与是以存在着一个大规模的奴隶阶层为前提的。奴隶阶层的存在使得公民从繁重的体力劳动中解放出来，有时间、有能力来思考城邦事务，并且就城邦事务做出理性的决策。在现代社会，随着经济发展和社会进步，人们便把“政治人”的概念扩展到所有公民。也就是说，西方的“一人一票”制度是具有深厚的文化基础的。

“计划经济”的缺陷

因此，如果说计划经济的目标是要实现人在经济上的平等，那么“一人一票”制度的目标是实现人在政治上的平等。但这里有几个没有说出来的假设：一、所有人（公民）在智力和理性上是平等的；二、所有人在财富、时间、信息收集能力等方面是平等的；三、所有人有能力根据所收集到的信息来做出理性的决策；四、他们做出的理性决策既符合每一个人的私人利益，也符合他们所处社会的公共利益。

这些假设尽管具有高度的道德感，但实际上并不存在。没有一个社会的人在所有这些方面都是平等的。即使经济社会等其他所有方面都是平等的，人们在智力上也是有差异的。正因如此，“大众民主”

和“计划经济”具有同样的缺陷。

计划经济消灭了所有私人经济空间，所留下的是公共经济空间，即公有制。同样，“一人一票”的民主实际上也消灭了前面托克维尔所说的，从家庭到政府的所有“市民社会”。尽管今天的西方也强调市民社会，但今天的市民社会和托克维尔时代的市民社会已经大相径庭。

托克维尔时代的市民社会强调的是自治和自我管理，今天的市民社会则是完全政治化的，政治而非自治成为他们的主战场。所有的一切似乎都是政治的，很难再找到非政治的领域。正因为自治性的消失，今天的民主很容易导向“多数人的暴政”。权威主义的民粹主义说穿了就是“多数人的暴政”。英国的脱欧是这样，美国的特朗普民粹主义也是这样。

这种结局是西方经济和政治体制运作的必然结果。就其本质而言，计划政治（或者“一人一票”民主）是对西方资本主义制度的反应。自近代以来，资本获得了前所未有的自由，不仅把从家庭到政府之间的所有“市民社会”纳入其运行轨道，而且把每一个人纳入资本的轨道，即马克思所说的人的“商品化”。

到了今天的新自由主义时代，没有个体能够脱离资本得到生存和发展，没有个体能够脱离资本而规定自身的本质。在工业化时代，依附资本而生存和发展的人（即工人）可以形成集体（即工人阶级）来和资本打交道；但在后工业化时代，尤其是信息技术（互联网和社交媒体）时代，越来越多的人沦落为孤立的个体，他们只能单独地依附资本而存在，而没有任何反抗资本的能力。

资本权力的大扩张必然造成国家权力的大扩张。从理论上说，资本是追求私人利益的，而作为公共空间的政治则是追求公共利益的。当资本把从家庭到政府之间众多的市民社会吸纳到自己的轨道上面的时候，政治也必然对此做出回应，努力把这些从家庭到政府之间的市民社会吸纳到自己的轨道上来。只有这样，一个社会才能在私人空间和公共空间之间、在私利和公益之间达成一种基本的均衡或者平衡。

今天的西方社会，尽管人们仍然继续宣称“市民社会”的存在，但越来越多的人已经被纳入这两个经济和政治轨道，很少有人还生活在传统的“市民社会”的自治条件下。

这很容易理解，当资本在全球化和技术进步过程中成为赢家的时候，更多的福利或者“一人一份工资”的制度也变得不可避免。资本对个体和个人权力的侵入，与个人对政治权力的依赖度的增加是成正比的。也就是说，一方面是资本把个人纳入其轨道，使其成为孤立无助的个体，另一方面是个人越来越依赖于政治权力，因为只有通过这种依附才能对抗资本而生存。资本所带来的不确定性越大，人们就越需要通过政治来追求确定性。这便是今天大多数西方社会所面临的局面。

也应当指出的是，西方把自身的民主简约成基于多党制竞争之上的选举，并对外输出到非西方那些已经接受西方式民主的国家的行为，已经对这些国家造成了巨大的危害。正如前面所讨论的，在托克维尔那里，选举并非是民主的本质性的规定，民主意味着自治和权力制衡；再者，选举民主的运作更需要其他方方面面的制度来支撑。

一旦西方把这一简约式民主强行推行到不具备其他制度支撑的非西方国家，民主便成了无源之水、无本之木。这也就是今天接受了（或者被动接受了）西方式民主的大多数发展中国家面临的局面。具有深厚文化和制度支撑的西方国家的民主出现了这么多问题，更不用说缺失这些文化和制度条件的非西方国家了。

马克思曾经预言资本主义是自己的“掘墓人”，但其预言没有成功。主要的原因就是马克思之后的资本主义引入了社会主义要素，例如福利政策和第三部门（国有企业）。就经济体制的性质而言，西方资本主义国家的大多经济体都是复合经济体。政治上是否也会出现类似的发展呢？没有人会预言“一人一票”民主的“死亡”，因为人们一旦拥有了“一人一票”，就不会再放弃这种权利。

今天的西方尽管恐惧于民粹主义造成的权威主义，但这种权威主义是否具有必然性？如果具有必然性，西方的民主也会演变成一种复合政体。如果这样，那么当代世界也应验了古代哲人（亚里士多德）的预言，那就是，最好的政体既非专制，也非民主，而是权威与民主一体的混合政体。

世界越乱，中国越要稳[①]

2019 年年末，一些国家和地区评出了年度汉字，比如开启了令和时代的日本选择的是“令”字。总结过去一年的世界和中国时，我分别选择了两个截然相反的字——“乱”和“稳”。

世界是乱的，因为整个局势正在变化，前景如何很难准确判断。相对于世界，中国还是稳的，尤其是在国际旧秩序难以为继、新秩序尚未形成的情况下，中国保持整体稳定非常重要。

香港需要二次回归

2019 年的世界，就像一锅快要煮熟的粥，之前轻微地波动，现在开始四处冒泡：美国大选临近，总统特朗普除了应付民主党发起的弹劾，更要保住白宫的位置；英国大选刚结束，离脱欧又近了一步，苏格兰地区却开始酝酿脱英；法国黄马甲运动已经闹了一年多，总统马

① 本文整理自 2020 年 1 月《环球时报》对作者的采访，有修改。

克龙又试图改革退休制度，结果激起全国大规模罢工；拉美国家在极左和极右之间来回摇摆，经济也跟着忽上忽下……相对来说，亚太地区是全球最稳定的一个地区，但随着中美关系的变化，不确定性也在加大。

最典型的表现就是香港，在过去半年多时间里，香港从全球公认的稳定、法治、开放的城市，迅速演变为社会撕裂、暴力横行的动荡局面。但香港的动乱不仅没有影响内地的稳定，反而激发起普遍性的爱国情绪，针对香港激进分子和幕后分裂势力，内地表现出“珍惜稳定局面”的共识和团结。

香港这次持续动荡，固然有复杂的背景，但主要还是内部出了问题。内部如果稳定，外面想干预也是非常难的。一个鲜明的对比是，抗议者、暴力分子呈现高度组织化状态，而爱国爱港、支持政府的群体则是自发而松散的，导致后者难以形成压倒性的稳定力量。

香港问题要解决，还需要“二次回归”——让香港民心，尤其是年轻人的心真正回归中国。

现在一些拿着外国护照的人，在中国的香港特别行政区担任要职，这在新加坡是难以想象的。另外，在香港住满 7 年就是合法公民，拥有选举权，这个制度也该改革。港人治港，是要让真正的中国香港人来治理，如果连中国认同都没有，哪来的香港认同？现在那些抗议者嘴上说是为了香港，其实是用香港认同伪装起来的外国认同。

既得利益者的存在、殖民文化的历史背景、外国势力的长期渗透……种种因素的影响都难以在短时期内消除，导致香港的民生问题，尤其是住房问题长期得不到解决。

从第一任特首董建华到现任特首林郑月娥，都想建立公共住房制度，也曾去新加坡考察，但困难重重，最终落实不下去。现在有了粤港澳大湾区，一些项目和工程的推进会容易些。另外，内地适当开放一些政策，让香港居民在大湾区买房、就业、买社保，都是行之有效的措施。

经济手段固然重要，更根本的解决之道还在教育。回归前港英当局的教育是西方价值观第一，回归后的通识教育仍存在大量反共、反中内容，一些教师罔顾事实地丑化中国政府，一些媒体不遗余力地抹黑内地人，在这种环境下成长起来的香港年轻人，很难形成正确的身份认同和文化认同。

美国资本无法放弃中国市场

香港问题的背后其实是中美博弈。2019 年 12 月中旬，在经历了将近两年的贸易摩擦之后，中美双方终于就第一阶段经贸协议文本达成一致。但之前美方的多次反复，令市场并未完全放心——美国是否会再次出尔反尔？更有一些国际关系学者认为，美国对中国的遏制和打压早已超出贸易范畴，经贸协议签署与否也许“不再那么重要”。

我认为不是这样。美国前国务卿基辛格博士曾发出警告：“美中两国已经走到冷战的山脚下。”“美中一旦发生冲突（热战），将比摧毁了欧洲文明的两次世界大战更糟糕。”全球最大的两个经济体，尤其是中国，肩负着维护世界和平的重要责任。

中美保持和平关系对世界格局是有利的，对世界经济也是有利的。所以我一直主张，无论怎样也要跟美国签成一个协议。现在不是闹情绪的时候，达成了第一阶段的共识，接下来边吵边谈都没问题，但一定要继续谈下去。

目前世界混乱的一个重要原因就是未来的不确定性太大，导致大家缺乏信心。每次中美谈判一有突破，全球资本市场就跟着上涨，反之就下跌，足以说明中美和睦的正面作用。

至于部分美方人士所希望的美中彻底脱钩，则更是不现实。美国不是铁板一块。美国建制派和军方或许想脱钩，但华尔街不想。华尔街之所以支持向中国施压，是希望中国更大程度地开放，让他们赚钱。只要美国还是一个资本主义国家，只要中国保持开放，中美就不可能完全脱钩。

资本的本性是在流动过程中增值。在中国即将成为全球最大的消费市场、中产人群还在迅速扩大的前提下，美国资本是不会放弃中国市场的。即使美国放弃了，日本也不会放弃，欧盟很多国家也不会放弃，这对美国来说能接受吗？由于中国本身是开放的，美国不可能像美苏冷战期间那样形成一个西方集团，集体不跟中国做生意。

不过，尽管绝对脱钩不可能，相对脱钩却难以避免。在某些领域，中美之间的依存度会减弱，但这并非坏事。过去很多中国人幻想能一直依靠美国的技术，没有危机感，现在相对脱钩一点，才会激发自主研发的意识，做出真正属于中国人的东西来。

放眼未来，世界会有两个体系、两个市场：一个以美国为中心，一个以中国为中心；一部分国家和地区主要跟美国做生意，另一些国家和地区主要跟中国做生意，还有一些两边都做，同时中美之间也不会断绝合作。

三层资本一定要平衡

在中美关系发生变化的情况下，中国一直在强调“做好自己的事”，全面深化改革的力度不断加大，而且从经济领域逐渐延伸到社会、政治领域。

中国的改革应该分成三步走，先进行经济改革，再进行社会改革、政治改革。一个国家崛起，要看它有没有一套新的制度体系出现，不仅 GDP 高了、高楼大厦多了，还需要建立一个宏观的治理体系，中国现在就到了这个阶段。

改革不是谋求个人利益、部门利益、集团利益的手段，而是要让中国社会的绝大多数人有获得感。大众最关心的三个领域——住房、医疗、教育，不仅是经济问题，更是民生问题、社会保障问题。

如果越改革，公共产品的价格越高，那还是改革者的初心吗？改革是追求自己的部门利益、地方利益，还是要促进整个社会、整个国家的利益？一定要预防那些以改革为名义，追求小团体利益的做法。

国企改革是一个老生常谈的话题，而今天的民企也同样面临着改革问题。2019 年，引发社会强烈讨论的“996 工作制”就是一个典型例子。民企为中国经济发展做出了很大贡献，也需要一个更加公平、透明的竞争环境，但这并不是说民营企业不需要改革。

民企的“家法”不能违反国法。资本是贪婪的，如果国家不去规范、管制，必然出现问题。比如在 IT 领域，一些民企处于垄断地位，这符合国家利益吗？如果企业强迫员工超负荷加班，有关部门是不是应该发声？民企固然有艰难之处，但该改的地方都要改。

我们可以从历史中寻找当下问题的答案。民营资本在中国历史上一直存在，而且始终有存在的意义。中国几千年来有三层资本：国有资本、国有和民营混合资本、民营资本。近代洋务运动的官办企业就类似国有企业，官督商办和官商合办是混合制，还有纯商办。这三层资本各有分工，在不同领域发挥作用，但必须保持平衡。

历史上，凡是只要国有资本不要民营资本，或者反过来，只要民营资本不要国有资本的朝代，都会发生人的危机，无论是王莽新政还是王安石变法；而凡是社会稳定、发展繁荣的时期，这三层资本一定是平衡的。现在的中国，一些人观点极右，一些人观点极左。有人说应全盘私有化，不要国企了；有人说民营企业完成了历史使命，可以退出历史舞台了。我认为无论哪一种方案，都会引发重大危机。三层资本不是谁消灭谁的问题，而是如何界定、如何规范的问题，只要三层资本是平衡的，社会绝对不会乱。

我们还远没到那么骄傲的时候

2020 年，中国将全面建成小康社会。为了实现这个目标，全国上下都在撸起袖子加油干。但精准扶贫虽然能够消灭绝对贫困，但要消灭相对贫困依然任重道远。中国人民对美好生活的向往是实实在在的，除了进一步提高国民收入之外，人们也希望在教育、医疗、养老等领域得到更健全、更成熟的社会保障。

根据国际货币基金组织公布的数据，2018 年，中国内地人均 GDP 是 9 608 美元，而香港特别行政区是 4.87 万美元。我们要看到自己的成绩，但还远没到那么骄傲的时候，还要继续努力。2020 年之后，到 2035 年怎么走，到 2050 年怎么走？保持理性非常重要。尤其是在目前的阶段，美国正处于焦虑乃至恐惧中，想把中国打回贫困时代，中国更需要保持理性。

如果中美两国都保持理性，世界就是和平的，如果双方都不理性，必然陷入修昔底德陷阱。当美国努力遏制中国的时候，中国反而要更加开放包容。

比如加强知识产权保护，华为这样的企业需不需要保护专利技术？当然需要，那么保护知识产权就是符合中国利益的。还有政府补贴问题。早期我们要扶持民族工业，现在它们成长起来了，应该鼓励它们依靠自身竞争力，迈向国际市场。所以说改革也好，开放也好，都是为了我们自己更好地发展。

我曾说过，要警惕“明朝陷阱”——由于自我封闭，明朝尚未真正崛起便已衰落。中国需要开放的环境，因为发展不仅要看总量，更要看质量。只要 14 亿人踏踏实实地做事，举国体制就是最好的体制。

稳定的中国是这个充满不确定的世界的最大稳定源①

当今世界形势变幻莫测，充满着不确定性。比较而言，不确定性来源于西方世界内部，中国则正在以一个负责任大国的姿态为不确定的世界提供着确定性。

自20世纪80年代以来，经济全球化和技术进步为人类创造了巨量财富，作为全球化的引领者和技术创新中心的西方经历了普遍繁荣。随之而来的是，西方社会出现了难以解决的问题，全球化和技术进步所创造的财富落入了极少数人的口袋，收入差异越来越大，社会分化越来越明显，失去了一个健康社会赖以生存的基本公平。更为严重的是，因为往日支撑西方民主的中产阶层萎缩，多党政治演变成党争，多党之间没有太多共识，反对党为了反对而反对，基本治理出现严重危机，政府维持社会秩序的能力大打折扣。诸如此类的内部问题

① 本文原载于2019年12月26日《人民日报》，标题为《为世界提供确定性和正能量》。

导致了民粹主义的崛起。由于内部改革举步维艰，一些国家简单地把责任推向外部，推到全球化和其他国家上，导致经济民族主义和贸易保护主义的崛起。当政治人物决意把内部危机外部化时，内部强硬派纷纷抬头，国家间的冲突不再局限在单纯的贸易领域，而向其他领域扩展。

中国等发展中国家继续崛起，成为世界局势的稳定力量。以金砖国家为代表的发展中国家领导人加强沟通，增加共识，强化协调，继续在多边主义基础上推进全球化。无论是西方发达国家还是广大发展中国家，人们把目光更多转向了中国。

人们发现，无论是在国际层面还是国内层面，中国呈现出与美国截然不同的局面。美国接连“退群”，中国加速走向世界。中国继续稳步推进共建“一带一路”，把“一带一路”转向有效的制度建设，强调绿色、高质量和可持续发展。中国还和一些国家签署了升级版的自由贸易协定。RCEP 谈判整体结束。即使在域外国家不断搅局的南海问题上，中国和东盟国家的“南海行为准则”磋商也取得积极进展。在国内，进博会的成功举办不仅展示了中国市场的巨大，更展示了中国向消费大国的转型。自由贸易区（港）、大湾区、金融开放等“大手笔”，展现了“大国要做大事”的气派。同时，中国积极推进内部结构性改革，实现优质可持续发展。尽管中国经济面临下行压力，但仍为世界经济增长贡献了最大份额。

中国提供着当今国际秩序所必需的国际公共产品，避免了人们一直担心的“金德尔伯格陷阱”，即世界因缺少足够的公共产品而失序。尤其需要指出的是，中国这样做，既非“另起炉灶”，建立以自己为中心的世界或区域秩序，也非像从前和现存其他大国那样，构建针对他国的“团团伙伙”。中国所提倡和努力的是改革和补充，无意在现存世界秩序中引入颠覆性因素。中国提倡改革，是因为世界体系需要改革。现存体系为西方所确立和把持，但新兴国家崛起之后，他们的利益和代表权没有反映出来，造成了世界体系运作不良。共建“一带一路”、金砖国家新开发银行、亚洲基础设施投资银行等显示，中国发展到今天，已具备对国际秩序和区域秩序做出制度性补充的能力。

美国等西方国家把内部矛盾外部化的表现之一，是凭借其国际话语权优势“妖魔化”新兴国家特别是中国。然而，世界体系运作的实践逻辑不会因此而改变，内部矛盾外部化解决不了西方的内部问题，一个崛起了的中国更不会被美国和西方随意摆布。

中国有能力在实现内部可持续发展的同时避免外部“修昔底德陷阱”。尽管人们担忧中国和美国（西方）之间缺失政治信任度，但中国和美国（西方）之间存在巨大的共同利益。没有一个国家会放弃中国市场。不与自己的利益作对，这是西方过去的信仰，也是今天的信仰。

新中国是在反抗帝国主义、反对霸权主义的历程中建立起来的。中国领导人在追求国家崛起和民族复兴的同时坚称“永不称霸”，不相信“国强必霸”的逻辑。中国倡导的构建人类命运共同体理念，既是对全球化现实的反映，更体现了人类命运休戚与共的价值观。无论是努力避免“修昔底德陷阱”，还是积极为国际社会提供必需的公共产品，中国都是在践行人类命运共同体价值，推进人类命运共同体建设。

一个稳定的中国是这个充满不确定的世界的最大稳定源。今天如此，今后很长历史时间里，依然如此。

第五章

全球发展新变量：疫情之后的世界

疫情与全球政治危机[①]

当新型冠状病毒肺炎疫情在中国传播开来，中国上上下下把病毒视为“敌人”，进行了一场“举国体制式”的抗疫运动，封城、封路、网格化管理，在短短十几天之内建立了“两山”医院，举措前所未有。与此同时，西方媒体则异口同声谴责中国，在用人权、民主、信息自由等评判中国之余，更多人相信新冠肺炎疫情正在导致中国的政治巨变，相信正如“切尔诺贝利时刻”是苏联解体的转折点，新冠肺炎疫情也正演变成中国的生存危机。

现在，中国“举国体制式”的抗疫终于见到了阶段性的成效。在付出了巨大代价之后，新冠肺炎疫情在中国基本得到控制，各级政府在继续关切病毒扩散的同时，把恢复经济活动提到了最高的议程。

但现在轮到那些受疫情影响的其他国家的政府和社会疲于应付。在越来越多的国家，民众的批评声音四起。抱怨似乎是媒体和民众的

① 本文原载丁 2020 年 3 月 17 日新加坡《联合早报》。

天性。就如中国民众对政府有意见一样，日本、韩国、伊朗、美国、意大利等凡是被疫情威胁到的社会，民众无不抱怨政府，甚至产生相当规模的社会恐惧。

中国政府具有强大的管控能力，使得疫情导致的恐慌没有爆发出来，没有演变成西方评论家普遍所认为的“政治危机”。现在的问题在于，西方各国有没有能力控制疫情？疫情是否会演变成全球政治危机？提出这样的问题并非危言耸听。如果人们能够摘掉意识形态的有色眼镜，客观地看问题，不难发现，所有国家不管政治体制如何，都面临同样性质的问题、同样严峻的挑战。实际上，西方那些用于批评中国的观点，也可以用来批评西方现在面临的问题和挑战。说穿了，如果用意识形态和政治立场来看待自己的问题和他国的问题，最终只能是自欺欺人。

在全球范围内，各国所面临的共同问题有哪些？人们至少可以从如下几个方面来讨论。

是否存在一个有效政府和强有力的领导集团

在危急时刻，社会的信心变得极其重要。就这次新冠肺炎疫情来说，在很大程度上，由疫情导致的社会恐慌要比疫情本身给社会秩序造成更大的压力。社会恐慌不可避免，所有受疫情影响的国家都出现了抢购潮，只是程度不同罢了。一个有效政府和强有力领导层的存在，对减少甚至遏制社会恐慌至关重要，这不仅关乎社会对政府的信任，也关乎政府是否有能力动员资源来有效抗疫。无论是日本、意大利，还是美国，社会最担心的也是这一点。

很多年来，二战以来建立的西方民主制度和自由资本主义制度受到质疑和挑战，强人政治抬头和民粹主义崛起，内部政治纷争不断，已经大大弱化了政府的有效性。在这种情况下，能否有一个有效政府和强有力的领导集团来应对疫情，是各国精英和民众最为担心的。安倍晋三是日本执政时间最长的首相，但新冠肺炎疫情使得他面临执政以来最严峻的挑战。美国总统特朗普就新冠病毒发表了全国电视讲话，但他对待病毒扩散的态度，几乎受到美国媒体和民众的一致批评和攻击。迄今，似乎还没出现一个民众能够加以信任的政府和领导集体。

是否具备足够的人财物力来应对疫情

无论政治体制如何，无论经济发展水平如何，新冠肺炎疫情一扩散到哪里，哪里就出现资源短缺的情况。美国、意大利、日本和韩国都是发达国家，都被视为拥有优质的公共卫生系统，一些国家平时更是他国学习的榜样。但疫情危机来临，没有一个国家有所准备，全都陷入了全方位的物资短缺的困境，连简单的口罩、防护服和洗手液等日用品都不够用，要么是本国早已放弃生产能力，要么是储备不足。不发达国家如伊朗的情况更是严峻，以至不得不暂时释放大量罪犯来防御疫情的扩散。一些国家更是因为没有足够的资源，而放弃了病毒检测。

中央和地方之间的制度矛盾

中央地方关系是中国面临的一大问题。早期地方政府信息披露不及时，显然和中央地方关系有关。这个问题也出现在其他所有国家（除了只有一级政府的新加坡）。美国是联邦制，在公共卫生领域，联邦政府拥有权力，但因为特朗普政府被普遍视为“不作为”，各州政府便自行其是，宣布进入紧急状态。

在意大利，中央政府先是突然宣布封锁部分地区，后又宣布全国封锁，但地方并没有准备好，显得手脚忙乱，不知道如何执行中央的政策。日本安倍政府修法，赋予首相宣布国家进入紧急状态的权力，一旦首相具有这种权力，日本的地方自治就要受到很大的影响，首相扩权的举动因此引发了地方和社会的质疑。所有这一切使得所有这些国家的中央和地方关系出现了乱象，平常运作良好的体制在危机面前表现得极其脆弱。

专业机构是否有足够的权威和权力

在防控疫情方面，专业机构主要指疫控专家和医生等。在医疗和公共卫生领域，知识的权力是不言而喻的，无论是对病毒本身和其传染性的判断，还是有效地遏制病毒的方法，几乎所有环节都涉及非常专业的知识，这些知识是其他群体（包括政治人物）所不具备的。正因如此，专业机构和专业人员拥有很高的社会信任度，社会对他们的信任要远远高于对政治人物的信任。自新冠肺炎疫情发生和传播以来，这个群体在各方面都扮演了很重要的角色。

但这个领域也面临两个主要的问题。其一是专业人员之间的共识问题。在病毒问题上，从病毒的来源和产生，到病毒的演变和扩散，即使专业人员也需要一个很长的过程来加以认识，在这个过程中的很多时间里，专业人员之间的共识并不多。在知识界，这是非常正常的现象，因为知识体是多元和开放的。不过，在疫情防控上，这种观点和判断的多元性无疑对社会产生很大的影响。如果专业人员众说纷纭，民众就不知道要听谁的。

其二，也是更为重要的，是专业知识经常和政治发生严重的冲突。专业人员和政治人物之间对事物的考量很不相同。例如，专业人员强调以及时和公开透明的方式公布疫情信息，这样民众才会产生安全感；政治人物则不然，他们要么需要考量疫情对自己权力的影响，要么需要考虑其他因素（即所谓的“大局”）。这使得专业机构、专业人员经常和政治人物发生矛盾。

美国疾病控制与预防中心（CDC）和总统之间的矛盾即是如此。美国行政部门规定，医院和医生不得随意公布有关疫情的信息，所有信息先要集中到联邦政府来公布。当英国当局宣布不是每天更新疫情数据，而是一周更新一次的时候，社会就哗然了。人们原来都以为，所有这些事情只会发生在中国的威权主义体系里，现在却发现各国都是如此。尽管专业机构和政治机构都可以找到有利于自己的理由，但这无疑损害了专业机构和人员的权威和权力。

媒体能够发挥怎样的权力

在西方，媒体一直以报道真相为己任，被视为独立的权力。的确，自由的媒体对政治人物和老百姓都可以产生巨大的影响。在疫情期间，西方媒体又是否有完全的言论自由呢？实际上，一旦行政当局规定疫情信息要集中起来公布（如美国），媒体就很难像平常那样享受言论自由了。这倒不是因为媒体失去了言论自由，而是因为媒体缺失了新闻的来源。很多政府像对待战争那样来对待新冠肺炎疫情，这样的政府获得了一种特殊时期的权力来限制媒体的自由。尽管人们会质疑政府的这种特殊权力，但在这个时候，民众愿意暂时放弃自己的一些权利来赋权政府。今天的意大利就是这种情况。在美国，媒体和行政当局（总统）之间上演着互称对方制造假新闻、互相指责的大戏。

社会力量扮演一个怎样的角色

新冠肺炎疫情的扩散使得病毒获得了“全社会性”，全政府抗疫已经远远不够，只有全社会抗疫才会取得成功。也就是说，社会力量扮演一个怎样的角色，对抗疫是否成功至关重要。

社会的角色主要表现在两个方面：一方面是消极的参与，另一方面是积极的参与。消极的参与指的是社会是否配合抗疫。社会是否配合？这个问题的答案实际上并不明确。今天不管哪个国家，人们总是把目标针对政府，但忘了社会配合是政府抗疫成功的前提。韩国的情况就充分说明了这一点，大部分的病例都来自大规模的宗教活动。即使在新加坡这样被视为有效管控的社会，很多病例也来自群聚活动。

一个社会所持有的价值观影响社会是否配合。在亚洲，无论是儒家文化国家还是威权主义国家，社会成员往往抱着现实主义的态度，他们很容易在安全和自由之间做出选择，即选择安全而非自由。对他们来说，道理很简单，没有安全，哪来的自由？但在民主国家，要人们在自由和安全之间做出选择，并不是那么容易的。人们既要安全，也要保持自由。现实情况是，这两者并不总是可以同时获得的。在意大利，人们看到，一方面是政府封城封国，另一方面是封城封国措施形同虚设，人民照样不戴口罩，照常生活。对政治权力感到深度恐惧的人宁愿选择在家里孤独地死亡，也不愿看到一个高度集权政府的出现。

一些社会文化因素也妨碍一些国家的有效抗疫。例如不同文化对戴口罩就有不同的理解。在亚洲（尤其在日本），戴口罩往往表示对别人的尊重，让别人放心；但在西方，戴口罩的人往往被视为病人，所以经常受到人们歧视。

社会积极的参与方面在中国已经表现出来。尽管中国的治理体制并没有充分考量社会力量的参与，但在这次抗疫过程中，各个社会群体显示了自己的力量。倒是平常被视为拥有强有力社会力量的西方（包括日本），到现在为止，还没让人看到社会如何组织起来对抗疫情。这或许和西方人把疾病视为私人事务有关。在很多国家，人们所看到的大多是社会的恐慌状态。

这里讨论的所有因素都在影响各国应对疫情的方法及其有效性。尽管各国都面临所有这些问题，但因为各国的政治制度、意识形态、文化、价值观、生活方式等的不同，人们并没有一个统一有效的抗疫模式可以模仿和参照。如果用眼下流行的网络用语来说，就是人家的作业自己没办法抄。因此，尽管中国的方法在中国有效，新加坡的方法在新加坡有效，但没有一个国家可以照抄照搬中国的模式、新加坡的模式。最终，各国都必须找到适合自己社会的有效模式。

所有国家都在和时间赛跑。快速疯狂扩散的病毒不仅威胁人民的生命，也威胁各个社会正常的经济生活。病毒所及的国家，经济活动

（无论是内部还是国际层面）都受到极其负面的影响。各国政府针对疫情所采取的必要极端举措（例如封城、封市、封国界等），使得内外经济活动停摆，各国股市震荡，经济危机一触即发。

如果疫情不能在短时间内得到控制，如果疫情持续导致全球经济危机，我们距离一场全球范围的政治危机也不远了。

不管人们喜欢与否，病毒是人类全球化的一部分。这也决定了没有一个国家、没有一个政府可以独善其身；要战胜病毒的扩散，就需要国家间的通力合作，而非互相嘲笑或妖魔化对方。

疫情与制度之争的谬误[①]

中西制度之争

新冠肺炎疫情在全球的扩散，和各国政府抗疫成绩的巨大差异，引发了新一波中西制度之争。

先是西方媒体批评和指责中国的制度，认为中国的“专制”制度造成了地方政府对病毒信息有所隐瞒，才导致后来疫情的大规模扩散；很多西方媒体也认为新冠肺炎疫情是中国的“切尔诺贝利事件”，最终会导致中共的垮台。等到中国成功有效地控制住病毒的扩散，严防病毒再次卷土重来，同时不仅恢复经济，而且向世界各国提供医疗救助物品时，轮到中国媒体批评和指责西方体制。

令人惊奇的是，和西方媒体一样，中国媒体也强调体制的作用，认为西方政府抗疫不力是因为西方的民主体制，而中国政府成功抗疫则是因为中国的“举国体制”。

① 本文原载于2020年5月5日新加坡《联合早报》。

西方媒体和政治人物把中西方体制的不同，简化成“民主”和“专制”之分；中国媒体也基本上接受了这个区分，即西方“民主”和中国的“举国体制”。

多年来，在解释民主和专制应对灾难的不同方法时，相信西方民主优越的人，往往引用经济学家阿玛蒂亚·森（Amartya Sen）的名言：“人类历史上，没有哪一场饥荒是发生在正常运转的民主国家的。”森认为，因为民主政府必须面对选民，他们有防止灾难发生的强烈意愿。

应当指出的是，森提出的只是一个假设。如果把森的假设延伸到历史上的瘟疫事件，则难以令人信服。1918 年开始的西班牙流感，在西方各民主国家之间大肆流传，应当如何解释呢？西方交战国为了在军事上占据优势，进行严格的信息管制，隐瞒流感信息，导致流感在地球上转了三圈。

这次疫情刚发生时，由于人们对新病毒没有任何认识，地方政府措手不及。但一旦认识到严重性，中国整个国家动员起来。武汉（湖北）的封城（封省）为其他国家提供了极其宝贵的时间。西方国家本来有足够的时间准备应对举措，但白白浪费了。这很难用西方一再坚持的“中国隐瞒信息”来解释；相反，民主的懒散、政治人物的傲慢、基于种族主义之上的愚昧（认为病毒只有对亚洲人有效）等都产生了影响。

在病毒扩散的过程中，西方也没有坚持“言论自由”原则。美国海军“罗斯福号”航母舰长克罗泽，因为公开航母上军人感染病毒而被解职。这使人想起了 1918 年民主国家的行为。尤其让人不能接受的是，在世界卫生组织宣布进入全球卫生紧急状态之后，西方很多国家依然不作为。

正如弗朗西斯·福山撰文指出的，美国如此糟糕的抗疫行为，并不能够用西方的“民主制度”概念来解释，中国政府有效的抗疫行动，也不能够用西方所说的“专制”或者中国本身所说的“举国体制”来解释。把各国政治制度简单地二分为“民主”与“专制/举国体制”，就必然走向政治化和意识形态化，导致双重标准，看不到事物的真相。

意识形态化的解释所得出的结论，更是经常令人啼笑皆非。例如中国采取封城手段、限制老百姓的出行，在西方眼中就是违背人权，而西方这样做则是为了公共利益的需要。西方老百姓不遵从政府的规定自由出行，则被说成是“西方民众捍卫民主自由的价值”。

西方批评中国抗疫模式的原因

这种意识形态化也表现在西方对亚洲社会抗疫方式的理解。很多西方媒体羡慕亚洲社会的抗疫方式。令人惊讶的是，西方媒体一如既往地批评中国大陆，但对韩国、新加坡和中国台湾的方法进行褒扬。如果了解中国和其他东亚社会的抗疫模式，就不难发现这些社会之间其实有很多的共同点。

这些社会大多采用侵入式电子监控跟踪、限制人民的出行、积极组织检测和实施严格隔离等手段，只不过在西方看来，这些手段如果用在中国，是中国制度“专制性”的表现，用到其他社会则是治理“有效性”的表现。中国政府早些时候为了减轻对正规医院的压力而设立的方舱医院，竟然也被西方媒体视为“集中营”。不过，后来很多西方政府也学中国，设立方舱医院。

一个国家的制度对政府抗疫肯定有影响，但并非如“民主”与“专制”论者所认为的那么简单。在这次抗疫过程中，制度和政府抗疫的关联性表现在方方面面，包括中央（联邦）政府的权力集中程度、政府规模、中央与地方关系、地方政府的责任等。但所有这些制度因素，与其说与一个国家的基本制度相关，倒不如说与一个国家的治理制度相关。

就制度而言，有几点是人们必须认识的。第一，每一个国家的制度都是根据其自身的文明、文化和国情发展而来，并且是向历史开放的，在不同阶段与时俱进，以应对变化。一个制度如果不能适应时代变化的需要，就会被无情地淘汰。因此，正如任何制度的消亡有其理由一样，任何制度的存在也是有其理由的。

第二，制度本身具有可变性和灵活性。没有任何一个制度会像“民主论”或“专制论”那样刻板地存在和运作。任何制度都既有其民主的一面，也有其专制的一面。在应对危机的时候，集权的体制可以转向分权，分权的体制可以转向集权。西方批评中国体制的集权性，但为了抗疫，不仅发展中国家的民主，而且老牌发达国家如英美的民主也纷纷转向集权。

历史上，法西斯主义和纳粹主义也是民主的产物。危机来临之时，比危机本身更危险的便是危机引起的恐慌。西方所说的威权主义政体，有能力控制社会的恐慌。西方所说的民主政体，则因为重视个体价值而相对欠缺这种能力。在社会大恐慌的条件下，民主与集权只有一墙之隔。

第三，制度操作者具有主观能动性。制度是由人来操作的，同样一个制度由不同的人来操作，效果就很不相同。在民主国家，人们看不到森所说的现象，即“民主政府必须面对选民，他们有防止灾难发生的强烈意愿”；相反的现象却发生了，即民主国家领导人往往利用危机来强化自己的权力，或者自己代表的党派的权力，而不是全力以赴地抗疫。

在匈牙利，民主政体自转型以来总是显出摇摇欲坠的样子，从来就没有巩固过。新冠肺炎疫情使得人民赋权右派政府，总理欧尔班已经可以实施政令统治，可以逮捕批评他的记者。以色列总理内塔尼亚胡执政多年后面临耻辱的终结，但新冠肺炎疫情让他得到了喘息机会。他已经命令大多数法院关闭，推迟对自己的腐败案件的审判。印度封锁国家之后，总理莫迪的印度教民族主义政府颁布了法律，方便印度人在穆斯林占多数的查谟和克什米尔地区成为永久居民。

英国是老牌民主国家，但新冠肺炎疫情赋予政府部长可以拘捕人民和关闭边境的权力。美国是自由民主的“灯塔”，但总统特朗普已经获得战争期间才可拥有的诸多权力。

即使是让西方一向感到骄傲的“言论自由”，在民粹主义崛起的时代也出现了严重的问题。所谓的言论自由是基于事实之上的言论自由。但在民粹主义的主导下，人们对任何事物都有了特定的政治立场和意识形态，一旦人们用政治立场和意识形态看问题，就没有了事实，只有“后事实”和“后真相”。

如果说人们对应对疫情的方法有左和右的不同看法，依然可以理解，但如果人们对病毒本身是否存在、是否严重，是经济重要还是生命重要等基本问题的认识都具有了政治性和意识形态性，这种言论自由的目的到底是什么呢？在西方，极端右派和极端左派对这些基本问题的看法截然不同，不仅导致社会的混乱，更导致政府的抗疫不力。特朗普和一些政客的言论更使得普通美国人惊讶：民主为什么会产生这样的政治人物？

除了这些影响政府治理能力的制度因素外，影响西方政府抗疫能力的还有文化和社会因素。假定如森所说，民主政府更有意愿去治理危机，但这并不意味着政府也更有治理能力。影响政府治理能力的主要是政府和社会的关系、政府与经济的关系。

东亚社会何以能执行抗疫政策

在东亚社会，政府能够有效治理新冠肺炎疫情，一个主要因素在于人民的配合。在东亚，要人民在自由和生命之间做出选择并不难，因为没有生命，哪有自由？传统上，东亚社会的人民也普遍信任政府。这两者的结合，使得东亚社会的政府防疫和抗疫政策能够有效实施。

西方的情况则全然不同。在东亚，几乎没有人争论要不要戴口罩，因为戴口罩既是自我保护，也表示对他人的尊重。只是在缺少口罩的情况下，一些政府才会考量什么情况要戴口罩、什么情况不需要戴的问题。但在现代西方文化中，戴口罩意味着“得病”，戴口罩的人往往被人歧视。对于戴口罩这样一件简单的事情，西方各国争论不休。疫情已经变得如此严峻，人们还在争论戴不戴口罩。

东亚社会和西方社会的“封城”措施对个人行为的影响，更是截然不同。在东亚，人们普遍接受政府的指引，不管是自愿还是非自愿，很少有人去违背政策。但在西方，“封城”概念很少对个人行为产生影响，很多人还是照常生活，好像什么都没有发生。

更为重要的是政府和经济之间的关系。经济能力是政府的核心能力。制度必须具有动员能力，但前提是有资源可以动员。在这方面，中国（和东亚社会）表现在经济和社会的统一，在西方则表现为经济和社会的脱节及错位。中国政府抗疫之所以有效，不仅仅是因为“举国体制”的动员能力，更在于今天中国的经济能力。

中国获益于改革开放以来所积累的经济资源。在过去数十年里，中国成为世界制造工厂，并且什么都能生产。例如，中国的口罩生产量占了世界的一半以上。尽管抗疫早期，中国也面临医疗物资短缺的情况，但因为具有庞大的生产能力，很快就克服了这一困难。充足的医疗物资供应无疑是中国抗疫成功的经济基础。

西方的情况就不一样了。西方具有世界上最发达的经济体，最先进的医疗系统、公共卫生系统（尤其是欧洲国家的公共卫生制度），也是世界其他国家学习的榜样，但为什么这次抗疫能力如此低下？除了上述制度和社会因素之外，最重要的就是经济和社会的分离。自 20 世纪 80 年代以来，新自由主义主导的全球化已经全然把经济和社会分离开来。资本逐利，把大部分生产转移到其他国家，这使得在危机时刻，国家所需的供应严重不足。

例如，根据美国的统计，80% 以上的医疗物资和 90% 以上的抗生素从中国进口。特朗普说美国具有最强的经济和最先进的医疗，叫人民不要恐慌，但是在没有足够的口罩、防护服等医疗物资的情况下，老百姓能不恐慌吗？在欧洲，意大利、塞尔维亚等国向德、法等国求救不得，不见得是德、法自私，而是因为医疗物资短缺，先要照顾自己的人民，德国更是截留了输往其他国家的医疗物资。这些都是医疗物资产业链转移到其他国家的结果。

以此看来，决定一个国家抗疫成败的因素有多种。制度很重要，但制度并非唯一的决定因素。这也说明，制度决定论会导向很多谬误。在危机来临之际，把制度简化成一种类似“民主”和“专制”那样的意识形态更是危险。

犹如宗教，意识形态在社会治理上起着很重要、可以称为“软力量”的作用。不过，在危机面前，意识形态不能成为体制的遮羞布，否则就是自欺欺人；相反，人们必须直面现实，超越意识形态对思想意识的束缚，敢于实践，从自己的实践中寻找解决问题的方案，也向其他国家的最优实践学习。实践才是历史开放和永远不会终结的终极根源。

中西“抗疫”话语权之争的谬误[①]

在本土新冠肺炎疫情基本得到控制后，中国政府宣布向那些需要中国帮助的国家和世界卫生组织、非盟提供援助，包括检测试剂、口罩、防护服、呼吸机等，这属必然。

疫情在世界各地横行，各国政府忙于应对抗疫，需要大量的抗疫物资。因为很多西方国家基本上已经把很多生产链转移到国外，不再生产附加值不那么高的医疗物资，或者产能不足，疫情到来的时候，也不可能马上把生产线转移到国内，恢复生产，因此只能向国外采购。而中国刚好是世界工厂，具有庞大的产能。中国在疫情期间已经开始大量生产医疗物资。现在中国自己把疫情控制下来，自然就可以支援其他国家来抗疫了。

中国出口大量医疗物资，尽管是各国之迫切所需，但西方对中国的外援反应强烈，大多持批评甚至指责的态度。一些西方媒体在中国医疗产品的质量上大做文章，挑毛病，对中国发难，认为中国出口劣

---

① 本文原载于 2020 年 4 月 7 日新加坡《联合早报》。

质医疗产品。一些国家的医疗管理机构甚至不批准使用中国的产品。从总体上看，西方内部精英之间就中国对他们国家的支援，不仅没有共识，反而加速分化。在很多西方精英的眼中，中国对外援助变成了“口罩外交”、“影响力之争”和“地缘政治之争”。

新型冠状病毒在无情扩散，每天有大量的人口群体被感染，有大量的病人死去，“死亡”成为世界各国的共同敌人。也就是说，人类社会因为新冠肺炎而上演着一场全球性的人道主义危机。欧美是世界上经济最发达的地区，并且医疗体制和公共卫生体系也很发达。疫情在欧美都造成了如此深刻的人道主义危机，一旦到了那些贫穷和公共卫生体制能力低下的国家，情形不堪设想。病毒没有边界，没有任何个人、任何社会、任何国家能够独善其身，唯独合作才是出路。今天，重要的问题并不是哪一个国家控制住了疫情，而是哪一个国家没有控制好疫情。只要有国家没有控制好，病毒就会扩散到全球，这只是时间问题，而非可能性问题。

如果一方需要他人帮助，也乐意接受他人的帮助，而另一方愿意帮助，也有能力帮助，这便是一个明显的双赢格局。但为什么会出现今天这样令人费解的局面呢?

在国际舞台上，好像没有什么事物是没有政治性的。应对疫情演变成了国家间的权力之争并不难理解。这确切地表现在中国和西方的关系上。今天人们所看到的世界体系是西方确立起来的，舞台上的主角一直是西方国家。现在西方诸国因为疫情自顾不暇，忙于抗疫，好像只有中国在这个本来属于它们的舞台上活动，这使得很多国家感觉到自身的失落。

西方政治人物的考虑

被视为行为科学界的达尔文的哈罗德·拉斯韦尔（Harold Lasswell）把政治定义为“谁得到什么，什么时候和如何得到”（Politics：Who Gets What，When，How）。西方政治人物的考虑，显然不是如何通过国际合作有效抗疫；相反，他们的首要考虑是在这场病毒战争中谁会获得最多。或者说，他们的问题是：谁是赢家，谁是输家？

新冠肺炎疫情这样深刻的危机，并没有丝毫改变政治人物的态度。对这些政治人物来说，“国家利益”高于一切。这不光是针对中国，一些西方国家针对内部问题也经常持这个态度。因此，美国党派之间曾经争论是抗疫重要还是维持经济生活重要，很多保守派提倡用牺牲生命来保经济，而英国首相约翰逊则倡导“群体免疫”。

美国政治人物担忧的是疫情是否会导致美国的最终衰落。曾经在奥巴马执政时期任主管东亚及太平洋事务的助理国务卿的库尔特·坎贝尔（Kurt M. Campbell）和学者杜如松（Rush Doshi）在《外交事务》上发表文章，把这一点说得很清楚。他们指出：“美国过去 70 多年来建立国际领导者的地位，不单是因为其财富和实力，更重要的是美国国内管治、供应全球公共物品、有能力和愿意集合和协调国际力量去应对危机所带出的认受性。”

不过，这场大流行病“考验上述美国领导能力的全部三要素，但到目前为止华盛顿并不合格，在其步履蹒跚时，北京正在迅速而熟练地采取行动，利用美国失误而造成的缺口，填补其空缺，把自己呈现成应对这场大流行病的全球领导者”。

他们担忧，中国试图通过在大流行病中对其他国家的帮助，建立新的基准，把中国塑造成不可或缺的强国（essential power），并以此和各国建立关系。这已经明显表现在中国与日本、韩国联合应对疫情，向欧盟提供重要卫生设备的行为上。美国更应当担心的是，尽管其欧洲盟友并没有公开批评特朗普政府，但在一些关键问题上，美国的盟友已经不是和美国站在同一战线上了，例如是否采用华为技术和对待伊朗问题。

如果英国1956年夺取苏伊士运河的行动标志着大英帝国的最后衰落，那美国继续这样下去，新型冠状病毒大流行将会是美国的“苏伊士时刻”。

这样的担忧并非只在美国存在，而是已蔓延到整个西方。欧盟外交与安全政策高级代表何塞普·博雷利（Josep Borrell）2020年3月23日在欧盟对外行动署网站上，发表一篇题为《冠状病毒大流行及其正在建立的新世界》的文章，从地缘政治的角度来审视中国外交，对中国在抗击新冠肺炎疫情期间的“慷慨政治”发出警告，敦促欧盟国家准备好迎接一场“全球话语权之战”中的“影响力之争”。他认为，中国有针对性地帮助某些国家，给它们提供抗击疫情物资以“展示团结和友谊”。

博雷利说，“一场全球性话语权之战正在进行”，中国通过大举帮助欧洲，“在大张旗鼓地传递一个信息，那就是，与美国不同，中国是个负责任和可靠的伙伴”。这位作者警告说：“对于欧洲来说，我们能肯定的是，随着疫情的暴发和我们应对疫情的进展，人们的看法会再次改变。但是我们必须明白，这其中有地缘政治的成分，包括通过杜撰和‘慷慨政治’来争夺影响力的斗争。有了事实，我们需要保卫欧洲不受诽谤者的攻击。”

当意大利和塞尔维亚等国向欧盟求救时，德、法等欧盟大国都感到无能为力，无动于衷，因此这些国家只好转向中国，中国也及时地提供了援助。但当这种“地缘政治论”被炒热之后，德国和法国领导人也出来表示关切，并且声言要帮助意大利等国，以维护欧洲的团结。

西方缺乏自我反思

美国和整个西方显然没有自我反思能力。正如一个国家的外部影响力是其内部崛起的外部反映一样，一个国家的外部衰落也是其内部衰落的反映。简单地说，英国的衰落并非因为美国的崛起，或者美国的衰落并非因为中国的崛起。

美国在国际舞台上领导力的衰落，不仅仅是因为其内部问题，更是因为它成为唯一的霸权之后开始实行单边主义。自“9·11”事件开始，美国因为实施单边主义，就已经和其欧洲盟友渐行渐远。之后的很多年，因为美国在国际舞台上扩张过度，不得不做收缩战线的调整。尤其在特朗普上台之后，美国急速从各种国际协议中退出，在“美国优先”思路的主导下，美国已经不能在国际舞台上扮演领导者角色了。

欧盟也一样。欧盟在很长时间里被视为不仅是欧洲的未来，更是人类区域合作的典范。但欧盟的衰落甚至远比人们想象得快。这些年来，英国脱欧，欧盟成员国怨声四起。这次新冠肺炎疫情更是显露出欧盟的软肋。人们没有看到欧盟共同体的存在，只感觉到欧洲回到了绝对主权的时代，各国显露出极端的自私性。成员国之间的合作精神荡然无存，内部右派民粹主义的崛起更增加了合作的困难。德国不仅没有力量向意大利提供帮助，反而截留了本来要运往其他欧洲国家的抗疫物资。

意大利等国并非有意和欧盟作对，这些国家只是在向欧盟求助无望的情况下转而求助中国。再者，中国和意大利或者欧洲其他国家的合作，并没有任何地缘政治的考量。中国的地缘政治重心永远在亚洲，和欧洲的关系充其量不过是经贸关系罢了。所谓的“地缘政治”之争，无疑是西方文化的想象。

导致美国（西方）内部衰落更重要的原因，则是20世纪80年代以来的新自由主义经济政策所导致的资本主义的异化。在资本的主导下，意在塑造国际劳动分工的全球化，把西方诸国产业大多转移到了其他国家。尽管国际劳动分工有助于提高劳动生产率，但导致了西方内部经济和社会的分离。经济本来是嵌入社会的，但现在经济活动高度国际化，没有了主权性质，更不是社会所能控制的。美国和西方国家这次抗疫如此无能，不仅仅是因为治理体制，更是因为这些国家已经不再生产简单的医疗物资。

美国高度依赖中国的医疗物资供应，80%以上的医疗物资和97%的抗生素来自中国。欧洲和其他主要资本主义国家也是如此。中国作为医疗物资生产大国有意愿有能力，并且有道义上的必要性来帮助其他国家，这再正常不过了。但西方诸国又担忧中国的医疗物资会影响本国人民对中国的看法。西方政治人物对意识形态的着迷，使得他们对自己的老百姓失去了自信。

如果说美国和西方的意识形态偏见、对地缘政治影响力的担忧等因素，导向了它们对中国的错误认知，中国本身是否也有需要检讨的地方呢？

中国的言行有让人误解之处

实际上，在中西之间根本不存在西方所说的“话语权”之争，因为中国从来就没有确立过自己的话语权，中国所做的只是对西方话语权的回应。一个文明大国进入了国际体系，但从来就没有建立起自己的国际话语体系，因此，中国被西方误解。

这个问题并非因新冠肺炎疫情引起，只不过疫情让这个问题再次暴露了出来。例如，中国的“一带一路”倡议和东欧国家的“16+1 机制”等，根本不是地缘政治项目，而仅仅只是商贸交往。但受西方话语影响，中国有的学者也把此视为中国领导世界的路径，官方的“倡议”概念被转化成为“战略”的概念。同时，受西方影响，不管具体情况，有人到处滥用“多边主义”方式，使得中国和西方的“团团伙伙”趋同。

这次新冠肺炎疫情发生之后也一样。中国应当以一种什么样的精神进行外交呢？没有人会否认，新冠病毒已经导致了一场全球范围内的人道主义危机，并且随着病毒的到处扩散，危机在加深。如果明了这场危机的性质，如何进行外交也就明了了，即这是一场意在缓解人道主义危机的外交。

其实，中国本身能够在很短时间里控制住疫情，也和领导层把老百姓的生命放在第一位有关。如此大规模地封城、封省、断航，肯定会影响国民经济的正常运行，中国实际上也遭受了巨大的经济损失，但领导层仍然果断地这么做了。抗疫优先还是经济优先？这在中国没有成为问题。类似“佛系抗疫”或者“群体免疫”这样的概念，更不会出现在中国的政治话语里。

但很可惜，人们并没有把这个大好的机遇利用起来，把中国本身的话语建立起来，官僚机构、媒体、社会诉诸民族主义和民粹主义精神，和西方针锋相对，结果还是被西方牵着鼻子走，纠缠在一些非本质性的问题上。很多人以为这样做至少在语言上占了优势，但语言不是话语，声音很响却话语全无。更为重要的是，这种语言战有效地消耗了中国从行动上所赢得的国际信誉和信用。

新冠肺炎疫情无疑正在成为改变世界历史进程的事件。中国如何在这个进程中定位自身，离不开自己话语的塑造。因此，不要以为自己已经拥有了话语和话语权，这个艰巨的任务仍然是中国所面临的最大国际挑战。

抗疫核心是政治与科学的关系①

新型冠状病毒肺炎疫情在各国散播，各国抗疫成绩相去甚远。造成各国之间抗疫差异的因素有很多，但如何处理政治与科学之间的矛盾，无疑是一个最为核心的问题；处理得好，不仅疫情可以得到控制，而且社会经济也不至于损失惨重。

政治即利益表达，是不同利益之间的力量角力和平衡，无论是西方那样自下而上的利益表达，还是中国这样自上而下的利益展现。科学关注的则是如何最有效预防、阻断疫情的传播和拯救生命，不会把重点置于其他任何方面。

在新型冠状病毒肺炎疫情中，政治和科学之间的矛盾既表现为生命与经济之间的关系，也表现在生命和个人自由之间的关系。再者，如何处理政治和科学之间的关系，本身就需要科学。

---

① 本文原载于2020年5月12日新加坡《联合早报》。

东亚社会抗疫中政治与科学的平衡

相对于西方国家尤其是英美国家，东亚社会的抗疫很显然是比较成功的，而成功的关键在于东亚政府在抗疫过程中，能够实现科学与政治之间的平衡。东亚社会的这个特征，和这些社会的技术官僚治国传统有很大的关系。技术官僚治国的一个主要特征，就是这个群体在诊断问题和寻找解决问题的方法时，不会去诉诸意识形态和政治考量，而是诉诸科学的理性和逻辑。韩国和新加坡等社会被西方视为抗疫的典范。

韩国和新加坡对一些社会群体（例如旅游者）使用了侵入式监控体系，来减缓病毒的流出速度，甚至阻隔病毒的传播，但对一般老百姓则没有采取过于极端的举措。这样做无非是要同时达到两个目标，抗疫和维持正常的经济社会生活。

中国的举措在很多方面也和亚洲其他社会类似，但在某些情况下更为极端一些。这也是有理由的。中国中央政府对武汉（湖北）断然做出封城（省）的决定，这种极端的举措拯救了无数生命，但也带来了重大的经济损失，导致 2020 年第一季度经济基本停滞。但中国政府是否可以像后来的韩国和新加坡政府那样，采取比较温和的政策从而减少经济损失呢？这些只是事后（诸葛亮）的解释。这些极端的举措在当时的情况下无疑是正确的选择。

从很大程度上说，中国尽管牺牲了经济活动，但应对疫情扩散的方法，包括大规模的举国动员、跨省支援、“两山”医院建设、方舱医院的设置等，都表现出很大的科学性。换句话说，尽管中国在抗疫中也是有政治的，但在全面抗疫开始之后，政府没有妨碍科学，而且政治助力科学方法的使用达到了极致。

这种做法经常招致西方的批评，认为政府过于专制，违反自由人权，连方舱医院也被视为新型“集中营”。但正是科学方法的使用，使中国在短时间内有效地控制了疫情。用美国学者福山的话说，中国是非西方社会抗疫成功的例子。

西方则是另一种情形。如果说中国是政治助力科学，西方则可以说是政治凌驾于科学。政治过度而科学不足是很多西方国家政府抗疫不力的一个主要原因，尤其是被视为西方民主典范的英美两国。

英国政治过度导致抗疫不力

英国卫生部2020年5月5日公布，全英国已经有2.94万人死于新型冠状病毒肺炎，这意味着英国已经超越了意大利，成为新冠死亡人数第二高的国家，仅排在美国之后。从疫情一开始，约翰逊政府一直被各界批评反应不足，包括过早放弃检测和追踪的围堵策略，封城举措远远落后于欧洲其他国家，甚至首相及卫生部长也曾经确诊。英国分析家认为，这是英国约翰逊政府将政治凌驾于科学之上造成的。

包括英国在内的一些西方国家，一直在抱怨中国早期的行为，认为是中国的“隐瞒”和“迟疑”导致了疫情在全世界的流行。不过，这种推责行为解释不了这些国家本身为什么那么迟疑。世界卫生组织2020年1月30日将新型冠状病毒疫情列为“国际公共卫生紧急事件”，而英国本身次日也确诊了首两例感染者。

不过，约翰逊政府在2020年2月初仍然沉浸在脱欧的喜悦之中，并发表庆祝脱欧的演说。媒体也发现，首相缺席了多场商讨抗疫对策的内阁办公室简报室会议，显示首相对疫情并不重视和关心。英国政府的抗疫决定，也一直被批缺乏透明度，内阁办公室简报室会议的内容一直是保密的。尽管政府也参考了“紧急事件科学顾问小组”的科学建议，但一直没有公开小组成员的名单。这个专家小组早就预警，如果不采取有效举措，英国到3月初有八成人口会感染，但首相仍然只建议民众多洗手，也称自己探访医院时有跟每一个人握手。政治对科学的蔑视和两者之间的分歧是显而易见的。连西方媒体都用激烈的语气，批评他们的总统或者首相出现在公众场合时不戴口罩的行为。

英国政府在2020年3月12日透露，已经结束抗疫计划第一阶段，由通过检测和追踪以围堵病毒改为纾缓政策，要求所有出现症状者自我隔离一周，但社交距离举措及停课安排仍在考量之中。很多人认为，英国政府一开始就不应该放弃围堵策略。首席科学顾问帕特里克·瓦兰斯（Patrick Vallance）在3月13日提出“群体免疫论”，即让全国六成人口感染以产生免疫力，长远保护整个社区。这在英国引起极大争议。当时英国已经有近800宗病例，但许多大型活动仍在进行。与此同时，意大利、法国和西班牙已经相继封城，德国则采取严格的社交距离举措，并推行大规模的检测及追踪。之后，英国政府又倒转回头，多次强调群体免疫只是科学概念，并非实际抗疫政策的一部分。

3月16日，由帝国理工学院流行病权威专家尼尔·弗格森（Neil Ferguson）带领的研究团队发表了一份研究报告，被外界视为逆转英国政府抗疫态度的关键。根据这份报告的推算，如果继续采取纾缓政策而非围堵策略，英国的国民保健服务（NHS）将超负荷，或导致25万人死亡。之后的一周，政府内部就应否封城出现激烈辩论。

尽管卫生官员认为封城势在必行，但财政官员担心封城会影响经济活动。不管如何，这场争论浪费了大量的时间。在政策争论期间，病毒在加速流行，但老百姓生活如常。直到 3 月 20 日政府才下令关闭学校、酒吧、饭店和其他社交场所，23 日才实施封城。

美国抗疫中政治如何凌驾于科学

在美国，政治凌驾于科学的情况比英国更为糟糕。抗疫开始迄今，美国的抗疫故事似乎每天都围绕着行政权力，即总统与科学家专家群体之间的矛盾而展开。总统和国会围绕着如何应付美国的经济问题而有过互动和交锋，但这并不是主线。

美国的政治凌驾于科学在三个层面展开。

首先是政治人物个人层面的政治。在这一层面，特朗普无疑是主角。特朗普出于其个人权力、选举等考量，不惜否定专家的科学建议。特朗普上任以来屡屡否定与其立场相违甚至指正其错误的权威意见与措施，以扩张其个人权威。在这次疫情中，特朗普把这种情况推到了极端。总统多次无视疾病控制及预防中心官员及其他专家基于科学的建议，淡化疫情，提出未经证实的疗法，甚至建议用注射消毒液的方法来杀死人体内的冠状病毒。尽管他稍后否定这一做法，但美国已经有些老百姓按照总统的方法做了。总统个人的傲慢也导致了白宫的失守，一些工作人员确诊感染新型冠状病毒。总统个人在要不要戴口罩的问题上浪费了很多时间，最终决定戴了，但总统本人还是经常不戴，连白宫工作人员也搞不清楚疫情期间的行为规则。

个人利益考量也表现在一些国会议员在疫情期间利用内部消息而

出让股票的事例中。

其次是利益集团层面的政治。这主要表现在对经济重要还是生命重要的争论及与其相关的政策之中。美国的很多保守派政治人物，无论在联邦层面还是州和地方层面，一直把经济置于生命之前，甚至公开主张为了经济可以不惜牺牲人民的生命。尽管这种争论不可避免，但经济重于生命的理念，的确影响着无论是联邦政府还是地方政府的抗疫政策的有效性。

尽管新冠肺炎确诊病例仍在上升，但白宫表示，由于国家在抗疫上已经取得巨大进展，由其领导的白宫抗疫工作小组会很快解散，改由各联邦部门协调抗疫。但美国的多个专家模型预测均显示，如果美国恢复正常活动重开经济，确诊和死亡病例数字将激增。各种民调也显示，过半美国人对解封仍感不安。面临批评，特朗普又改口，称抗疫小组工作出色，会无限期延续，但同时会把重点放在“安全和重开国家、疫苗、治疗”等方面。

根据美国媒体报道，疾病控制与预防中心在 2020 年 4 月制定了供地方官员决定如何按部就班恢复正常社会生活的系列具体建议，但遭白宫搁置，因为有违特朗普让各州自决解封的策略。白宫阻挠疾病控制与预防中心的报告，变相将防疫举措实施转嫁给各州甚至企业本身。一些共和党掌控的州为保经济而急于重启经济，而民主党掌控的州继续抗疫。

再次是国际层面的政治。美国总统和高官都竭力把新冠病毒扩散的责任推给中国。尽管包括美国在内的各国科学界对新冠病毒的起源仍然处于研究阶段，但美国的政界和保守派媒体不断制造着种种有关新冠病毒的“理论”，如“中国起源论”、“中国责任论”和“中国赔偿论”等，试图把自己抗疫不力的责任推给中国。

共和党试图把“中国责任”作为特朗普保持总统职位的竞选议程。美国更想通过“五眼联盟”炮制推责中国的“病毒阴谋论”。美国的过分做法，甚至招致一些联盟成员也开始和美国保持距离。之前，在所谓伊拉克拥有大规模杀伤性武器问题上，美国的盟友曾经听信美国，犯了大错。

尽管因为政治所驱，各国都出现了推责的言论，但没有任何一个国家像美国那样，有那么多的高官和国会议员把那么多的精力放在推责给中国上。人们可以设想，如果这些官员和政治人物把精力投入抗疫中，可以拯救多少生命呢！

德国的有效抗疫

在西方国家中，德国无疑是抗疫的一个典范。德国的新冠肺炎死亡率仅为2%，远远低于意大利的13%和西班牙的10%。这里面的因素有很多，但德国领导层能够在政治和科学之间达成平衡，无疑是关键因素。正如美国人把美国疫情的扩散归诸总统特朗普，德国人把德国抗疫的成功归于其总理默克尔的强有力领导。尽管在疫情发生早期，默克尔因在欧洲未能发挥足够有力的领导作用而受到批评，但德国采取的有效应对举措受到广泛的赞誉。

作为科班出身的物理学家，她遵循科学建议，并虚心地从其他国家的最佳实践中学习。美国拥有一些世界上最杰出以及最聪明的科学人才，但特朗普不仅没有听取他们的意见，反而经常与科学家闹意见。默克尔则全然不同，她所依靠的德国国家科学院团队，不仅包括医学专家和经济学家，还包括行为心理学家、教育专家、社会学家、哲学家和宪法专家。

科学地恢复经济

在任何国家，政治是客观存在的，也不可或缺。在民主国家，政治被视为防止政治人物为了自己的个人利益或者其所代表的党派利益而去专权的有效途径。但如果政治凌驾于科学，就很难找到最有效的方法去挽救老百姓的生命。恢复经济活动也并非没有道理，因为如果社会停摆，经济垮了，就会产生其他更多的问题。

从历史上看，随着企业的大量倒闭，失业人口大量上升，民众生计困难，大规模的社会恐慌不可避免，同时也会造成成千上万的人因吸毒、心脏病、抑郁症等跟经济受挫有关的问题而死亡。因此，恢复经济运转有其必要性。问题在于如何科学地逐步开放，而非根据意识形态来进行。

如何达成政治和科学之间的平衡，这是各国政府面临的问题。至少到目前为止，东亚社会在这方面的表现要远远优于西方社会。

“超级全球化”与人道主义危机[①]

新型冠状病毒导致了一场全球性的人道主义大危机。每天有无数人染病，也有无数生命逝去。从健康到染病再到死亡，这是一个并不长的过程。如果生命是人类社会的基础，人类智慧的意义就在于拯救生命。自新冠肺炎疫情暴发以来，人们展开了新一轮的政治制度争论，即哪一种政治制度更能拯救生命，更体现生命的价值。

一直高举自由主义大旗的《经济学人》于2020年2月18日发表了一篇题为《类似新冠肺炎那样的疫情在非民主国家更为致命》的文章，对1960年以来所有流行病数据的分析发现，“在任何特定的收入水平条件下，民主国家的流行病死亡率似乎都低于非民主国家”。文章说，主要原因是专制政权“不适合处理需要信息自由流动以及公民与统治者之间需要公开对话的事务”。

《经济学人》在发表这篇文章的时候，西方的疫情形势并没有像后来那样严峻。如果在今天，《经济学人》可能要考虑是否可以发表

① 本文原载于2020年7月14日新加坡《联合早报》。

这样的文章了，因为很难有经验证据来支持这样宏大的论断。疫情肆虐，没有国别的认同，更没有政治制度的认同。

暂且不做民主与非民主国家的比较，例如中国与美国之间的比较，这一论断也无法对西方的疫情做出解释。西方民主国家一直被视为言论自由、信息自由流通的典范，而且拥有世界上最发达的经济、先进的医疗和公共卫生体制。这如何解释西方所面临的如此严峻的生命危机呢？

新冠肺炎疫情暴露西方国家的问题

当新冠肺炎开始在美国大肆流行时，总统特朗普宣称美国是安全的，因为美国是世界上最富有的经济体，拥有最强大的医疗体制和数一数二的医疗技术。美国的老百姓则没有感觉到这种安全，因为这个时候能够给老百姓带来安全的是口罩、洗手液、防护服和呼吸机等。在缺乏这些医疗物资的情况下，最强大的经济体也难以为老百姓提供安全。

医疗物资不足是明显的。2020 年 4 月 3 日，纽约州州长科莫在每日疫情通报会上，向公众展示了目前纽约州紧缺的医用防护用品，呼吁纽约州的制造商转产加速生产，并承诺将为转产的公司提供经济帮助。会上，科莫拿起一个 N95 口罩说："令我难以相信的是，在纽约州，在美利坚合众国，我们连这些材料都造不出来，我们都要向中国采购这些材料，我们还互相争抢中国的材料，这些不是什么复杂的材料啊！"

医院病床不足、人工呼吸机不够、前线医疗人员缺乏必要的防护设备、底层民众无法负担高额医疗费用，这些都是美国在新冠肺炎疫情中暴露的问题。

与其他民主国家比较，美国拥有较低的医生、病床与人口比率。美国卫生政策非营利组织凯撒家庭基金会（Kaiser Family Foundation）公布的调查报告显示，美国每1 000人只有2.6名医生，低于意大利的4名及西班牙的3.9名。虽然美国总体医院员额高于大部分可类比国家，但近半人力并非临床医务人员。

在病床与人口比率方面，美国每1 000人只有2.8张病床，这个数字虽与加拿大、英国相近，但低于意大利的3.2张与韩国的12张。

美国面临的更大问题是医疗设备、器材的严重不足。在疫情暴发前，全球口罩约一半来自中国，疫情发生后，中国国内口罩需求大增，世界多国也纷纷囤积必要医疗用品，加上美国事前并未针对新冠肺炎的大流行做准备，美国很快就面临设备器材缺乏的问题。

高昂的医疗费用更是致命的。凯撒家庭基金会检视2018年美国肺炎及相关并发症诊治费用，预估在没有出现并发症的情况下，治疗新冠肺炎须花费9 700美元（约67 860人民币元）左右，但若出现严重并发症，治疗费用或高达2万美元。这个金额对那些没有医疗保险的美国民众来说难以负担，因此就算疑似染病，也可能因为担心付不出钱，选择不接受筛检治疗，或拖到情况严重才就医。

这种情况不仅可能让一般民众的感染风险提高，也会增加重症病患人数，令医院负担更沉重。而根据美国人口普查局的调查，2018年美国高达2 750万人没有医疗保险，为总人口的8.5%。

不过，并非所有民主国家都像美国那样。例如，德国的情况就截然不同。德国在疫情初期也出现过严峻的情况，医疗物资短缺，还截留了本来应当运往他国的医疗物资，但德国很快就扭转局面。德国的新冠肺炎死亡率仅为2%，远远低于意大利的13%和西班牙的10%。这里面的因素有很多。英国肯特大学的教授罗斯曼认为，德国死亡率低的一个关键原因就是早期确诊，因为这样可以阻止疾病传播。德国每天可进行多达10万次的病毒检测。

足够的病床是另一个关键因素。德国的人均医院病床数是世界上最高的国家之一，在经合组织（OECD）国家中排名第四位。德国每1 000人中有8张床位，意大利则为3.2张。德国的医院数量为全欧洲第一，大约为1 900所。同时，德国的重症监护病房床位大约有2.8万张。

经济和社会的脱嵌

同样是发达的民主国家，为什么美国和德国的情况竟然如此不同呢？人们已经从各个角度来探讨各国抗疫表现的不同，包括不同的抗疫方法、不同的领导能力、不同的治理制度及其能力等。但所有这些解释都忽视了一个结构性的要素，即由全球化造成的经济和社会的脱嵌（disembedded）。

任何国家，经济是社会的有机组成部分，两者是互相嵌入的，即经济嵌入社会之中，社会也嵌入经济之中。一旦经济和社会脱嵌或者脱钩，就会危及社会的存在，产生生命危机。

经济本来是社会的内部部分，但自近代资本主义兴起到20世纪80年代以来的全球化，西方社会经历了两次主要的经济与社会脱嵌运动。近代资本主义兴起之后，经济被视为一个独立的领域，有其自身的规律，社会和政府无须干预。这是经济社会在一个国家内部的脱嵌。20 世纪 80 年代以来，因为全球化，脱嵌发生在国际层面，资本在全球范围内流动，各国失去了经济主权。这一波全球化因此也被称为“超级全球化”。

卡尔·波兰尼在《大转型》中描述了第一波脱嵌。18 世纪末和 19 世纪上半叶发生了两种变化，第一种变化发生在经济领域。工业体系迅速扩张，改变了商业和工业之间的关系。生产涉及大规模的资金投资，生产商不愿意由政府来控制投入供应或产出渠道。与此变化密切相关的第二个变化，则是经济自由主义的兴起。作为一套思想体系，经济自由主义相信市场具有自我调节能力，并在此基础上为一系列新的公共政策提供辩护，促进土地、劳动力和资本之间的市场调节。这也就是英国“放任自由”经济学的起源。

根据波兰尼的说法，这种自由放任经济哲学“诞生之初，只是对非官僚主义方法的一种偏好……（然后）演变成一种名副其实的信仰，认定人类的世俗救赎可以通过一个自我调节型市场来实现”。亚当·斯密用“看不见的手”为自由市场做辩护，但到了托马斯·马尔萨斯（Thomas Malthus），则接受了贫穷是自然秩序的一部分。

社会达尔文主义的“适者生存”，也对经济自由主义产生了巨大的影响。说到底，在和社会脱嵌之后，经济成了自主的“自然秩序”，因为“自然秩序”是不可改变的，社会必须也只能服从这个“自然秩序”。无疑，这种观点直到今天仍然拥有很多信仰者，无论在实践领域还是在理论领域。在实践领域，美国有不少人主张救经济要比救人更重要；在理论领域，20 世纪 80 年代之后的所谓新自由主义经济学，把自由市场推到了前所未有的高度。

经济自由主义的确推动了经济发展，但社会为此付出了巨大的代价。这是一个被人们称为“原始资本主义”的阶段，人成为资本的奴隶。社会的惨象在马克思、雨果、狄更斯的作品中得到充分的描述和分析。这也是一个动荡的年代，资本主义的惨无人道性质，导致欧洲社会主义运动的兴起。

社会主义运动推动了从原始资本主义到福利资本主义的大转型，而最终造成今天人们在欧洲所见的社会民主主义或民主社会主义。很显然，这种转型并非经济和资本发展的产物，而是社会斗争的产物。福利社会既照顾了资本的利益，也照顾了社会的利益，政府通过税收政策向社会提供医疗、教育和公共住房等服务。

全球化带来的利弊

社会主义产生在欧洲，欧洲尤其是北欧国家成为社会民主主义的大本营。德国最为典型，基本上实现了社会和经济之间的平衡，德国的经济也被称为“社会市场体系”。而作为资本主义大本营的美国，直到今天在所有民主国家当中，是最强烈抵制福利社会的。奥巴马担任总统期间想进行一些具有欧洲社会主义性质的改革（例如针对社会底层的医保改革），但特朗普一上台就把它废除了。

尽管美国也有向欧洲民主社会主义学习的呼声，实际上也有民主社会主义的需要，但美国仍然是一个资本主导的社会，整个体系围绕着资本的利益运作。这可以解释本文前面所讨论的德国和美国在抗疫行为上的巨大不同。

应当说，西方福利社会并没有实现经济和社会的互相嵌入，而是解决了两者脱嵌所产生的问题，使两者达到一个均衡状态。但20世纪80年代之后数十年的经济全球化，则在更大程度上导致经济和社会的脱嵌。这一波全球化的主要特点就是资本、技术和人才在全球范围内的快速和高度流动。如同上一波，支撑这一波脱嵌的是新自由主义经济学。

经济和社会在全球层面（超国家层面）的脱嵌，导致各国失去了经济主权。今天，没有一个国家的政府可以宣称拥有经济主权。如同经济和社会在主权国家内部的脱嵌，全球化也大大促进了生产要素在全球范围内的自由配置，进而创造了巨量的财富。

结果呢？今天人们都在问：个人在全球化中得到了什么？社会得到了什么？国家得到了什么？答案似乎很清楚，那就是全球化除了产生了极少数富人之外，个人没有得到什么，因为收入和财富分配越来越不公；社会没有得到什么，因为中产阶层越来越小，社会越来越分化；国家也没有得到什么，因为国家失去了就业，失去了税收。

新冠肺炎疫情则指向所谓的国际劳动分工带来的生命代价。西方发达经济体都面临医疗物资短缺的问题，这并不是说这些国家没有能力生产医疗物资，而是不生产了。在全球化背景下，发达国家把很多低附加值的生产线或产业链，搬到劳动力和土地价格都比较便宜、环保要求不高的发展中国家去了。

在和平时期，国际市场可以正常营运，谁都可以从全球范围内的劳动分工中获得利益。然而，一旦像新冠肺炎疫情这样的危机来临，各国政府都转向内部需要，所谓的全球市场甚至区域市场就不再存在。在这种情况下，很多发达国家物资紧缺，挽救不了老百姓的生命。

经济和社会可以脱嵌，但社会和政治不可以脱嵌。在民主社会，政治权力来自社会。“一人一票”使得政治和社会互相嵌入更为深刻。那政府如何解决经济和社会脱嵌所带来的问题呢？在全球化状态下，政府没有经济主权，没有任何有效方法来限制资本、技术和人才在全球范围内的流动。一些经济学家提出了“全世界政府联合起来”的设想，但这仅仅是乌托邦，因为很显然政府不是统合世界而是分化世界的主角。

唯一的办法就是改变全球化的方式。当推动全球化的发达国家，因为全球化而挽救不了本国老百姓生命的时候，人们就必须严肃检讨和拷问全球化了。这也就是为什么今天人们那么热烈地争论全球化的未来。无论这场争论会导向什么样的政策结果，可以肯定的是，只要一个国家的经济和社会继续脱嵌，大规模的生命危机还会发生。

新冠肺炎疫情背景下全球城市治理走向[1]

在新冠肺炎疫情背景下，实际上我们看到很多国家和地区，中国也好，北美也好，欧洲也好，都面临前所未有的挑战。新冠肺炎疫情让各个国家、各个城市本来就存在的弊端和短板暴露出来。

总体来说，我们的城市所面临的问题，就是来自两方面的挑战：一方面来自自然的挑战，一方面来自我们人类人为因素的挑战。来自自然的原因现在当然非常多，例如气候变化带来的环境变化、水资源短缺导致的干旱、超寒流、超高温等，这些都是一个大的趋势。有些城市气温越来越高，有些城市冬天没到就迎来超寒流，城市生态跟以前不一样。实际上以前的“非典”也好，今年的新冠肺炎也好，本质上说也是城市化的结果。因为城市化，人类生存的空间越来越扩大，跟自然越来越没有边界。也就是说自然跟我们人类生活已经不可分了，吻合在一起了。那么人类挤压大自然，大自然自然地就起来反抗。当然，现在我们还没查清楚新冠病毒到底来自哪里，但是科学家

---

① 本文根据 2020 年 11 月 1 日作者在 2020 年全球城市论坛上发表的主旨演讲整理。

发现，类似于新冠病毒的100多万种冠状病毒随时都可以向人类袭来。如果从历史上看，像这个病毒的流传就跟城市化相关。但是如果城市化不可避免，那我们如何把那些病毒纳入城市管理的一部分、治理的一部分，也是需要考量的。

那么人类自身发展所带来的挑战也是非常严峻的。从20世纪80年代到2008年，我们经历了一波超级全球化。这波超级全球化一方面为我们带来了巨量的财富，包括美国、中国在内的很多国家都从这一波超级全球化中获益。在超级全球化中，资本、技术、人才自由流动，生产要素在全球范围内配置，再加上技术的进步，生产效率大大提高；但另一方面，我们的社会就越来越不公平，越来越不平等，财富越来越流向少数人的手里面。我们可以看到，从二战结束到20世纪七八十年代，美国的中产阶层曾达到70%。但是在这波全球化中，这一比例不断下降。所以美国以前被称为中产社会，但是现在叫富豪社会，财富太集中，社会不公平。一个社会基本的公平不存在了，这个社会的治理就很难。现在美国和欧洲发生的民粹主义运动，实际上就是这个结构的反映，就是城市治理、国家治理问题，分配不公平。大家借着这样一个机会，把什么样的愤怒都表达出来。如果这些问题不能得到有效解决的话，一个社会城市发展的可持续性就有问题。那么我们所要回答的问题，就是如何改善城市治理。

这里想讲三方面的结构性的平衡问题。结构性的问题当然有很多细小问题，我们都可以提出来，可以讨论。

大城市跟中小城市之间的平衡

大家可以看到，从中国武汉封城，到欧洲意大利、法国、德国、英国这些国家大规模的封城，一个大城市的封锁，不仅非常困难，而且也造成了巨大的损失。中国的武汉封城，我们的执政党把老百姓的生命放在第一位，这种人道主义精神很重要。另一方面，也造成了巨大的经济上的损失。如果从城市治理的角度来说，这里有一个城市规模的问题。大城市化我觉得不可避免，我们的很多经济学家也在提倡大城市化。从实际来看，例如日本已经有三分之一左右的人口集中在东京周边的地区，韩国的人口主要集中在首尔。那么中国呢？我们的人口不断地往北京、上海、广州、深圳等一线城市集中。因为大城市化与经济的效率有关系，城市越大越能创造 GDP。

但是大城市化也带来了巨大的风险，包括气候变化、瘟疫、新冠、SARS，当然也包括战争的风险、社会动荡的风险。现在是和平时代，所以人们对战争冲突的风险意识就小，但是别忘了在一战、二战中，欧洲有多少城市毁于战争。比如韩国的首尔，有那么多的人口集中在这里，几乎整个国家集中这个地区，如果发生战争是非常危险的。很多发达国家，它们的城市（规划）防止超大城市的发展，就是说比较均衡地发展，超大城市跟大城市、大城市跟中小城市之间均衡地发展。

我们不仅要考虑经济效益的问题，还要考虑城市安全的问题。我个人觉得中国一方面不要人为地去推动超大城市化。政府如果真的要发挥更好的作用，应当引导城市平衡的发展，尤其是要筛选三线、四线城市，要把它们发展好，不要把所有的优质资源都放在一线城市。

否则，一线城市以后的治理会变得越来越困难，因为失去均衡了。

经济增长跟社会发展或者社会安全之间的平衡

我们如果看一看世界上的城市，分析经济增长跟社会稳定之间的关系，其实不难发现，有一类城市社会经济发展了，但是社会不稳定了。其实美国有些城市经济发展得很好，亚洲也有，但社会不稳定。这就是经济增长方式的问题，也就是城市治理的问题。因为高速的经济增长，往往带来收入、财富、环保等问题，这些问题又会影响到城市的稳定。还有一些城市，经济不发展，城市长期陷入中等收入陷阱，社会死气沉沉，经常发生街头运动，稳定不下来。我非常担心有些城市经济发展了以后就高度政治化，高度政治化了以后，天天发生街头运动，没有一个稳定的社会环境，经济就不发展，没有就业，没有税收，这样城市的衰落其实是很快的。如果社会抗议、不稳定，经济不发展，陷入一个恶性循环，这个城市肯定会是个麻烦。但是也有些城市，实现了可持续的经济发展和可持续的稳定。

无论从理论还是实践上说，经济的根本问题还是一个政府和市场之间的关系问题。西方很多城市，包括美国“铁锈带”城市，为什么会衰落？我觉得是它们的资本处于过度主导的地位。马克思指出，资本肯定会跑到赚钱的地方，不赚钱的地方资本就待不住，所以资本来了城市就发展起来了，资本走了城市就衰落了。资本过于强势的城市也是有问题的。也有一些发展中国家的城市政治起了主导作用，因为政治趋于保守，所以市场不发达，经济也是发展不起来的。这两个极端，无论是资本主导的城市，还是政府主导的城市，都没有发展起来。

大家去看看那些发展好的城市，政府跟市场两个角色都能充分发挥作用。诚如十八届三中全会所说，要使市场在资源配置中起决定性作用和更好地发挥政府作用。我觉得这就是普遍适用的一个规则，不仅适用于一个国家的发展，也适用于一个城市的发展。在城市发展中，同样要做到市场和政府两条腿走路，这样才能发展得好。无论是西方也好，中国也好，在这方面确实有很多的经验可以学。

国际化与地方化的平衡

一个城市要发展，国际化非常重要。越是国际化的城市就越开放，越开放，它的发展动力就越强，发展水平就越高。这比较好理解，一个城市越开放，所需要的生产要素更能从外面进来，不仅能从国家的其他方面进来，也能从国际生产要素进来。深圳市如果不开放，深圳发展所需要的生产要素如何能跑到深圳来？所以我觉得国际化非常重要，无论是西方的城市，还是中国的城市，一定要国际化。

但城市的发展，同时也要照顾到地方的需要，城市毕竟是人居住的地方，所以城市的发展就要跟城市居民的需要结合起来。一个城市居民的需求如果不能得到满足，这个城市的社会稳定就会成为问题。因为开放经常会带来国际化和地方化的失衡，城市的经济和社会本来是一体的，经济和社会是互相嵌入的，城市要发展，经济就需要提供城市的就业和税收。但是就像20世纪80年代到2008年那波超级全球化一样，开放就会导致国际层面的劳动分工，使得经济和社会互相脱节、脱嵌，脱离开来了。所以我们一面看到经济突飞猛进迅速发展，一面是城市居民的需求不能得到满足。就像这次新冠肺炎疫情中的英国、美国，作为西方经济非常发达的经济体，那为什么不能有效遏制新冠肺炎疫情的扩散？当然这里面也有制度的因素，但早期有一个因素非常重要，大家可能忽视了，是因为国际劳动分工导致它们的医疗物资短缺。这并不是说美国没有能力生产口罩、防护服、呼吸机，而是美国把大量的医疗物资的生产转移到了其他国家，因为这些产品附加值比较低。

美国控制了附加值高的产品的生产，把附加值低的生产线都转移到其他国家去了。这种现象当然不仅在美国发生，在欧洲发生，我想中国未来也会发生。同时，我觉得大家也要照顾到社会的需要，老百姓生命安全的需要。如果国际劳动分工太过于为国际资本所主导，这个资本就和社会的需要脱节，一旦危机来临，那么资本就和社会不相关了。这就导致了先进的经济体缺少医疗物资，不能为老百姓带来安全感。因而，一方面我们要国际化，另一方面我们要照顾地方居民的需要。

今天我们城市治理中的很多问题都和结构性有关系。20 世纪 80 年代以来，为什么有些城市成功了，有些城市失败了，有些城市停滞不前了。我想，成功的背后，都有它们自己的原因，失败的城市也有它自己的原因。大家互借互学，互相学习成功的经验，同时也吸取失败的教训，这样我们就可以共同努力追求更加美好的城市生活。

美国频繁“退群”意味着现存国际秩序的倒坍[①]

美国总统特朗普2020年5月29日宣布，美国将退出世界卫生组织。这似乎在人们预期之中，因为之前（4月14日）他已经宣布美国暂停资助世卫组织。特朗普指责世卫组织在新冠肺炎疫情上的决策以中国为重心，没有及时分享疫情信息，没有及时提供防疫政策建议，没有及时宣布“全球大流行”，所以“在这么长时间后，是时候让他们为此负责了”。

对特朗普治下的美国“退群”行为，人们已经习以为常。这些年来，美国已经退出《跨太平洋伙伴关系协定》（TPP）、联合国教科文组织、《全球移民协议》、联合国人权理事会、《伊核协议》、《苏联和美国消除两国中程和中短程导弹条约》（简称《中导条约》）、《巴黎气候协定》等等。退出世卫组织是不是另一个“退群”行为呢？

事情可能并非“退群”那么简单。特朗普执掌美国后，其外交政策取向，经历了一个从非常态美国的经济思维，向常态美国的权力思

---

① 本文原载于2020年6月2日新加坡《联合早报》。

维的转变。初期，特朗普的口号是“让美国再次伟大”。他的判断是美国在海外卷入已经过度，让美国承担了过多的维持国际秩序的负担，所以美国要减少海外承诺。在这一点上，特朗普其实并没有什么新意，其前任奥巴马已经这么做，只不过奥巴马没有像特朗普那样明确提出“美国优先”的口号，也没有像特朗普那样采取激进的“退出”政策。

再者，具有商人背景的特朗普更多的是从经济成本来计算美国的海外卷入。因此，当他觉得美国所出的钱和所享受的权力不对等时，他就要减少美国付出的份额。在这一点上，他对盟友也是如此。这些年来，特朗普和欧洲国家、日本、韩国等盟友一直纠缠于同盟费用分担问题。

特朗普政府的“退群”行为过于激进，过于以美国为中心，自然受到美国精英阶层和盟友的抵制。在他们看来，“退群”意味着美国国际影响力的衰退，美国作为大国“没有大国的样子”了。“退群”甚至受到美国强硬派的反对，因为对他们来说，“退群”在很大程度上意味着把国际空间白白让给中国或其他国家。

一个不可忽视的事实是，当美国拼命“退群”时，崛起中的中国已经在国际舞台上变得更加活跃。例如，根据西方观察家的说法，在联合国 15 个专门机构当中，中国取得四个机构的领导岗位，包括粮农组织（FAO）、工业发展组织（ONUDI）、国际电信联盟（UIT）和国际民航组织（ICAO）。世界卫生组织总干事更被西方认为是亲中国的。

公共产品不足冲击国际秩序

不管如何，美国的行为意味着现存国际秩序的倒坍。美国于 19 世纪 90 年代成为世界上最大的经济体，从一战开始卷入世界事务，二战之后领导整个西方建立了所谓的“战后国际秩序”。以联合国为核心的一系列国际组织是这个国际秩序的制度体现。在战后很长的时间里，美国的确能够扮演这个体系的领导者角色。

尽管人们一直在呼吁国际体系“民主化”，但实际上国际体系远比国内体系更难民主化。例如，尽管在联合国内部，每一个国家都有发言权，但并非每一个国家都享有同样的权利。其他所有国际组织体系内部都是如此。事实上，因为美国是世界上最大的经济体，提供国际秩序生存和发展所需要的最大份额的国际公共产品，在学术界，罗伯特·吉尔平（Robert Gilpin）称此为“霸权稳定”，哈佛大学的约瑟夫·奈（Joseph Nye）近年来提出的“金德尔伯格陷阱”也是这个意思。就是说，国际秩序的维持和稳定，需要足够的国际公共产品，一旦国际公共产品不足或缺失，国际秩序就遇到大麻烦了。

不过，美国扮演国际体系领导角色，并不意味着美国在独自提供国际公共产品。美国的领导角色是具有一系列条件的。第一，美国在提供最大份额的同时，也要求其他国家尤其是其盟友（大多是发达的西方国家）提供份额，而且美国也有能力要求其他国家这么做，其他国家也的确这么做了。第二，国际体系的开放性。美国主导国际体系，但并非独享国际体系，而是向其他国家（大多是西方盟友）开放这个体系。其他国家进入这个体系，并接受这个体系的等级性，也即承认美国的领导权。第三，作为其他国家接受美国领导的交换，美国也向这些国家开放其庞大的市场。

不管有怎样的条件，就如意大利新马克思主义者安东尼奥·葛兰西（Antonio Gramsci）所言，霸权地位的获得，是因为霸权者能够超越自己的利益，而照顾到其他角色的利益。

无论从哪个方面看，今天的美国失去了其往日的国际领导能力，而且失去得很快。美国似乎没能跳出从前所有帝国的生存和发展逻辑——崛起、扩张、扩张过度、力不从心、衰落。尽管没有人会预测美国最后的衰亡，但人们都认同今天美国的力不从心和相对衰落。

从这个角度来看，特朗普从国际转向内政的方向并没有错。美国如果继续扩张，在海外卷入过多，会衰落得更快。

美国的衰落一定意味着国际秩序的倒坍吗？不一定。就国际公共产品来说，如果美国没有那么大的提供能力了，其他国家也可以提供。全球化造就了“全球村”，各国互相高度依赖，更需要足够的国际公共产品。全球化也促使包括中国在内的一大批新兴国家崛起，这些新兴国家拥有强大的经济力量，也有能力为国际秩序提供所需的公共产品。

分享国际权力，维持国际秩序

如果这样，就不会产生国际秩序危机。国际秩序危机的产生，并不是因为缺少提供公共产品提供者；公共产品的不足，是国际政治造成的。说穿了，“国际公共产品”只是国际权力政治的漂亮包装盒。究其实质，国际公共产品的背后就是国际领导权。吉尔平的“霸权稳定”理论要比“国际公共产品”更能说明国际政治的本质。

这也就是今天中美两国在国际舞台上较量的本质。美国失去了国际领导力，而中国快速崛起，也愿意承担更多的国际责任，或者提供更多的国际公共产品。这也是前些年曾任美国贸易代表、美国副国务卿和世界银行行长的罗伯特·布鲁斯·佐利克（Robert Bruce Zoellick）所提出的“利益相关者”（stakeholder）概念的初衷，即美国通过和中国分享国际权力，来维持现存国际秩序。

作为第二大经济体的中国，多年来变成战后体系最坚强的维护者。在崛起过程中，中国并没有“另起炉灶”，而是选择加入现存国际体系，再通过改革现存世界体系来改变自己的地位，发挥更大的国际作用。从表面上看，中国的选择无论对中国本身还是对美国来说，都是最优的选择，因为这种选择可以避免对现存国际体系带来震荡。

但在国际政治领域，问题没那么简单。无论是维护战后体系，还是想在现存体系中扮演更大的角色，中国面临的挑战都是巨大的。

首先，美国不会退出国际政治舞台。尽管美国已经力不从心，但它仍然是世界上拥有最多“最”的国家，包括最大的经济体、最大的市场、最具创新力的企业制度、最强大的军事力量等。一个拥有那么多“最”的国家，不仅不会退出国际政治舞台，也不会想和其他国家共享国际权力，尤其是与一个同自己的文化、价值体系、意识形态和政治制度那么不相同的国家共享权力。这与战后英国和平地向美国移交国际霸权很不一样。英国“光荣退出”（gracefully exit）国际领导权，美国成为国际体系的领导者，不仅因为欧洲国家之间发生过激烈战争，除了免于战争的美国，西方列强没有一个有能力领导世界，也因为英美两国的同质性。

其次，即使美国没有能力领导世界了，西方国家能够接受中国吗？尽管这个世界并不是西方的，但不管人们喜欢与否，这个世界秩序是西方世界确立的，也一直为西方世界所主导。尽管世界秩序的开放性使得其他非西方国家能够参与其中，但非西方世界从来没有领导过世界。即使其他国家接受了中国的领导角色，但如果没有西方世界的接受，中国也很难领导世界。至少从现在看来，西方世界并没有任何意愿接受中国的领导；相反，西方诸国时刻警惕中国是否会取得国际领导权。在这次抗疫过程中，西方一直竭力提防中国在抗疫过程中取得国际领导权，背后的理由不言自明。

中国人相信国霸必衰

更为重要的是，中国本身一直表示无意和美国竞争领导权，领导世界。这一方面是因为客观上中国并没有足够的能力来领导世界。尽管中国是世界第二大经济体，并且在不远的将来会超过美国，但即使这样，中国的人均国民所得仍然远远低于美国，而且在科技、创新、军事、企业制度等方面会继续落后于美国。在刚刚过去的“两会”记者会上，中国总理李克强强调，中国还有6亿人口的月收入是1 000元人民币。这表明，中国将会长期处于发展中国家的位置。另一方面，中国的确没有这样的意愿。国霸必衰，中国人是相信的。大英帝国、日本、苏联都在争霸过程中衰落了。如果那么强大的美国领导世界都那么吃力，中国为什么要去抢美国的领导权呢？

中国是世界体系的一部分，也从这个世界体系中获益。中国需要维持这个秩序，也愿意和其他国家尤其是美国合作，来维持这个秩序。这也就是中国对佐利克的“利益相关者”概念感兴趣的原因。中国相信，只要中美两国合作，什么问题都能解决；但如果两国发生冲突，那将是世界的灾难。

然而，美国并不这样想。美国相信，中国如果继续发展下去，迟早要抢美国作为世界领导的地位。

美国没有强大的领导能力了，但也不会自愿放弃国际组织；中国还没有足够的能力和意愿，也不想成为现行体制的破坏者，而西方诸国既要维护现存国际秩序又要提防中国。这意味着现存国际组织很有可能存在下去，但会越来越政治化，成为主要主权国家国际政治斗争的工具。正因为是斗争，各国互相制衡，国际组织的激进改革也不可能达成，所以它们的效率会低下，腐败会继续存在，越来越不能满足成员国的需要。

这种情况显然并不符合各国的利益。各大国会如何回应？新的秩序在哪里呢？尽管包括基辛格在内的诸多外交家和外交观察家都在预测新秩序的出现，但一个新秩序的出现不会那么容易。新秩序肯定不会通过修补旧秩序而造就。历史经验表明，新秩序必然起于区域和局部，自区域秩序和局部秩序而扩展延伸为国际秩序。

无论是中美贸易战，还是由新冠肺炎疫情引起的中国和美国、中国和西方的角力，都表明世界正朝着“一个世界、两个体系、两个市场”转型。如果现存国际组织被弱化，“一个世界”必然被虚化，两个体系、两个市场便是实体。

如果这样，人们也没什么可惊讶的。二战之后，尽管有了以联合国为中心的体系，但西方体系如七国集团（G7）依然存在，并且很多国际问题是通过西方体系得到解决，而非联合国体系。中国早已开始为现存世界体系做补充，例如金砖国家、金砖银行、亚洲基础设施投资银行和“一带一路”倡议等。英国政府已经在推动组建一个10国集团（原来的G7加上澳大利亚、韩国和印度），研发5G技术来对抗中国。如果将来出现另一个Gx之类的集团，来支撑另一个体系和市场，那可能也是国际政治客观规律所致，而非中国的初心。如果全球化持续推进，甚至一些国家同时成为两个体系、两个市场的成员国，也没什么好惊讶的。

至于中国如何使得这个体系和市场具有竞争力，实现可持续的发展，那是需要另外探讨的重要问题。

在疫后世界版图中，中国会是什么样的角色？[①]

认同政治使人们高度意识形态化，世界要回归科学理性

新冠肺炎疫情不仅打乱了世界秩序，更使因贸易摩擦而紧张的中美关系雪上加霜。有人说这个世界上好像只有观点和立场，已经没有事实和真相了，为什么会产生这个局面呢？其实历史上也有过这样的情况，当天下大乱的时候，大家都不去看事实，不去寻找天下大乱的根源在哪里，不去找医治天下大乱的药方。大家都诉诸自己的意识形态，这就是乱象。我觉得不仅仅中国的一部分网民是这样，美国是这样，欧洲是这样，各个国家都是这样。

尤其更麻烦的是，我们进入了一个社交媒体时代。以前也是讲意识形态的，但因为以前的媒体只有报纸、电视，这些是精英阶层的产物，是受过教育的人的产物，大家还是有所思考的。但是在社交媒体

---

① 本文整理自凤凰网 2020 年 6 月对作者的采访，有修改。

时代，你看看美国的网民、中国的网民，大家表达的很多东西都是一种情绪化发泄，有人失去了自我，这是很矛盾的。一方面，大家通过社交媒体上过量的信息去寻找自己所需要的所谓自我认同、社会认同。现在什么样的人都能在网上找到与自己相同的思想，找到自我认同。另一方面，好像自己得到了大家的认同，所以“认同政治”就出现了。

什么叫认同政治呢？就是说我是黑人，或我是白人，或我是黄种人，我认同这个民主价值观，或者我认同那个自由价值观，就把自己跟那个标签放在一起。所以今天世界的多元化不是传统意义上的多元化。认同政治使得每一个人的思想都在高度意识形态化，事实变得不重要了。

现在叫后真相后事实时代，大家觉得事实不重要，都喜欢根据自己的主观臆断来看事实，所以事实就没有了，这是很糟糕的！这也是世界乱象的一个非常重要的表象。用身份政治、认同政治掩盖事实，致使大家找不到事实、看不到乱的根源在哪里，所以我对未来世界有点悲观。

其实很多领导层，比如欧洲的领导人、中国的领导人，还是很清醒的，但也有一些民粹主义者，像特朗普本人，每天靠推特治国。我一直在说，一个社会，无论有什么样的制度，民主的或不民主的，比较传统的或比较现代的，只要精英阶层还在，只要精英阶层还是理性的，这个社会就可以治理。一旦精英阶层被民粹主义裹挟或者自己本身就变成民粹主义了，这个社会就怎么也治理不好，美国、欧洲的那些民粹主义就是这样。反而有很多的国家，包括中国，领导集团实际上还是理性的，社会再怎么样，局面还是可控的。

所以我一直在呼吁，今天的世界要回归三样东西：回归基本事实，回归科学，回归理性。如果我们能回归事实、科学、理性，这个世界也许不会那么糟糕。但是如果我们强调自己的这一点点非常狭隘的认同感，身份政治、认同政治，这个世界会变得越来越糟糕。

制度有优劣，但不能把它片面化

有人说这场疫情，中国打上半场，美国打下半场。那么在控制疫情方面到底有没有制度的差异或者制度优越性的体现？当然是有的。如果大家稍微客观地回归一些基本事实去看，还是可以看出来的。制度有差异，但是我们不能对这种差异或制度本身进行狭义的理解。我们有的时候老是去看制度本身，还是从身份政治上去看，看它是民主的还是专制的。如果这样去看就完全错了。

我们要从整体治理制度去看，不要用高度意识形态化的概念去看政府或制度。看中国也好，看西方也好。这次疫情以来，我们明显可以看到每一个国家都有自己的政治制度，有自己的国情。但是总体来说，在应对新冠肺炎疫情上，我们这个世界上有三个政治治理模式。第一种类型，如果一定要用意识形态来分的话，我们可以把它称为完全自由主义，即所谓的佛性抗疫，美国、英国和瑞典就是这样一种方式，如果从经济学的角度来说就是市场主导，从社会的角度来说就是社会主导，政府发挥不了多少作用。

美国、英国，包括欧洲国家，是这世界上最发达的经济体，也拥有世界上最发达的医疗系统，它们的公共卫生体制也是不错的，但为什么那么惨呢？美国那么多人感染，美国媒体整天在批评美国政府，但也不能说美国政府不作为、不想做。我想，特朗普作为美国总统，他也不想看着美国死那么多人，但为什么没有做好？这跟美国的两党制，跟美国的自由制度有关系吗？有关系，但这也不是唯一决定因素。

早期特朗普说美国人不用怕，他们有世界上最强大的经济，有世界上最好的医疗系统，他们应当是安全的，但是老百姓感觉到不安全，在这个时候，再强大的经济有什么用？最好的医疗系统有什么用？老百姓需要的就是最平常的口罩、洗手液、防护服，医院需要的是呼吸机，这些才会给老百姓带来安全感。你说这些东西美国不能生产吗？不是不能生产，是不生产了。因为他们把这些东西的生产线全都转移到其他发展中国家，尤其是中国去了。所以我们要平衡地去看美国这次为什么那么狼狈，我想英国、瑞典也是一样的。在没有医疗物资的情况下，它们只能提出来“群体免疫”。

新加坡也是一样，早期政府说不用戴口罩。背后的原因就是没有足够的口罩，因为新加坡的口罩生产线也是放在其他国家的。现在新加坡把生产线迁回来了，有足够的口罩，可以鼓励大家用口罩了。这也是美国、英国、瑞典的模式。

中国是另外一个极端。湖北武汉发生了疫情以后，我们马上举国动员起来帮助武汉，甚至整个湖北。我们把它称为举国体制，这个体制很强大。举国体制表明一个政府的动员能力，但前提是必须有东西可以动员，这跟中国的改革开放分不开。中国没有碰到欧美这样严重的缺医疗物资的局面，为什么？就是20世纪90年代以后，我们变成世界制造工厂、组装工厂。世界上很多的生产线都在中国，尤其是医疗物资。所以早期我们也面临医料物资短缺的问题，但是因为我们有众多的生产线，所以我们马上就克服了这个困难。设想一下，如果这个事件发生在改革开放以前，中国没有能力生产这些医疗物资，会怎么样？所以我们看中国，也不能只用举国体制来概括，还要看到背后的政治经济原因。

如果说中国是举国体制，是完全由政府来决定推动的体制，美国是由市场、社会来推动的体制，那还有一个中间体制，那就是德国体制。早期德国也表现出不作为，但是德国马上就恢复了能力，为什么呢？我们学术界把德国这个模式称为社会市场模式，社会、政府跟市场之间，社会跟生产比较均衡的模式。德国模式也不错，所以说制度是有优劣的，但是我们不能把它片面化，这不仅是政治体制的问题，还有经济体制和社会体制，这是大家忽视了的。

我们如果比较一下，会发现东亚社会跟西方抗疫的主要差异是社会的差异。在儒家思想影响下的东亚社会，在自由与生命之间先选择生命，哪怕是政府的规制措施走到极端，我们为了生命也可以接受。西方就不一样，西方政府也颁布了紧急法令，但老百姓并不遵守。他们对生命跟自由的理解，跟我们东亚是不一样的，所以制度的差异不能光强调政治体制上的问题，还要考虑经济因素、社会因素，这样才会看到一些基本的事实，否则就会过分高估或者低估体制的因素。

病毒不分国家，政治方法对付不了病毒

不管病毒在哪里出现，人并不是病毒。对于这个病毒的来源问题，科学上的考证应该怎么去做，由谁来做呢？

我们要回归科学，美国这次为什么在抗疫方面表现不佳呢？主要是因为对科学不尊重，科学家的作用显不出来。特朗普在抗疫过程中，主要表现出了他本人的政治意志跟科学家的科学意志之间的矛盾。其实美国的科学家团队是非常强大的，但是美国太政治化，甚至把科学也政治化了，所以科学家团体的作用表现不出来。

德国总理默克尔就有一个强大的科学家团队在背后给她做咨询，来支持她。中国更是这样，中国甚至用政治措施来管理老百姓的行为，以符合科学和规范。

病毒不分国家，可以产生在任何一个地方。所以怎么样利用科学来研究病毒，找到消灭病毒的方法是最重要的。但是政治方法对付不了病毒，我们只能用科学的方法来对付。

中国在这方面实际上从一开始就做得很好，中国的科学家早就跟美国的科学家、欧洲的科学家，跟世界卫生组织分享信息。可是这方面的合作被其他国家政治化了，导致我们只看到政治人物或者外交官之间的互相争论，看不到科学家之间的合作，这是非常遗憾的。

中国现在的方针是非常正确的，应先把疫情控制下来，然后在联合国这样一个多边组织的框架内，大家组建一个科学家共同体去查病毒到底是怎么产生的，我们用什么样的有效的方式来对付它，同时避免以后再发生类似的事情。这就需要秉持科学的态度，而不是政治的态度。

但现在很可惜，大家高度政治化，美国不愿意联盟，要查中国，美国一些州政府、一些社会组织说要中国赔偿。这都是政治操作，实际上对谁都不利。美国医疗物资短缺，中国很多的医疗物资进不去，因为州政府不能做决定，只能让联邦政府做决定，对美国来说，把疫情控制住才是最大的责任，而不是把这个责任推到中国头上，推责是一个非常愚昧的做法，牺牲的是美国人民的利益。

开放跟管控之间要有平衡点

新加坡也是亚洲国家，它跟中国有相同的地方，那就是政府在控制疫情中要扮演一个更为积极的角色。但同时它因为各种条件的限制，比如早期的口罩问题，不想走到一个极端，像湖北武汉封城那样。因为它是一个外向型的经济体，如果一下子封起来的话，会变得有城无市，所以要做到一个平衡点，在开放跟管控之间找到平衡点。所以新加坡实际上做得有点像德国这个模式，但是是科学的。

尽管新加坡的患者人数在增加，但主要还是来自外来民工这个群体。这个群体是相对孤立的，就是处于一种相对隔离状态。数字增加与政府加大检测程度也有关系。新加坡政府能做到在开放跟管控之间找到平衡是很不容易的。

基本上我觉得新加坡对疫情的控制是很好的，它的死亡率是世界上最低的。所以我认为，尽管中国成功了，湖北、武汉成功了，但是仍然有可以改进的地方。因为大规模的封城封市使得中国第一季度的经济停滞，要复产也比较困难。当然这样“事后诸葛亮”的评价是不公平的。如果未来再出现这样的危机，能不能找到一种更平衡的政策和做法呢？如果能做到，可能会更有成效。

疫情之后仍需反思

客观总结一下，这次新冠肺炎疫情以来，在国际舞台上，中国的得分都得在行动上，失分都失在言论上。武汉、湖北，乃至整个国家，在那么短的时间内能把疫情控制下来，我们是得分的。疫情控制下来以后，我们开始向将近200个国家提供医疗物资，我们是得分的。暂时暂停一些发展中国家的债务，我们有能力这么做，也是得分的。

但是我们在言语上是失分的，没有讲好中国故事。我甚至说我们从行动上赚来的那些得分都在我们嘴巴上消费掉了，过度消耗掉了。这又要回到我们前面所讨论的，因为中国没有自己的话语权，没有自己的知识体系，所以我们的话都是在回应人家。比如讲我们毫不思考民族主义，民粹主义情绪非常强大，人家一句话骂过来我们就骂回去。新冠肺炎疫情的上半场战场是在中国，但是话语议程永远是西方在设定，我们永远是在回应。回应的结果就落入人家的圈套，落入了人家的话语陷阱。我们为什么不能好好思考一下，确定我们自己的新冠肺炎疫情话语议程呢？我们没有去做，我们急于回答。

我们完全可以设定自己的话语议程，比如国内为什么成功控制疫情，是因为中国式的人道主义。我们就是把老百姓的生命安全和健康放在首位，所以我们不顾经济损失，就这么去做了，也做成功了。

结果，我们把自己的故事讲坏了，跟着人家的议程跑。新冠肺炎疫情给世界带来的就是世界范围内的最严重的人道主义问题，救死扶伤就是一种人道主义关怀。我们没有口罩外交，没有影响力外交，没有地缘政治外交。美国也好，其他国家也好，不管富国穷国、北方南方，哪个地方有医疗物资需要，我们都进行人道主义外交。

我们落入了美国和西方所设定的言语陷阱，早期是制度之争，后面就是所谓的影响力之争。结果我们什么都没得到，甚至消耗了我们从行动上赚来的得分。所以为什么我强调知识的力量，培根说知识就是力量，就是这一点。我们没把自己的故事讲好，被别人牵着鼻子走，这是我们最需要反思的一点。

有原创性技术的大国才是强国

经过过去40年的改革开放，中国成为世界第二大经济体，一直把发展经济放在首位，无论是我们的国家还是我们这一代人，都得到了全球化的一个红利。但无论是在疫情发生期间，还是在疫情发生之前，都有一种逆全球化的思潮出现，全球化这条路还能走得下去吗？

全球化当然不是特朗普或者哪一个领导人可以改变的。全球化主要是资本的产物。资本的本性不会变，就是要赚钱，要赢利，只要资本存在，全球化就不会停止。

有限的全球化是我们中国企业的契机，我们现在面临的危机也是个机会。我们要改进短板。中国许多科学家在美国和其他西方国家工作，创造出许多技术，那么我们为什么自己不能做呢？这就是我们需要补的。一个组装大国永远成不了所谓的强国，有原创性技术的大国才是强国。我们人数多，但是还很虚，肌肉还不够。所以我们下面就是要练肌肉。

中国媒体的技术手段也不比其他国家差，甚至超过美国。但是为什么我们没有所谓的软力量？为什么我们没有话语权？因为我们没有原创性的思想。西方的媒体为什么强大呢？因为它背后有一个强大的知识体系。中国媒体只是一个传播工具，背后缺乏强大的知识体系。

我一直在批评中国的学者，到今天为止，我们没有一个强大的知识体系，我们的知识体系都是从西方搬过来的，所以你说出去的话对人家就没有吸引力了，因为人家比我们更熟悉。

改革开放以后，我国有近 8 亿人脱贫，但是那么多经济学家在解释中国扶贫上有原创性的思想吗？并没有。如果中国经济学家能把中国扶贫背后的逻辑解释清楚，就是一种原创性理论。没有原创性的思想，就永远没有软实力。

质量型经济不仅仅是技术创新的问题

一位经济学家说其实中国什么都好，只要我们从追求“量”转变为追求“质”的话，中国就真正强大了。在 2020 年的“两会”当中，我们看到政府工作报告第一次放弃了对 GDP 指标的追求。其实早该这样了。

什么叫质量经济？质量经济就是原创性经济。我们不跟远的欧洲国家相比，看看我们的邻居，日本和亚洲四小龙。在经济起飞的 20 多年以后，中产阶层的比例就达到 60% 甚至 70%，这对它们的可持续发展非常重要。看看日本、韩国、新加坡、中国台湾的技术，你就知道质量经济为何重要了。别忘了我国现在的人均 GDP 刚到 1 万美元，我们国家大部分还是穷人，这是我国的基本国情。哪怕是不看这个穷的群体，从 1 万美元算起，要达到今天亚洲四小龙中最后一位台湾地区的水平 26 000 美元，我们还差 16 000 美元。面对 16 000 美元的差距，我们要怎么做？

改革开放40年我国都是粗犷型、扩张型的量化经济、数量型经济。长江三角洲、珠江三角洲和京津冀这一带，尤其是珠江三角洲人均GDP已经2万多美元了，要再往上走，假设做到香港的水平，做到美国5万美元的水平，新加坡近6万美元的水平，靠什么呢？就要靠质量经济，也就是原创性的东西。最近几十年，我们在管理方式、商业模式方面确实有一些原创性的东西，像阿里巴巴，但是我们的技术，特别是对经济发展至关重要的技术方面的原创性较少。现在，我们在西方发表的论文越来越多了，有一些理论思想，但是怎么样把它转化成劳动生产力，转换成实际成果呢？

所以说质量型经济不仅仅是技术创新的问题，还要进行体制创新。通过改制来追求质量型经济，以达到我们制定的2035年、2050年的目标。

新冠肺炎疫情后的世界秩序，中国需要重新定位

在疫情后新的世界版图上，我们要考虑中国的角色，就要考虑到整个世界秩序都在发生变化，考虑到后疫情国际局势。我们要做一个重新定位。我们一直在批评西方的冷战思维，但是我觉得我们自己也要从以前的旧思维框架中跳出来。世界是变动的，我们的思维也要变动。

比如地缘政治在塑造鸦片战争以后的整个中国的发展方面非常重要，那么我们要意识到现在的地缘政治是什么。还有很多人还是停留在以前的陆地地缘政治上，比如以前所说的谁控制中东、阿富汗，或者现在控制中亚人，就控制整个世界。也有以前海洋时代的地缘政治

思维，谁控制海洋就控制世界。中国没有说要去控制世界，我们也没有这个能力，更没有这样的幻想，但是如果有这种老的思维，就会使中国失去一个新的时代。

我最近这几年一直在说，中国要避免陷入“明朝陷阱”。明朝的时候郑和下西洋，中国的国家能力是世界上最强的。那时海洋时代还没开始，实际上当时中国的海商，尤其是浙江福建的民间海商力量也是世界一流。如果明朝没有保守的意识形态，海洋时代还是属于中国，那个时候葡萄牙、西班牙的船没法跟中国相比，后来是荷兰、英国的崛起，我们失去了一个海洋时代。明清闭关锁国，到鸦片战争，人家用枪炮打开了我们的大门。

现在我们必须有一个正确的判断，我们处于一个什么样的时代？现在不是陆地地缘政治时代，海洋还是很重要，虽然已经不像大英帝国时那么重要了，我们也没有要去主导整个世界，我们要追求的是国家的富强民主。

现在是信息时代，是以互联网为主导的信息时代，所有的其他东西都离开不了这个。如果有这样的判断，我们就要知道怎么做，重点应当放在哪里。关于我们到底处于什么时代的判断，在中国并没有达成共识。

新冠肺炎疫情后的时代是怎么样的？我们要做大量的研究。美国也好，欧洲也好，大家已经在讨论了。假设美国人已经开始做后新冠肺炎疫情与世界秩序，美国有外交政策，我们也需要做这样一个定位。因为中国改革开放的 40 年，也是中国全球化的 40 年，中国已经融入了世界经济体系。无论是美国，还是其他国家，要让中国跟西方世界脱钩是非常痛苦的，也是一个漫长的过程。

实际上从中国现在的经济规模能力来说，我们有能力来维持这样一个全球化的局面，但是全球化的形势要改变。很多东西还需要我们不从意识形态出发，不要太情绪化。我们需要用大量的精力来认识这个世界，之后才能去改造这个世界。

疫情之后，中国应发力“软基建”[①]

当前中国进入疫情防控常态化阶段，而新冠肺炎疫情引起的国际国内形势现在依然处于变化中，这是史无前例的。虽然中国的疫情已经基本控制下来，企业可以复工复产了，但还面临着许多实际困难。随着世界经济停摆，中国在欧美的很多订单没有了，以珠三角为例，作为世界制造业的重镇，其产业生态受影响较大。所以，在不确定的环境下，今年的政府工作报告没有提出具体的经济增速指标，我觉得这更加科学，更加实事求是。政府工作报告强调“留得青山，赢得未来”，今年的总体思维是“六稳”“六保”，就是稳定民生的举措。

在这次新冠肺炎疫情中，受影响最大的主要是中小微企业、外来务工人员、中低收入人群等。全国两会上传递出以人民为中心，对民生重视的信号，我认为这是一个非常好的导向，尤其像“稳就业”“稳市场主体”的提出，社会稳住了，企业生存下来，是经济发

---

① 本文整理自《广州日报》2020 年 6 月对作者的独家专访，有删改。

展的坚实基础。

不过，最重要的还是执行问题，“蓝图”很好，但中国很大，各地存在地方差异，所以关键在于地方政府如何细化，如何因地制宜地将“蓝图”转化为自己的行动方案。我认为，对于地方而言，要有与中央相同的思路，把人民的生活放在首位。

中国应发力“软基建”

这次全国两会，备受关注的“新基建”被首次写入政府工作报告。有评论认为，下半年的中国经济主要靠“更加积极的财政政策+新基建”。

我认为，当前的财政政策还是比较谨慎的，考虑得比较周到。1万亿元的财政赤字和1万亿元的特别国债以中国现在的经济体量来看不算很大，而且财政政策主要还是看用在什么地方。以前，我们做的主要是“硬基建”，例如传统的基础设施建设，像高铁、高速公路，这块空间尤其在广东等东南沿海省份其实已经快饱和了。今年提到的“新基建”，主要关注5G等技术领域，发展技术是好的。

但我认为，除此之外，新冠肺炎疫情之后，中国还应该发力“软基建”。什么是“软基建”？就是社会建设，例如医疗、教育、公共住房等。举个例子，中国的老龄化社会正在快速来临，我们需要更多医院、养老院。广州有不少城中村需要更新改造，还有社会主义新农村的建设，这些都属于社会建设。

有了这样的“软基建”，才可以进一步支持中国未来的可持续发展。而“软基建”的建设，能让低收入群体接近或达到中等收入水平，中国未来的发展需要更大的中等收入群体，这个群体能够支撑起消费社会。

企业“疫后重建”关键在扩内需

政府工作报告提出必须稳住上亿市场主体，尽力帮助企业特别是中小微企业、个体工商户渡过难关。为企业减负迫在眉睫，对于企业而言，要如何进行“疫后重建”？

企业主体要生存、要复工复产复业，关键是要有人去消费企业所生产的东西。为了提振消费，很多地方开始发消费券，但我们要注意的是，愿意使用消费券的主要还是中等收入人群，我们要更多地关注低收入群体，让他们真正得到实惠。

从当前世界经济形势看，目前全球新冠肺炎疫情形势仍然严峻复杂，对世界各国造成的经济下行压力持续加大，很多国家还在“自保”。在这样的情况下，我们不能对世界经济还抱有幻想，中国要更加专注于扩大内需等领域。如何扩大内需？在我看来，还是要让更多低收入人群接近或达到中等收入水平。把这个问题解决了，中国的消费潜力才会完全释放出来。

中国拥有1亿多市场主体和1.7亿多受过高等教育或拥有各类专业技能的人才，还有包括4亿多中等收入群体在内的14亿人口所形成的超大规模内需市场。目前这样的市场规模能否支撑消费拉动经济呢？

对于14亿人口而言，4亿中等收入人群的比例其实并不高。我们可以观察日本和亚洲四小龙经济起飞以后，不到30年时间，中等收入人群比例达到60%，甚至70%。所以说，在今年这样的世界形势下，中国提出“提振内需”，就要建立消费社会，这需要比例更高的中等收入人群。要怎么做到？一是脱贫攻坚，让更多人脱离贫困；二是前文提到的发力“软基建”。

比如广东省，广东是外向型经济，也是世界制造业聚集的重地，世界经济的变化对广东经济结构会产生重大的影响。所以，我认为广东受到疫情影响的可能会更大，压力会更大，也更要从中寻找新的机遇。在这方面，广东是很有条件的，这一点其实也关乎“六稳”“六保”的方方面面，例如帮外来务工人员解决就业、社保、教育等问题。

破题的路径也是缩小收入差距，扩大中等收入群体，在这一点上，广东比很多地方条件更好，珠三角许多城市人均GDP已经超过了2万美元。广东现在建设都市圈，对于调动消费、创造投资有推动作用，但除了建设基础设施，更重要的还是“软基建”，还是社会建设。

在疫情防控进入常态化之后，广州的经济社会发展思路可以从“项目经济”转向“城市经济”。

怎么理解呢？对广州而言，单靠几个项目是远远不足以推动城市发展的。在这个时候，更应该思考整座城市如何往上走，要关注城市的整体升级。我认为抓项目没问题，但不能光抓项目，要把城市的短板补起来，实现城市整体升级，这样发展才会有可持续性。

广州要实现的“老城市新活力”，就是要求把城市当成整体单元去思考。包括要做“城市圈”，也不是简单的同城化，而是让城市圈更有活力、更加创新，吸引更多人才。

第六章

看清局势，看懂美国大选后的逻辑

跌宕起伏的大选：美国到底怎么了[①]

美国选举问题的本质

从西方尤其是美国民主演变的过程来看，美国选举真正呈现出来的现象是西方大众民主的一种必然结果。近代以来，民主刚开始的时候，大部分都是精英民主。我们说英国早期民主，有投票权的人非常有限，男性、有产人士或者给国家交很多税的人才能投票。当时的工人阶级没有投票权，更不用说妇女和少数族群了。一战、二战之后，投票权慢慢地扩大，到了 20 世纪 70 年代，西方才开始有了普选。比如，以前哈佛大学亨廷顿教授所说的第一波民主的一个典范——瑞典，妇女到了 1971 年才有投票选举权。于 20 世纪 60 年代开始的马丁·路德·金领导的美国少数民族、少数族群民权运动之后，美国才有“一人一票”制。今天我们所看到的一人一票的民

① 本文根据凤凰网香港号 2020 年 11 月对作者的采访整理。

主，其实还不到半个世纪，半个世纪的时间为什么演变到现在这样的程度？

从人均 GDP 看，假如说达到 1 000 美元的国家可以投票，那么人均 GDP 达到 1 万美元的国家也可以投票，现在像美国这样人均 GDP 达到 4 万 ~ 5 万美元的也可以投票，但是其背后的东西是不一样的。人均 GDP 为 1 000 美元的国家可以投票的话，会发生什么呢？这样的社会可能大家受教育程度很低，大部分人没有接受过高等教育，这样的投票很容易被收买。如果当人均 GDP 达到 1 万美元或者 2 万美元以上，那么大部分社会中产阶层接受过高等教育，就比较理性，投票人对候选人的判断能力就不一样。所以我们不能把投票行为跟社会经济隔离开。

1945 年到 20 世纪 80 年代，美国的民主是世界的典范，全世界各个国家都向美国学习，美国本身也在向全世界推广它的民主。但是为什么现在发展到这个程度呢？因为它缺乏自信。

欧洲一些民主国家也在嘲笑美国的民主。但欧洲的民主不是也选出了一个希特勒、一个墨索里尼？在一战、二战以后大家都接受教训了。就像这几年欧洲社会也有很强大的民粹主义，只是欧洲的福利制度比美国做得好，这方面的民粹还可以被压下去。把美国跟欧洲一比，大家可以发现从 1945 年到 20 世纪 80 年代，是西方民主发展具有实质性进步的一个阶段。20 世纪 30 年代的大萧条以后，西方各个国家政府实行凯恩斯主义，搞福利制度，福利制度跟民主一起扩张，那个时候到 80 年代，西方主要社会的中产阶层达到 70%，美国也是 70%。所以大家只看到两党即民主党和共和党之间的竞争，和平地竞争和公平地竞争。它的背景就是有 70% 的中产阶层，民主党左一点，共和党右一点，但是大家都要照顾到 70% 的选民。社会在自救，中产阶层也在自救。

20 世纪 80 年代开始，美国里根革命和英国撒切尔夫人革命以后，实行金融放松管制和新自由主义。这一波产生了哈佛大学教授所说的超级全球化。超级全球化为美国和西方社会，尤其是美国带来了巨量的财富，因为许多高科技公司都是美国的。但同时财富分配的差距导致社会分化越来越大，从 80 年代开始，美国中产阶层所占比例一路下滑，到今天不到 50% 了。一个社会的中产阶层从以前的 70% 下降到 50%，这个社会会怎么反应呢？奥巴马当总统 8 年期间，美国的中产阶层每年下降一个多百分点。所以我觉得没有奥巴马，就没有特朗普，奥巴马执政给特朗普打下了社会基础。

还有一个全球化带来的产业转移的问题。美国是穷人在城市，富人在乡下。黑人等少数族群都因为交通住在城里面，那些白人都在小城镇住着。那么现在产业结构就不一样了。以前的福特工厂时代，福特汽车凭借技术优势就大量开工厂，促进就业、贡献税收，工人阶级致富变成中产阶层。现在 iPhone 时代赶上了全球化，iPhone 也是美国的技术，但 iPhone 的生产跑到了中国和其他国家，所以美国没有生产 iPhone 的工人阶级和中产阶层，也就贡献不了美国的税收。美国这些年就一直“诬蔑”中国，说中国“偷”了美国人的工作，实则是珠江三角洲的农民工变成“美国的工人阶级”了。但是这不能怪中国，这是资本主导的，资本把许多生产放到其他国家。这是全球化的结果，不是中国造成的结果；是资本主义的逻辑，并不是中国“偷”的逻辑，说“偷”实在是侮辱中国。

“特朗普主义”会长期影响美国政坛

特朗普在任期间，以美国为中心的这个想法，尽管导致国际关系震荡很大，但实际上是美国内政的反映。因为美国在海外扩张过度了，国内又有那么多问题，支撑不了像美国一些学者所说的“美帝国”，于是外交作为内政的延伸，特朗普选择从国际上收缩回来，即以美国为中心，从自二战以来建立的国际秩序里面“退群”，甚至减弱与盟友的关系，加大了盟友维持同盟的负担。我觉得特朗普这个判断是对的。只是他“退群”的方式太粗鲁，对盟友的态度太粗鲁。还有他在美国实施的恢复经济、中产阶层减税、增加中产阶层就业机会等措施也是对的。只是他的方法还是以前作为一个公司总裁的方法，不是美国总统的方法，他把两个 president（总裁、总统）的角色混淆了。

特朗普政府应对新冠肺炎疫情确实不力。但是另外一方面，我觉得他找到了问题，把美国的真正问题，就是以前因为民主、共和两党讲政治正确，多年以来不敢去碰的那些问题提出来了。这导致很多人不高兴，因为他提出来的问题都是政治上不正确的。但是这些问题始终存在，还是要解决的，只是他在移民、全球化贸易、中美贸易等问题中解决的方式太差。所以，我觉得他把美国的问题正面地提出来了，并且做了一个尝试。我想特朗普走了，“特朗普主义”的遗产会长久地流传下去，它会一直影响美国政坛。

美国民主困境

这个困境其实简单地说，就是一人一票的民主。但是我们别忘了，现在真正的一人一票民主，还要加上社交媒体。在社交媒体产生之前的一人一票的民主还是精英民主，因为只有精英去动员，然后他们就成为政治参与者。精英不去动员的话，他们不会参与政治。因为 20 世纪 60 年代的一些学生运动号召大家都参政，所以他们叫 over participation（过度参与）。如果老百姓过度参与政治，民主的负担就会太重。后来大家觉得投票率低一点是好事情，投票率太高了也是个问题，因为过度参与，但 under participation 即参与不足也不行。参与度太低不行，太高也不行，那么西方的民主如何运作好呢？有一个中间地带就比较好。就像中国所说的中庸，不要太有激情，也不要太没有热情，人是理性的。

现在不一样，现在一人一票又加上社交媒体，所有的人都可以直接参与政治，特朗普就会用推特去影响他的支持者。社交媒体产生以前的一人一票跟现在的一人一票在形式上完全不同。这也是为什么美国、欧洲这几年民粹主义泛滥起来，这跟社交媒体是有关系的。以前所有的东西都是通过政党而动员起来，现在通过社交媒体、通过手机就能动员起来。

民主为什么这样走不下去呢？一人一票是为了什么？我们说一人一票就是为了一人拿一份社会福利，拿一份好处。那么一人拿一份的社会如何实现可持续性呢？首先要保证一人必须贡献一份。一人一票的民主保证了一人能拿一份，但是没有任何机制能保证一人贡献一份。那社会经济怎么弄？在超级全球化之前，比如说 1945 年到 20 世纪 80 年代，当国家有主权，资本流动又不是那么自由的时候，商人企业家阶层多贡献几份，穷人就少贡献几份，而且不贡献也行，因为可以通过国家税收政策解决。那么现在又赶上了一个全球化时代，“撒切尔新政”“里根革命”，为什么会发生呢？因为资本很聪明，国内税收太高且负担太重，资本就会跑到中国等其他税收低的国家。所以我觉得民主一定要解决一人拿一份跟一人贡献一份之间的矛盾。

以美国为主的世界体系需要调整

美国要有大国的样子，中国也要有大国的样子，尤其是中美关系不是简单的双边关系，在现代世界格局里是重要的支柱，哪一个国家都不能倒。无论是特朗普还是拜登当选美国总统，世界格局已经处于我们所说的百年未有之大变局。我不认为拜登上台就能使美国回归到以前的状态，可能他从态度上会对美国的同盟、国际秩序好一点，但真正能做到多少？美国已经力不从心了。

二战以后的秩序主要是由以美国为首的西方国家建立，中国、印度、日本等其他大国被排除在外，尤其是以金砖国家为代表的新兴经济体的利益并没有表现在国际秩序里面。我们实事求是地说，尽管每一个国家不论大小都一律平等，但实际上对世界秩序的贡献是不平等的。美国对世界秩序的贡献能跟尼泊尔相比吗？所以平等只是原则上的，大国应当提供更多的国际公共品。

美国不要把这个世界体系看成自己的，而应当把这个世界体系开放，让其他国家来参与，来分担它的责任，这样反而能使美国的地位保持得更长久。再者，特朗普在任几年对美国的所作所为都使得美国的软力量降到最低点。比如这次新冠肺炎疫情，没有一个国家，包括它的盟国去求助美国。所以美国在世界上的角色会改变吗？是不是拜登一上台美国就可以恢复呢？我觉得美国需要很长一段时间才能恢复过来，但同时我们也要意识到美国的硬力量还是在那里，美国的整个经济体系没有因为这次新冠肺炎疫情而受到很大的伤害。只要硬力量还在，美国的软力量就可以恢复过来。所以我们对美国还是要有一个现实的估计，它还是世界上最强大的国家，尤其在军事上仍是世界上最强大的国家，美元也照样强大，它的市场还是很大，它的创新能力并没有因为新冠肺炎疫情而终止。

美国缺少的是自信，即使它很强大。现在因为中国的快速崛起，美国相对衰弱了，但实际上美国社会还是在进步，尤其是在科技经济方面。所以我觉得美国需要一段时间恢复，但它还是可以在世界事务中扮演一个非常重要的角色，即其他国家扮演不了的一个角色。

特朗普走了，但特朗普的“遗产”仍在[①]

特朗普的“遗产”

未来的历史学家会这么说，美国的变化、中美关系的变化，甚至二战以后世界格局的变化，就是从特朗普上台开始的。他虽然走了，但是已经留下了他自己的“遗产”。

这份“遗产”对美国国内，对中美关系，甚至对国际秩序来说都是很“厚重”的。从传统的观点来看，他治理美国并不成功。他既没有使美国更伟大，也没有使美国变得更好，但他确实改变了美国，改变了中美关系，也改变了整个世界格局。

对美国国内来说，他确实引入了一场对美国政治的革命。这场革命就是民粹主义革命。从他的执政方式来说，他是美国历史上第一个非精英型的局外人总统。他执政的风格是革命性的、反建制派的，而且也成功了。

---

① 本文系澎湃新闻记者刘栋对作者的专访，刊发于 2021 年 1 月 20 日。

他成功使共和党转型，此前共和党主要代表商人阶层的利益，这四年他通过煽动民粹主义，使共和党转而主要代表中下层白人群体的利益。不要忘记，有差不多一半的美国人支持特朗普的共和党。共和党被深深打上了特朗普的烙印。特朗普走了，他的“遗产”不会走，特朗普主义不会走，还会长久保留。

美国社会自内战以来，从来没有像今天这样分化，这便是特朗普的“遗产”。眼下美国从方方面面来看，阶级的分化、种族的分化、地域的分化等，都是史无前例的。

“特朗普主义”不是从天上掉下来的，而是美国的社会与经济结构变化导致的。所以，这不是任何人能解决的，也不是拜登能解决的，要花好几代美国人的时间才能解决这个问题。

特朗普对全世界造成的影响

在二战以后建立的世界秩序中，美国是一个主要的角色，而这在特朗普时代遭到了很严重的破坏。特朗普四年来不断“退群”，实际上是让美国从二战后的联合国体系内退出来。不仅从世界体系退出来，还从它的盟友体系退出来。尽管所有这些被破坏的关系拜登都要修补，但是不是一年两年能完成的。

旧的全球秩序在特朗普时代加速崩溃，新的体系会怎么样，我们还没有看到。许多发展中国家，甚至包括美国的盟友现在对美国都不太信任。尤其是这次新冠肺炎疫情，我观察到这是美国进入世界体系100多年以来，第一次其盟友没有向美国求助，美国在抗疫中也没有扮演一个正面的角色，而是扮演了一个负面的角色。

经过这次疫情，美国软实力的衰落是非常明显的，它是否能在短期内恢复过来？我个人认为很难。

这几年欧洲国家对美国领导的联合国及世界体系也有很多质疑。所以现在欧洲的崛起也非常明显。欧洲想要更多的自主权，不再受美国的过度制约，不会像二战以后那样对美国服服帖帖了。即使拜登想要修复和所谓的盟友的关系，恢复世界领导地位，也不会那么容易了。

目前全世界正朝着多极化发展，美国、中国、印度、德国等多极化是一个大的趋势。如果说以前多极化还是个理想，那么经过特朗普治理美国的四年后，世界朝着多极化的方向加速发展。

拜登政府的挑战

拜登新政府上台后，管控新冠肺炎疫情是最迫切的问题。美国医疗专家估计，最糟糕的时候还没有到来，如何控制疫情是他最直接的挑战。

经济方面，他提出了自己的“拜登经济学”，包括大规模经济刺激计划，恢复并扩大中产阶层规模，实施向弱势群体倾斜的政策。不过，我的疑问是他到底可以做多少。

如前文分析，拜登会是一个非常弱势的总统。当前美国内部非常分裂，拜登的支持力量主要集中在东部沿海和西部沿海地区的高科技公司，他要想弥合美国的分裂，就必须获得相当一部分共和党的支持者，也就是美国中部那些农业州的民众，否则拜登执政的基础会非常薄弱。

他组建政府的原则，还是以前传统的精英主义做法，讲政治正确，而并不是要改变美国。我并不认为拜登经济学的任何一条能做到，我想他改变不了美国社会的分裂状态。

从国际上看，在拜登的全球战略框架下，他对盟友确实会友好一点，如重返《巴黎气候协定》。虽然他可能会回到精英主义的政策，但是美国的全球战略在其他方面不会发生任何变化。

中美关系展望

奥巴马政府也好，特朗普政府也好，拜登政府也好，美国现在的外交重点在亚洲，这一点我们首先要明白。因为世界经济的中心、地域经济的中心在亚洲，美国的地缘政治和地缘外交的中心也都会在亚洲，这个结构性的东西不会变化。

从奥巴马提出重返亚洲，到特朗普提出印太战略，美国都把重点放在亚洲，在这一点上，拜登政府不会发生任何变化。虽然还没有正式出台，但拜登的亚洲政策其实已经成型了，就是修订改良版的印太战略。

最近在亚洲协会的一场会议中，基辛格、舒尔茨等老一辈美国外交家认为“中美必须找到打交道的方式”，依然坚信中美可以理性对谈；而拜登提名的白宫国安会印太地区协调员坎贝尔表示，美中关系最重要的三个品质应该是可预期性、稳定性和明晰性。

对此我想说，美国现在已经没有像基辛格那样的战略家了，现在已经不是基辛格的时代了。当时的中美苏三角情况跟现在完全不一样，美国也还没有出现能处理现在这个时代的大战略家。

目前拜登提名的中国和亚洲团队人选更多体现出技术官僚的特点，他们更多从意识形态层面来看中国。我认为理性和信任并不矛盾，即便没有信任也是可以合作的。只是有信任的话，大家做事容易一点，没有信任，大家做事就困难一点。

拜登代表的是美国内部的精英主义。他对中国的政策还是会比特朗普理性一点。舒尔茨说的理性其实就是坎贝尔说的可预测性。坎贝尔所指的是特朗普的外交政策一点也不可预期，这是不符合精英政治的。特朗普破坏了美国外交所有的游戏规则，这不符合美国的利益。如果坎贝尔团队让美国的外交政策恢复这种可预测性，也就是理性，那也是中国所乐见的。

虽然中美之间因为有不同的国家利益，一些冲突不可避免，但是在今天的世界，一些全球性议题不是哪个国家单打独斗就可解决的，气候问题与新冠肺炎疫情都是这样的例子。所有这些结构性的问题都要求大国之间进行合作，单独一个国家解决不了。

我对拜登（政府）不抱任何幻想，拜登或许会与特朗普有些差异，但他在某些问题上可能会更强硬。他和特朗普的区别是他是一个理性的美国优先论者。至于对待中国的态度，他的目标会和特朗普一样，但是手段方法会不一样。

目前，美国社会内部极端分裂，两边都非常激进。如果拜登能在短时间内把美国社会稳定下来，那就不得了了。在这样的情况下，外交不是他的重点，他不会马上把精力放到中美关系上，而是会优先处理美国和盟友的关系。我担心的是，在内政做不下去的时候，他就将国内压力转移到外交上，尤其是针对中国。

疫情重塑全球秩序

过去这一年，疫情对全球秩序产生了诸多重大影响。

首先是经济秩序基本上被破坏了。许多国家的内部也发生了变化。一些产业衰落，一些企业倒闭，但另一些产业和公司得到了发展。新冠肺炎疫情造成了西方国家的产业结构和社会结构的变化，贫富分化也加大了。

国家之间关系的变化就更不用说了，尤其是中国和美国之间。百年未有之大变局就是因为中美关系的变化引起的，而新冠肺炎疫情加速了这种变化，加速了世界多极化的趋势，同时加快了美国的衰落。不过，美国在国际上的衰落是相对的衰落，不是绝对的。

虽然美国现在面临治理危机，但是美国的经济体系优势仍然存在，美国的创新能力还是世界上最强的。

从二战到现在，美国一直都有一种担心自己失去第一位置的心态，从英国到苏联再到日本，美国一直都要打压对它形成威胁的国家。亦如前文所言，未来面对美国的这种打压，中国的对外开放政策是化解美国及其盟友“围堵”中国局面最有效的武器。中国的强项在于开放的潜力，在于市场。

今天美国再也不可能组建一个冷战时期的西方阵营了，那时候的西方阵营已经一去不复返。

我们要看到自己的短板，不要骄傲，也不要自卑。中国不要被美国牵着鼻子走，作为世界第二大经济体，中国有能力应对美国的打压。中国要善于利用自己在一些方面的优势，不要陷入美国所设定的修昔底德陷阱，不要相信美国的论调而往那个方向走。

疫情下的民族主义情绪与人类挑战

二战激发了欧洲国家的民族主义，使得欧洲国家之间一点信任都没有。实事求是地说，美国在那个时候表现出了国际主义，包括帮助中国，那么当现在美国表现得如此民族主义的情况下，中国是不是也可以多一点国际主义，少一点民族主义呢？

新冠肺炎疫情还未结束，2021 年的国际秩序主要就看中美关系。中美如果找到合作的地方，世界秩序的重塑或重建就不成问题。中美如果发生冲突的话，世界秩序就会变得非常糟糕。中美现在的一举一动，其影响不光只在中美之间，世界的和平也取决于此。

拜登对华将是可预期的理性强硬[①]

拜登是一个传统的美国民主精英，对民主自由感兴趣，所以南海问题、台湾问题未来四年可能会尖锐化。

中国的开放政策是分化美国最好的策略。美国各个利益集团对中国的看法是不一样的。中国市场太大，资本需要利益驱动，肯定要走向能赚钱的地方，中国还是最赚钱的地方。所以中国要全面扩大开放，才能改变世界格局，才能使中国真正成为一个世界强国。

拜登政府可能会继续强硬

特朗普和一些美国强硬派在过去几年始终把中国放在美国的对立面，对中国进行妖魔化，而且极限施压。拜登上任后这样的警报能解除吗？

我认为美国的强硬路线会继续下去。特朗普的强硬路线从奥巴马

① 本文整理自凤凰网 2020 年 10 月对作者的专访。

执政后期就已现端倪了。奥巴马在执政后期提出“重返亚洲”（Pivot to Asia），那就是为了针对中国，特朗普的政策就是对奥巴马政策的延续，拜登也可能进行延续跟修正。

那么延续跟修正实际上在早期有它的好处。奥巴马针对中国的政策实际上是比较全方位的。特朗普刚上台时侧重经济面，因为他要解决美国的经济问题，所以美国挑起了与中国的贸易战，主要是在经济方面，后来再慢慢恶化，扩展到全方位。

美国对华的强硬路线已经形成了，美国的对华强硬力量也已经都动员起来了，动员起来的力量也不会一下子消失。我想这会延续到拜登政府，不同于特朗普之处，可能是他对中国的态度是理性的。

特朗普制造了很多“黑天鹅”和“灰犀牛”事件，拜登可能还是会回归到延续奥巴马的对华政策，仍然强硬，但是相对可预期、理性一点。我是觉得二者的区分在非理性的强硬跟理性的强硬。

有一点我们要看清楚，特朗普刚上台时强调的重点是美国优先。但因为内政有太多的制约，特朗普在内政领域出不了政绩，所以他将重点转向外交，尤其是中美关系。所以中美关系实际上是美国内政的一个牺牲品。

是不是拜登上来了危机就解除了呢？我认为，拜登在未来四年很可能是一个非常弱势的总统，我并不认为他在内政上能做多少事情。美国总统往往是在内政上做不了什么的事情。拜登入主白宫后，我们还是要持续关注中美危机。

对中国来说，特朗普跟拜登不同的地方是，特朗普对民主自由问题并不感兴趣。公平地说，他是这么多年来唯一一个没有发动战争的美国总统，他还在中东缔造了所谓的和平，使得几个阿拉伯国家跟以色列建交，他认为自己应当得诺贝尔和平奖。他对民主自由不关心，因为他有商人背景，主要是从经济利益来考量。

但拜登是一个传统的美国民主精英。人权高于主权的理念就是民主党的克林顿政府提出来的。拜登对民主自由感兴趣，特朗普不感兴趣。特朗普对战争不感兴趣，拜登可能感兴趣。所以，拜登如果入主白宫，南海问题、台湾问题可能会尖锐化。新疆问题、西藏问题等也都是民主党以前一贯关注的。

所以我们不要对美国换总统出现一种新的幻想，中国还是要凭自己的力量与美国共存，这是关键。如果中国老想着如何打败美国，美国老想着如何打败中国，这是非常愚蠢的想法。中美这样的大国，只要自己不打败自己，哪一个国家都是打败不了对方的。如何跟美国和平共存？这应当是我们所思考的问题。

中美接下来在哪些领域可以破冰？

在国际舞台上，中国美国两个大国其实是优势互补的，关键在未来的日子里，这两个大国怎样能够取长补短。

从客观的、学术的角度来说，中美两个国家在世界上的角色真是非常互补的。中国没有任何想法要取代美国，我们的领导人也一直表示从来没有要去挑战美国，我们还是要跟美国搞好关系的。我们对美国主导的国际关系、国际秩序的态度是先请进来，请西方资本到我们国家来；然后我们去接轨，改变我们自己的法律法规体系，以符合世界标准，我们再开始走出去。

那么到现在的发展阶段，我们成为世界第二大经济体、最大的贸易国，取得很多第一，我们提出“一带一路”倡议，建立亚投行、金砖银行，这些不是要取代美国的体系，只是对现代世界体系的一个补充。所以中美两国之间其实是非常互补的，希望美国更有自信，中国也更有自信。

美国所谓的中国会威胁到它的国内安全、科技等领域，是很难解决的问题，因为这是美国的内部政治导致的。我们影响不了美国内政，我觉得我们可以有所作为的就是国际层面。

拜登说，美国不会退出世界卫生组织和《巴黎气候协定》，这些都涉及中美的共同利益，其实在奥巴马时代美国就已经开始关注共同利益了。在应对新冠肺炎疫情方面，中美也是可以合作的。美苏冷战期间，美苏两国也有医疗合作。

还有一些领域，特朗普做得实在过分了，拜登可以有一些调整空间。例如留学生和中美之间的科技交流，特别是民用科技领域。以前我在美国留学的时候，实验室里面要么是中国人，要么是印度人，要么是东欧人，美国缺少这方面的人才。如果美国不让中国的科技人才留学，对它自己也有很大伤害。

特朗普跟中国达成的第一阶段经贸协定，我想拜登也不会废除，拜登可能会做加法。因为拜登在中部州的支持力量很弱。民主党已演变成代表东部沿海和西部沿海大资本的利益了，中部这些农业州对拜登的支持力量很弱。而中美第一阶段的贸易协定是有利于中部农业州的，拜登应该不至于把协议废掉。

总之，即使美国把我们看成竞争对手，我们也应当继续开放，甚至它把我们看成敌人，我们还是要有放松的心态做好自己。

美国现在的“愤怒”很没道理[①]

近年来，个别西方国家鼓吹的保护主义、单边主义严重挑战经济全球化和多边主义，一场席卷全球的新冠肺炎疫情，本应让世界更加团结一致，但事实是有的国家甩锅、拆台，让全球抗疫举步维艰。

美国在现有国际治理体系中的地位变化

从历史上看，近代意义上的“国家”是在欧洲产生的，两次世界大战都是主权国家间的战争。在国际政治中，主权政府是最高政治实体，不存在高于主权国家之上的权威。为了协调主权国家之间的利益纠纷，达到遏制战争、实现和平的目的，国际联盟（以下简称“国联”）、联合国这样的国际组织应运而生。

为什么国联没有运作好？用今天的话说，就是当时国联内部没有民主公平。大国（战胜国）往往起主导作用，小国则依附大国“搭便

① 本文整理自“侠客岛”2020年10月对作者的专访。

车”。国联解决不了初衷和实效之间的矛盾，最终成了帝国主义的工具。加上国联内部列强间的矛盾，注定了它的消亡不可避免。

二战后联合国取代国联。相对而言，联合国是一个开放型组织。国联的主要成员是西方列强，联合国的包容性更好一些，包括二战后独立的国家也不断被吸纳进来，目前已有 200 多个成员。虽然联合国内部还是有大国起主导作用的重要机制（比如安理会等），一定程度上也在公正性原则和国际现实间有所妥协，但联合国机制上的民主性、公平性相对较好。

在相当长一段时间里，美国在联合国体系内扮演着主导角色。衡量大国的标准之一，就是看这个国家能提供多少国际公共产品。

但大国本身的地位不是固定的，国家间的均衡状态也是动态调整的，这跟各国国力消长有关。比如在联合国成立早期，欧洲国家扮演了重要角色；后来，战后经济迅速增长的日本，新兴国家如中国、印度等，都提供了越来越多的国际公共产品。不同国家角色的相对变化能否及时体现在联合国体系内，这就涉及所谓“联合国体系改革”的问题。

作为主导者的美国，对这种变化满意吗？我们看到，美国提供国际公共产品的能力在下降，包括拖欠联合国会费，不愿意在一些重大国际事务上出力（气候变化、控制疫情等），但美国作为主导者，并不愿意放弃自身的地位。理论上，美国承担着联合国体系内最大的责任，但其现有能力与此已不相匹配。

美国是否会重新建立国际组织？

有些人担心，美国对现有联合国体系的不满，会使其不断架空该体系，甚至另建一个国际组织，但重起炉灶的代价很大。虽然美国对联合国及其下属机构不满意，但大部分西方国家不这样看。

应该说，联合国是很成功的，尽管其内部有很多争执。75 年来，地区性、零星的战争没有断过，但是大的战争没有发生过。联合国在世界各地维持和平、协调各方。包括维和部队、世界银行、世卫组织等，都是联合国体系的一部分，起到了很大作用。

现在世界的共识是联合国应该存在，也应该改革，但不是推翻现有联合国体系。

问题是，美国内部民粹主义、超级民族主义情绪高涨，深刻影响了国际体系。美国不仅在联合国体系内“退群”，就连美国自己主导的《跨太平洋伙伴关系协定》、双边或多边同盟关系都要伸手破坏。美国若真的放弃现有国际体系另起炉灶，还能保持领导地位吗？

美国在二战后成为国际社会的“天然领袖”，是因为当时欧洲列强打得不可开交，元气大伤。二战后，美国是被“邀请”来做世界领袖的。想象一下，如果今天的美国要架空现有体系，还会有其他国家邀请美国当世界领袖吗？法国都说要组建“欧洲军”了，只要美国稍微理性一点，就会对此有比较客观的认识。

美国对国际体系的理解有误

美国现在很“愤怒”，认为国际体系的问题是中美之争，比如在疫情中把世卫组织说成被中国“绑架”“收买”，这很没道理。一个国家在国际体系里的地位，取决于该国做出多少贡献、提供多少国际公共产品。中国、印度等新兴国家提供的产品多了，在体系内的地位自然会上升。

此外，美国还觉得自己不该跟“小国”一样只有一票，应该有更大话语权。这是国际体系实际运作和国家实力原则的矛盾，有点类似于西方国家选举中，穷人和富人都只能投一票。但如果联合国体系变成谁的拳头大就听谁的，这个体系就回到国联的老路上去了。

当今世界确实存在很多重大的、没法靠一国完全解决的国际问题。比如气候、贫困、生物多样性、性别平等等。现在民粹主义泛滥，很多国家觉得“外部与我无关”、本国利益最大，但实际上如果不合作解决问题，很多国际问题会通过“负外部性”蔓延到本国。可以说，单个国家能解决的问题就不叫国际问题了。相比气候、饥饿等，中美争议的问题是“小问题”。

以前美国可以提供足够的国际公共产品，或者出钱让盟友提供。随着美国国内问题的积累，加之以前管得太多，其在国际舞台上越来越力不从心。因此，本届美国政府希望战略回撤，减少对国际事务的卷入；但如果不能提供足够的公共产品，其他国家就要补上这个空缺，否则国际体系就解体了。

从美国自身的利益出发，这种调整是必要的。但是把国际问题简单化成不断“退群”、搞单边主义，是完全错误的。病毒传染难道跟美国无关吗？金融危机不会传导吗？气候变化、环境污染不会影响到美国吗？

归根结底，还是美国对国际体系的理解有问题。按照世界银行前行长佐利克的说法，每个国家都是联合国的“利益相关者”，各自提供公共产品，提供多少是动态变化的。但美国现在的理解是，这些国际空间都是我的，不是中国的，你提供公共产品多了，就占了我的国际空间。这相当于把国际空间看成私人财物，是帝国主义的逻辑。

在这种观念的支配下，美国就会把“一带一路”、亚投行理解歪了。中国说这些只是补充，没有说要取代原有体系，也没说要取代美国的地位。在中国看来，你不做的，我做一点补充，且这种补充也是开放的，所有国家都可以参与，这本来就是多边主义的。这就是视角不同。

“后疫情时代”的国际体系

疫情已经让大家看到了“不合作”对国际体系的冲击，那未来怎么办？

疫情的教训是很明显的。实际上这次世卫组织发挥了很大作用。美国说要跟世卫组织撇清关系，但美国疾控中心实际上一直跟世卫组织保持着信息互通。75年过去，一个很清楚的事实是，大家还是需要国际组织，人类社会没法退回到此前相互孤立的状态。历史上，国际体系的重建往往以战争为先导，但战争的代价太大了。

《21世纪资本论》的作者皮凯蒂就呼吁，各国政府要联合起来解决问题。哪怕是看上去很个人化的议题，也需要国际合作。比如一个国家的财富分配，可以通过税务合作、共同打击逃税漏税来间接解决，国际刑警组织则可共同打击犯罪。

有人说“先办好自己的事”，不要太操心国际问题，这种理念是狭隘、自私的。好比一个家庭内部，如果每个人都很自私，家庭怎么维持？一个国家以自己为主没问题，但也要对国际社会有所贡献。毛泽东当年就说，国际主义和爱国主义不矛盾。

美国特别强调 local（本地化），比如希望通过贸易战达到贸易平衡。但如果光看本地、不看国际，美国贸易逆差实际上在增加。美国 2020 年 7 月的贸易逆差又达到 12 年来的最高点。这就说明，光靠本地化视角解决不了国际问题。

这不是说国家内部的视角不重要。经济全球化创造了巨大财富，但一些国家没能力做好重新分配。小国不加入经济全球化就穷，一加入可能变富，也可能完蛋。所以，一定要达成地方利益和国际利益的均衡。

现在确实是关键时刻，如果各国不能达成共识，真的很糟糕。中国现在是国际体系和多边主义最坚定的维护者。美国当然希望中国帮着提供更多的产品，帮着美国“减负”。但如果什么是公共产品由美国定义，怎么提供也由美国决定，是不可能的，中国有自己的定义和方式。欧洲国家现在也是这个态度。

我觉得，美国应该放宽心态，允许各国以自己的方式提供国际公共产品，不要总是指手画脚的，不然别国肯定不乐意。

警惕美国大选的危机给中国带来冲击[1]

美国大选的争议

美国大选的投票结束之后，计票工作遇到了很多困难，特朗普和拜登都曾声称自己获胜。如何理解这次大选的争议？

这场选举已经变成了美国的政治危机，也有人认为有可能将美国导向一场宪政危机，甚至使美国陷入不同规模的内部暴力。今天美国的民主已经不再是传统意义上的民主，而是赤裸裸的民粹。特朗普靠煽动民粹起家，也靠民粹（推特）治国，把民粹因素用到极致。

拜登走的是更类似传统精英主义的路线，尽管受精英（包括建制派和传统媒体）的拥护，但不为民粹（尤其是白人民粹）所接受。无论从欧洲还是美国本身的经验来看，传统政治精英很难竞争得过民粹主义政治人物。2000 年的美国大选，小布什和戈尔竞争，最终不得不通过美国高等法院的介入解决问题，戈尔承认小布什当选。如果类

---

① 本文整理自 IPP 评论 2020 年 11 月对作者的采访，有删改。

似的情况再现，最高法院再次介入来选出胜利者，那么落败的一方及其支持者会罢休吗？俗话说，“法不责众”，这在宣称“法治国家”的美国也是如此。很多美国法律专家已经指出，最高法院能否解决问题主要还是取决于政治人物及其支持者的态度。从特朗普和拜登的对立程度来看，人们可以确定，如果出现类似2000年的情况，谁也不会轻易言输。无论是特朗普还是拜登，都已经将这场选举和国家的存亡等同起来，宣誓出誓死决战的政治决心。美国全国范围的抗议活动几乎是不可避免的。

今年的美国大选计票工作为何会拖这么久？很多人开始用阴谋论来解释这个问题。

其实，特朗普在投票之前一直试图利用新冠肺炎疫情大流行来推迟选举或者以其他方式来影响选举的正常进行。他花了不少精力诋毁邮寄选票的有效性，以便提前取消11月3日投票的合法性。

尽管这些行动遭到民主党（也包括一部分共和党人）的强烈抵制，但特朗普向其支持者发出的信息是，不管选举结果如何，他都要赖在白宫。“黑人的命也是命”（BLM）运动的激进化和暴力化也为特朗普提供使用暴力来维持秩序的合理性。前几个月在波特兰和芝加哥发生的骚乱和抢劫也似乎论证了这位自诩为“法律秩序”的总统决定的“正确性”。特朗普执意在波特兰市中心部署国土安全部的部队来恐吓人数相对较少（大多为和平）的抗议人群。但特朗普的这种行为很可能导向抗议活动的扩大和暴力的升级。

这次选举的邮寄选票数量大幅增加，因此计票工作需要较长时间，而这意味着在投票数日之后才能知道最终结果。在这段充满不确定性的窗口期，任何一方或双方都可能试图根据当时的计票结果来宣告胜利。

在过去的采访中，特朗普已经含糊地说，即使他失败了，他也不会离开白宫。事实上，特朗普在积极为这种局面做准备，而民主党人也在思考如何把失败了的特朗普驱赶出白宫。拜登说，效忠国家的军队会把特朗普架出白宫。一些前将领效忠国家的言论使很多人相信军队会把特朗普赶出白宫。但也有人说，军队不能干预政治，应当由秘密警察把特朗普赶出白宫。

美国国内政治为什么会撕裂到这样严重的程度？

这些年，特朗普在治理上是失败的，但在民粹政治上则是成功的。特朗普的社交媒体几乎彻底摧毁了传统媒体。今天支持特朗普的美国民众对媒体普遍持不信任的态度。社交媒体上谣言、阴谋论满天飞，充斥着大量没有经过最起码的新闻专业精神检测的虚假信息。人们把传统媒体简称为“假新闻”，而他们的“真相”只能来自Breithart、Infowars和福克斯那样的“特朗普媒体”。

对特朗普的支持者来说，特朗普说什么都是正确的，做什么都是正确的。当特朗普说消毒液可以治新冠肺炎，一些人真的去喝了消毒液。他们把特朗普视为美国的救星，同时把民主党的拜登视为叛国者。特朗普阵营一直在叫嚣，如果拜登当选总统，那么他必然会把美国出卖给中国。

那么拜登阵营又是怎样的呢？这是一种作用与反作用的关系，特朗普阵营对拜登阵营有多恨，拜登阵营对特朗普阵营就有多恨。

特朗普和拜登的对立并不仅仅是共和民主两党的对立，更是高度分化了的社会力量的对立。实际上，这种现象也不难理解。从前美国的两党尽管也有争吵，但两党均可以宣称它们都是为了“国家利益”，并且对国家利益有共识。

究其原因，就是美国当时拥有庞大的中产阶层（70%左右）。在存在一个庞大的中产阶层的情况下，两党都要照顾这个中产阶层的利益，不会左得离谱，或者右得离谱。但今天不一样了。美国的中产阶层已经缩减到50%左右，社会高度分化。社会互相对立，政党互相否决。

美国选举会如何对国际社会产生冲击？

美国仍然是一个霸权大国，其内部所发生的一切都会产生巨大的外部影响力。西方普遍认为，如果特朗普连任，那么他会继续给世界带来危机，甚至更大的危机。二战之后，美国一直是世界至少是西方世界的领袖，但特朗普则利用美国的领袖地位把二战之后的秩序破坏得差不多了。联盟是美国霸权的基础，但特朗普视“联盟”为美国的负担，因此美国与盟国渐行渐远。

同样，美国是战后国际组织的建设者，也是诸多国际组织的领导者，但特朗普陆续“退群”，退出国际组织和国际协议。无论是同盟还是国际组织，本质上都是多边主义，但特朗普搞的都是单边主义。对主导国际秩序的西方世界来说，他们很难再忍受特朗普了，因此希望拜登能够当选，促成美国回归到从前的状态。

不过，美国对世界的最大影响莫过于这次选举给美国这盏“民主灯塔”带来的不确定性了。美国一直自认为是民主的典范，而其他国家也是这么认为的。目前美国民主出现的乱象必然会给那些信仰美国民主的人带来幻灭感，尤其是那些还没有发展出西方式民主的发展中国家。

德国民调机构 Dalia Research 前不久发布的 2020 年民主认知指数显示，认为美国促进世界民主化进程的前 10 位国家是尼日利亚、越南、印度、菲律宾、以色列、肯尼亚、委内瑞拉、巴西、罗马尼亚、波兰，而认为美国妨碍民主化进程的前 10 位国家是中国、德国、奥地利、丹麦、爱尔兰、比利时、加拿大、瑞典、希腊、法国。

很显然，除了中国，反倒是民主国家（包括美国的盟友）对美国民主有比较现实的看法，而那些发展中国家则对美国抱有过度理想的看法。现在美国民主出现了如此大的问题，这些美国民主信仰者又会怎么想呢？

这次美国选举会对中国产生什么影响？

美国大选的争议必定会波及其他国家，尤其是被美国视为“敌人”的中国。对中国来说，美国选举也把中美关系拉入了危机管理模式。特朗普认为拜登当选之后会把美国利益出卖给中国，可见中国在美国这次选举中的政治重要性。

特朗普和美国强硬派这些年拼命妖魔化中国，使得反华有了社会基础。特朗普会不会通过给中国制造危机，进而以此为借口在其被击败之后不想下台？这些也并非不可想象。对中国来说，至少在如下几方面，危机管理必须提到议事日程上来：台海新危机、南海冲突、中印边界冲突、美国禁止中国使用美国的 App 等。

即使拜登最终当选美国总统，我们也不能预测中美关系会回归到特朗普上任前的状况。也就是说，美国对华强硬的大趋势不会变化。我个人认为，在对华关系上，特朗普表现的是非理性的强硬，拜登表现的是理性的强硬。特朗普经常制造令人意想不到的事情，趋向于把中美关系带到临界点。拜登在这方面会有所改变。中美关系只要回归理性，就总能找到合作的领域。所以，一些领域的冲突和一些领域的合作会是拜登时代的中美关系的特点。这也符合大国关系的常见特征。

第七章

聚焦：未来如何与美国共存？

大变局中的中美关系新趋势[①]

中美关系是世界上最重要的双边关系，但这些年来却进行得很辛苦。中美两个最大经济体之间的贸易摩擦，已经给世界经济蒙上了巨大的阴影。疫情在全球蔓延，带来巨大风险挑战，这个时候最需要两个大国之间的合作，但人们却没有感觉到两国合作的气氛，倒是闻到了浓浓的“硝烟味”。

无论是围绕着贸易还是新冠病毒，两国间日益紧张的政治气氛已经使得本来可以发生的合作烟消云散。新冠肺炎疫情考验着美国的内政外交，在很多方面促成了美国对中国真实而深刻的忧虑，这种真实性和深刻性是人们正常时期所不能感受到的。

第一是对经济高度依赖中国的忧虑。谁都知道中美两国经济的相互依赖性，但谁都没有对这种高度依赖的后果有过如此深切的感受。正如美国国会众议院外交事务委员会共和党议员米切尔·麦考尔（Michael McCaul）所说：“我确实认为我们要审视我们的供应链，我

---

① 本文原载于《人民论坛·学术前沿》2020 年第 7 期。

们 80% 以上的医疗物资供应来自中国。如果我们在这样的危机来临时刻还必须依赖中国，当他们威胁我们说，要把我们置身于新冠病毒的地狱，拒绝提供医疗物资给我们，美国就必须重新审视、思考我们能否在美国制造这些产品。”的确，自 20 世纪 80 年代开始的全球化使得美国资本主义高度异化。在新自由主义旗帜下，美国的资本主义为了逐利，把大部分经济活动迁往海外，包括与人民生命密切相关的医疗物资生产。当特朗普大谈美国拥有世界上最强大的经济、最好的医疗卫生体制的时候，老百姓需要的只是简单的口罩、洗手液、防护服、呼吸机等，而这些能够给人民带来安全的物资，美国已经不再生产或者产能不足了。这个现实无论是美国的精英还是民众都难以接受。因此，今天的美国出现了“去全球化”就是“去中国化”的论调。但很显然，这并非是因为中国，而是因为资本使经济利益完全与社会的需要脱离开来。经济本来是社会的一部分，但经济脱离社会时，危机的发生便是必然的。

第二是对中国体制的忧虑。中美之争说到底就是体制之争。中国的“举国体制”在抗疫过程中所体现出来的有效性，更加强化了美国精英对中国体制的担忧。就美国体制而言，如美国政治学者福山所说，美国这次抗疫不力并非美国体制之故，美国总统要负更大的责任。如果说美国精英对美国体制没有有效的反思，对中国体制的恐惧感则是显而易见的。中国媒体对中国体制的弘扬和美国精英对中国体制的攻击，不仅形成了鲜明的对比，而且两者互相激化，即中国越高调宣扬，美国越恐惧。

第三是对美国全球地位被中国取代的忧虑。疫情在美国快速扩散，美国自顾不暇。新冠肺炎疫情把特朗普的“美国中心论”推向一个极端，显示出美国的自私性，单边主义盛行。美国不仅单方面对中国断航，也对欧洲盟友断航。新冠病毒几乎断了美国世界领导力之臂。相反，中国在本土疫情得到控制之后，不仅对发展中国家，而且对美国的欧洲盟友，甚至对美国提供援助。

美国担心新冠肺炎疫情会深刻地弱化甚至消除美国地缘政治的影响力。还应当指出的是，尽管欧洲国家需要中国的援助，但各国对中国援助所能产生的地缘政治影响也保持着高度的警惕。在中美两国关系上，今天双方的冲突具有越来越深厚的社会基础，即两国内部日益滋生的民族主义情绪。来自美国的各种民调显示，美国人对中国的好感度已经跌到了中美建交之后的最低点。中国尽管没有类似的民调，但从互联网上高涨的民族主义情绪来看，民众对美国的好感度之低也是史无前例的。

疫情无国界，应对疫情是全人类共同的任务。当前，面对新冠肺炎疫情引起的一系列“蝴蝶效应”，国际社会紧迫地需要中美两国深化合作，承担更多责任，提供更多公共产品，共同抵抗这一全球威胁。但随着疫情在美国的继续扩散，美国政治人物把责任推给中国，反华浪潮在美国快速崛起，加之被疫情恶化的经济危机、社会恐惧和美国内部治理危机，各种因素都有可能激化中美之间的结构性矛盾。如果是这样，那将是全世界的灾难。

面对整个世界的历史性转型，中国更要始终保持足够的战略定力。中美两国能否跳出大国竞争“零和博弈”的历史怪圈，是“大变局”时代对两国政治智慧的最大考验。

中美两国在争些什么？[①]

中美贸易战从一开始就注定是一场持久的拉锯战。中美两国基本上主导了20世纪80年代之后数十年的经济全球化。很难想象，如果中国的邓小平没有提出改革开放政策，而美国没有发生里根革命，全球化在此后的数十年会不会如此迅猛。也正因为这样，中美两国的经济很快就发展出一种高度依赖关系，这种关系曾经被一些美国学者称为“中美国”（Chimerica），中国的一些人称之为“夫妻关系”。贸易战发生之后，很多人根本不相信关系如此紧密的两个经济体会脱钩。从经验来看，这种紧密的关系并不是没有脱钩的可能性，但脱钩的过程注定是漫长且痛苦的。

所谓的贸易战，就是一些学者所说的把两国的经济互相依赖性“武器化”，用自己的经济优势去打击对方的弱处。不过，正如夫妻关系，即使双方因为种种原因被迫离异，但可能谁也不会死。中美两国在脱钩过程中，短时间内，双方都会受到很大的伤害，但伤害程度是

---

① 本文原载于2019年9月24日新加坡《联合早报》。

不同的，一方相对多一些，另一方相对少一些。美国总统特朗普就具有这种思维，认为美国在贸易战中占尽优势，中国会受到最大程度的伤害。不过，这种思维本身是有问题的。如果具有这种思维，动不动就利用自己的优势去伤害对方，双方何以能确立互利、互惠、互信关系？如果这样，两国关系的淡化甚至分离不仅必然，而且应当。

中美两国到底在争些什么？从现实来说，中美两国已经发展到谁也吃不了谁、谁也吃不下谁的程度。自中美两国开始交往以来，美国人对中国有两种截然不同的态度，即要么是“朋友”，要么是“敌人”，也相应地发展出两种主要对华政策，一种是帮助中国，一种是围堵甚至打败中国。这两种态度和政策都是美国文化的反映，它们之间不仅不矛盾，反而是有机统一的。

美国是宗教文明国家，具有强烈的使命感去改变这个世界，希望这个世界发展成美国人所想象的那样。因此，当美国人认为中国是朝着美国所希望的方向发展的时候，他们就高兴，就乐意帮助中国；相反，一旦美国人认为中国的发展不是其所希望的时候，他们就很不高兴，甚至恼羞成怒，要以中国为敌，围堵中国，打败中国。这两种态度和政策不仅仅反映在今天的中美关系上，近代以来都是这样，只不过不同时期具有不同的表现形式。

中国学习美国但非变成美国

中美两国都具有文明性，代表着各自的文明。因此，自与美国接触以来，中国也发展出两种对美国的态度和政策：一是以美国为师，向美国学习；二是坚持自己的独立性，避免和抵制被美国“消化”。

中国自近代开始因为落后而挨打，美国是西方最先进的国家，这决定了中国必须向美国学习。近代以来，中国没有一代精英不向往美国，也乐意虚心向美国学习。

不过，“学习”并不是说中国可以变成美国。即使五四运动前后出现了不小的主张完全“西化”的政治力量，但从客观上说，这些力量完全没有成功的希望。原因很简单，中国是一个基于文明之上的国家，有其自身的生存和发展逻辑。不过，尽管中国向美国学习，一旦美国感觉到中国这个学生“不听话”（即没有变成美国所希望的国家）时，美国就要惩罚这个学生了，这自然会导致中国强烈民族主义式的反应和抵制。

客观地说，改革开放以来，中国是向美国等西方国家学习的，并且学得很快，也学到很多，以至中美两国的一些学者说，中国的发展是“西化”的功劳。但很显然，中国不仅并没有像美国所希望的那样“西化”，反而变得越来越中国。这也促成了美国对中国态度的转变，把中国视为美国的“对立方”和敌人。

现实地说，诚如邓小平所说过的，美国帮助中国会使中国的发展快一点，但即使没有美国的帮助，中国也会得到发展。新加坡的李光耀也说过类似的话，意思是美国围堵不了中国，美国围堵中国会拖慢中国的一些现代化进程，但阻止不了中国的崛起。不管如何，发展到今天，美国已经没有完全围堵和遏制中国发展的能力，中国也已经不再是一个可以被轻易围堵的大国。

因此，无论是“朋友”还是“敌人”，中美两国都不得不“和平共存”，要么是“朋友”间的热和平，要么是“敌人”间的冷和平。即使是“朋友”，中美两国也不会“一体化”，因为两者代表着两种不同的文明。文明可以互鉴，但不可以互相取代。再者，中国不是日本，中国不可能像日本那样被美国整合进其安全体系。日本被美国整合是具有特殊力量条件的，即日本被打败。美国不可能把中国打败，无论是以热战还是冷战的形式。就热战来说，两国都是核武大国，控制不好就会互相毁灭。如果是冷战，最糟糕的就是形成当年美苏之间的“冷和平”。即使演变成美苏式冷战，只要中国不步苏联的后尘，也就是说不自我击败，美国也很难打败中国。

回到今天中美关系的现实面，双方似乎越来越对立，情绪越来越高涨。不过，如果撇开双方几乎高度情绪化到声嘶力竭的话语，回到具有实质意义的互动，人们或许不会对中美关系的未来感到如此悲观。就内部发展来说，无论是特朗普的“使美国再次伟大”还是中国的“中华民族复兴”，至少在意图层面，它们的目标是一样的，用中国通俗的话来说，就是要让老百姓过上（更）好的日子。同时，作为两个最大的国家，双方对区域或国际秩序都负有一定的责任。两国的竞争是必然的，但竞争有良性和恶性之分，良性的竞争是需要的，是通往合作的基础，是互惠的，恶性的竞争则会导致两败俱伤。

就经济竞争来说，美国早期也经历了重商主义阶段，强大之后走向世界，成为世界领袖。今天的中国也差不多已经走过这个阶段，有需要和能力变得更加开放。这很容易理解，这些年来，当贸易保护主义和经济民族主义在西方盛行的时候，中国一直在坚持全球化，以及更广和更深的开放。再者，中国也通过“一带一路”倡议、亚洲基础设施投资银行、金砖银行等机制建设走向世界，承担国际责任。尽管美国因为外部的过度扩张和内部问题，现在要往回走一点，注重内部事务，但相信美国也不会完全关上大门。实际上，只要美国仍然是一个资本主义国家，一个完全封闭的美国是难以想象的，因为资本的逻辑便是开放。由此看来，尽管中美两个经济体有可能成为两个相对独立的体系，但完全脱钩是很难想象的。

就各自内部发展来说，中美两国也各具优势。美国的技术确实较中国的先进，但中国的技术也已经积累到一个较快发展的阶段，并且在一些领域已经和美国持平，甚至有所超越。更为重要的是，中国的消费市场并不比美国的小。尽管美国中产阶层的比例较中国高，但中国中产阶层的绝对规模已经赶上美国，并且很快会超过美国。市场规模是中美两国各自经济力量的象征。在开放状态下，这两个市场谁也缺不了谁，合作便会互利，冲突便会互损。

西方担心中国体制的潜在吸引力

就经济体制来说，美国是典型的自由资本主义国家，过去曾经创造辉煌，但在进入新自由主义经济学以来，在知识经济时代，美国也为这一经济制度付出了不小的代价，包括中产阶层缩小、财富高度集中、收入分配越来越不公、社会越来越分化等。如果美国过度新自由主义的经济体制不能得到改革和调整，更深刻的危机将不可避免。今天美国政府所采纳的“贸易战”方法，肯定解决不了如此深刻的内部问题。

中国已经形成自己的经济模式，即混合经济模式。西方把中国称为“国家资本主义”，但这显然并不符合事实。根据中国自己的说法，民营企业代表着中国的“五、六、七、八、九”，即民营企业贡献了全国 50% 以上的税收、60% 以上的国内生产总值、70% 以上的创新、80%以上的城镇就业和90%以上的企业数量。这个模式的一些部门（主要是国有企业）尽管经济效率不如美国，但也具有自身的优势。国有企业负责大规模的基础设施建设、避免资本主义经济所固有的周期性危机、应付各种经济危机、平准市场、提供公共服务等，而其他类型的企业则如美国企业那样充满创新能力。中国称自己的经济体制为“社会主义市场经济”，强调的是政府和市场之间的均衡。尽管这个模式仍然具有巨大的改革和改进空间，但其优势和生命力不可忽视。

在政治上也如此。近代以来，很多人（尤其是知识分子）向往西方式民主政治和宪政，但遭到政治人物的拒绝。当然，中国拒绝西方形式的民主并不是为了拒绝而拒绝，而是因为西方体制很难在中国生存和发展。近代的诸多西方式政治实践的失败，使得政治精英不得不选择自己的模式。西方模式不可行，后来苏联的模式也不可行，最后回归到基于中国自身文明之上的模式。1949年之后，经过70年的实践、改革和调整，发展出内部三权分工合作的机制，“三权”即决策权、执行权和监察权。传统上，三权体制从汉朝到清朝存在了2 000多年。现在的三权体制并不是简单地回归传统，而是在传统之上的创新。

就政治过程来说，尽管中国共产党是唯一的执政党，即西方所说的 党制，但这个党是开放的，向所有社会群体开放。究其精神，它并不是西方意义上的政党，而更类似于传统“士大夫”阶层，即统治精英集团。更为重要的是，这个统治精英集团并非如西方那样由一些政治家族（即传统上的贵族）组成，而是向整个社会开放，所以是开放的一党制。开放的一党制一方面避免演变成西方类型的政党，另一方面和整个社会关联起来。因此，在中国，很难出现像西方那样的

“国家—社会”二分法，而体现为“国家—社会”的一体化。或者说，从国家到社会或者从社会到国家是一个连续的过程，而不是两个对立的制度实体。

从这个角度来说，尽管中国还是会面临来自国内和国外的压力，但基本政治体制构架不会变，我们所能做的，也应当做的不是革命，而是不断改革和完善这个体制。这个体制能够与时俱进，人们也不能低估这个体制的生存和发展能力。

在国际层面，尽管中国不会输出这个体制，但这个体制可能对一些发展中国家具有参照作用。西方担忧中国的政治体制并不是因为中国体制会取代西方体制，而是因为中国体制对其他国家的潜在吸引力。西方本来对自己的体制具有无限的信心，但近年来民粹主义崛起所造成的治理危机，甚至宪政危机（尤其是在英美两国），使得西方对自己的体制变得不那么有信心。在这种情况下，西方对中国政治体制可能的外在影响力更感恐惧。

由此看来，中美之间的良性竞争不仅不可避免，也是为世界所需。美国前国务卿基辛格表示，中美两国是在技术、政治经验和历史方面最有能力影响世界进步与和平的国家，所以希望中美两国能够以合作方式来解决问题。这话说得很到位。的确，作为世界上最大的两个国家，中美对世界和平与进步负有共同的责任。

美国敌对情绪延续，中国该如何应对？[1]

逆全球化时代，中国需要更开放

自2019年以来，逆全球化的呼声日渐嘹亮，在新冠肺炎疫情冲击下，更成为焦点话题。

逆全球化暴露出自由主义经济学说的短板：在现实层面，经济与政治并未真正脱钩，所谓市场自主、贸易自由，只是一个美丽的神话。特别是在国际贸易领域，政治经济学仍然占统治地位。政治随时可以伸出“看得见的手”，将竞争对手清剿出局。

由此带来巨大的思想困境：在相当长一段时期，国人奉自由主义经济学为圭臬，而当这一思想方法与现实相乖离，我们该何去何从？是彻底否定它，转向民粹主义？还是深入思考，刷新并升级我们的认识力？

全球化是不可逆转的大趋势，不论阻力多大，中国都应坚定信

① 本文原载于2020年7月28日公众号“华山穹剑”。

心、坚持理性，继续站在风口上。

换言之，世界越封闭，中国就应越开放。

“中国道路”不是“美国道路”的克隆版

自特朗普上台以来，美国政府力推逆全球化，体现在三方面：其一，退出多个国际组织；其二，挑起与中国等国家的贸易战；其三，搅动民粹主义情绪。

在新冠肺炎疫情压力下，美国政府更是加速了供应链“去中国化”操作，引起国内产业界的普遍焦虑。焦虑的产生，源于这样的误会：过去 40 多年中，中国经济是在重复“美国道路”，并因此取得快速增长，一旦失去美国背景，未来可能寸步难行。

其实“中国道路”与“美国道路”并不相同，二者依据的是完全不同的政治经济学。

在西方政治经济学语境中，政治与经济是一个分离的过程，这个过程至今影响着西方社会的方方面面。

在古希腊时代，西方的政治经济学也认为政治、经济不可分，与中国古人看法一致。但罗马帝国灭亡后，欧洲出现了数千个小王国，长期并存。在如何扩张上，商人们与国王们达成共识，政治与经济从此展开合作。其结果是，经济与政治脱钩，取得独立地位。为强化此地位，资本进而赞同“保护社会”，使社会、政府相互制衡。其结果是：政府与发展分离，政治人物想推动发展，也无有效办法。随着经济的重要性不断提升，政府日渐被边缘化。

全球化后，资本实力陡增，贫富两极分化加速，引发社会冲突。

可从“占领华尔街”，到 BLM 运动，西方政府始终拿不出有效的解决方案。

可见，“美国问题”是“美国道路”内生的困境，是西方政治经济学的必然结果。

相比之下，在漫长的历史中，中国的经济一直未获得独立地位，它始终呈现为三层资本共存的结构，即顶层永远是国家资本，中层是国家与社会的结合，底层才是自由的民间资本。在此基础上，形成了三层市场。这种结构的缺点是，中国错过了大分流的机遇，未能率先实现近代化，但它也有优点——最大化地保证发展。

在中国政治经济学语境下，发展始终是政府的重要责任之一。正如古代中国最优秀的政治经济学著作《管子》，不谈“供需”，只谈“轻重”。“供需”的主体是市场，而“轻重”的主体是政府。

推倒重来是不负责任的想法

沿着两种不同政治经济学的视角，就能解释为什么在过去 40 多年中，中国经济发展速度如此之快，却没有爆发重大经济危机，以及为什么中国能快速完成大规模基础设施建设，能大规模有效扶贫等。

任何快速发展的经济体，都会受到阵发性经济危机的冲击，可二战后许多东亚国家和地区都实现了长期的、持续的增长，奇迹的达成与儒家文化坚信“政府有义务推动经济发展”有关。

不可否认，中国政治经济学也有自身的困境。比如，怎样在三层市场中实现平等，使所有企业能享受同样的权利，从而保护好中小企业的创新能力。再如，如何避免国家资本独大，三层变成一层，在历史上，王莽时期、王安石新政时期、朱元璋时期、改革开放之前的时期，都出现了这样的局面，反而给经济发展带来伤害。

然而，一定要将中国政治经济学归并到西方经济学脉络上，要求它做出根本性改变，将经济与政治剥离开来，则既无可能，也无必要，还会付出惨重代价。更重要的是，这并不符合中国社会的实际需求，无法得到人民的支持。

任何系统都是优劣并存的，从没有一个系统能适应所有时代、所有国家。这就需要我们面对真问题，逐步修正，而非不负责任地推倒重来。

现实的问题是，西方政治经济学对中国政治经济学存有巨大误会。从政治与经济分离的视角看，中国政府致力于发展经济，常被误读成强化自身实力，对其他国家构成了威胁，必须加以遏制。

虚构出来的“中国威胁”

特朗普政府反复强调“中国威胁”，却刻意忽略了几个问题：首先，在政治主张层面，中国与美国没有根本冲突；其次，在政治操作层面，中国对美国并无威胁；再次，中国政府对美国内部事务毫无兴趣，也未挑战美国的全球地位。

换言之，中美矛盾的实质是经济冲突，不是政治冲突，把它升格为政治问题，不仅解决不了问题，还可能激化矛盾。

其实，早在 2008 年，美国政府便明确提出“逆全球化”主张，采取“制造业回流”战略，可从结果看，2008 年美国制造业在 GDP 中尚占 15% 左右，到 2019 年反而下滑到 11%。

发展靠理性，不靠激情，事实证明，“愿景治国”“口号治国”是行不通的，要发展，就要尊重市场规律。

资本天然趋利，全球化的大门一旦打开，就很难再用政治把它关上，在全球化时代，谁是效率的洼地，谁就会被淘汰，特朗普政府寄望于“效率不足政治补”，未必明智。

我们也应正视西方政治经济学的优点，即强烈的现实感、忧患意识和竞争意识。

事实是，中国不仅在政治上对美国毫无威胁，在经济上对美国也毫无威胁。美国最不可能，也最不应该与中国发生贸易战。可西方政治经济学天然带有竞争基因，它开放却不包容，不允许任何一点威胁存在，这与中国政治经济学更多关注内部完全不同。

在高度竞争时代，如何提高敏感度，如何磨炼主动竞争、主动出击的意识，是一个值得长期关注的议题。

“以暴制暴”是最坏的方法

面对美国政府咄咄逼人的操作，中国该如何应对？

最坏的方法是以暴制暴，不自觉地接受对方塑造，结果是经济纠纷可能真的升格为政治纠纷。在历史上，“一战”前的德国便犯了这种错误，给国家、人民带来深重灾难。

面对民粹主义的挑战，决不能用民粹主义回击。在全球化背景下，不论是主动的民粹主义，还是应激的民粹主义，都是反历史、反文明的力量。

旁观者不会具体分辨谁的民粹主义只是一种策略，大家只会指责弱势一方，并将其污名化。这种污名化最终会变成施暴的借口。

这意味着，斗智、斗勇、不斗气才是正确的应对之道。不论对手如何挑衅，如何反智，中国政治经济学都应表达出其理性、克制、利他的一面。

有一个概念叫“单边开放”。就是说，不论对方是否开放，我始终保持开放。

翻开历史，英帝国以如此狭窄的国土、如此少的国民，竟一度占据人类居住面积的四分之一，成为第二个“日不落帝国”，其成功的关键就在“单边开放”。“单边开放”帮助英帝国战胜了一个又一个对手，长时间维持了全球霸主的地位。

美国在二战后成为全球霸主，但70多年来，其地位多次受到挑战，这恰好证明，不懂“单边开放”，将事倍功半，加大成本。

从中国历史看，朝贡体制其实就是一种“单边开放”体制，从整体看，它维持了东亚世界上千年的稳定，堪称国际关系中的一个奇迹。

这启迪着今天的中国，坚定去走开放4.0之路——将资本、产能和基础设施建设技术等优势带向国际，通过互惠，超越西方政治经济学的利益陷阱、地缘政治竞争的狭隘语境。这才是应对逆全球化的最佳策略。

中国如何应对美国的打压？[①]

应对美国挑战宜多强调“同”

当前中美关系的特征之一是意识形态领域的争斗有升温态势，令人忧虑。美苏冷战时期的特征，除了军事上的针锋相对，就是意识形态的较量。但敌对如美苏，两国间也存在不少可以合作的共同利益。在疫情肆虐的当下，中美两个大国在这样的全球性非传统安全议题上无法开展合作，不得不令人警醒。

意识形态是认同政治的一部分。认同政治的范畴很广，早期涉及种族、民族、宗教、肤色，现在又被附加了一些世俗价值观色彩。美国国务卿蓬佩奥日前再次要求欧洲国家选边站，称不是要其在中美之间选择，而是要在所谓的“民主”与“暴政”之间选择。这就是非常典型的认同政治。

认同政治的最大危害，就在于把诸多世俗的价值观宗教化了。如

① 本文整理自《新民晚报》2020 年 7 月 14 日对作者的采访，有删改。

果对中美的社交舆论稍加关注，不难发现认同政治在撕裂美国社会的同时，也令中美舆论场上不时出现妖魔化对方的声音。在这方面，社交媒体尤其“贡献良多”。但任何一个政治体制都有民主的成分，也有集权的成分，只是程度多少的问题。中国的体制是美国攻击的那样吗？美国的体制是我们想象的民主吗？美式民主是最好的政体吗？都不是。历史是开放的，每个国家都可能找到最契合自身文明的政体。疫情发生以来的事实更表明，什么政体都是次要的，关键是能促使各国以科学的态度应对。

因此，面对美国在意识形态领域的挑战，中国应当也可以有足够的理性和耐心。

新中国成立以来，中国在这方面有足够的历史经验。一段时间里，中国在国内饱受“左倾”错误的困扰，在国际上同时反美反苏，处境困难。但毛泽东清醒地认识到这点，尼克松访华、中美建交……中国最终淡化了意识形态领域斗争的色彩，回到现实主义的轨道上。进入邓小平时代，发展社会主义市场经济使中国融入世界市场成为可能。这段时期，中国十分重视“求同存异”理念。因为正是共同利益的存在，才使世界市场成为可能。中国由此加入世贸组织，取得 21 世纪以来的经济腾飞。

除了在实际利益方面，中美在价值观上也有很多“同”的一面。比如民主、人权，尽管双方因发展阶段不同导致理解上有差异，但都是重视的，也是可以坐下来谈的。改革开放以来，中国成功使近 8 亿人脱贫，让更多的人接受了更好的教育，这也是重视人权的体现。

多强调“同”的一面，“异”的存在感就没那么强。但现状是，“异”的一面在互动中被格外突出，“同”被大大削弱，甚至被完全忽视。比如，现在有一种商业民族主义，为了赢利，片面迎合大众，散布虚假信息，夸大或者转移事实，误导受众，极其有害。

进一步讲，如果我们跟随美国强硬派的步调，也强调意识形态，肯定会落入对方的陷阱，因为中国的国际话语权还不强。嗓门并不等同于话语权，声音大、能开骂，不是话语权。中国还是要本着实事求是的精神审视中美关系，不要轻易被激怒，要认识到两国之间并没有舆论场上有些人宣扬的那么大的差异。

此外，中国要主动介入和引导两国关系走向，而非寄希望于某种国际危机使美国回归理性。美国会回归理性，但若放任不管，无异于放任中美关系自由落体式下坠。

新加坡总理李显龙不久前在美国《外交事务》杂志发表的署名文章表明，中美之外的中小国家虽然不愿选边，也只能视自由落体落到哪一点再做出自己的选择。但是在安全与经济之间，多数国家会怎么选择呢？

中国并不想成为两极世界中的一极，世界的多极化有利于中国的长远利益。欧洲、俄罗斯、印度、日本都有条件成为多元世界中的一极，这不会完全以我们的意志和偏好为转移。历史表明，任何成功的国家都是朋友多多的，敌人少少的。毛泽东“三个世界”理论的精神在当下仍有指导意义，冷战史蕴藏着丰富的经验与教训。

中美之争取决于国内治理

中美关系是当今国际舞台上最重要的一对双边关系，一些外交问题的解决之道，未必在于外交。像中美俄这样的大国，已经无须担心别国威胁自己的生存安全。外交是内政的延伸，国际竞争胜负的关键都在于各国内部。所谓内忧外患，内忧在前，外患在后。外患只能通过内忧放大危害，如果没有内忧，外患的威胁性就大大减少，反之亦然。

20 世纪 80 年代以来，美国长期是全球化最大的推动者和获益者，特朗普却借民粹主义上台，并在执政后屡屡破坏原先由美国领头打造的全球治理体系，给自身和全世界频频制造麻烦，徒耗自身的软实力。

从根本上讲，这是美国内部出了严重的问题。美国的军事力量依然独步天下，但贫富分化日甚，社会不公加剧，才导致今日的虚弱。美国的确从全球化获取了巨量财富，但自 20 世纪 80 年代以来，美国中产阶层萎缩至不足 50%，低收入家庭上升至 30%。对国家来说，资本的逐利性导致产业外移，税收减少，公共福利不振。对民众来说，就业机会不断流失，竞争日益残酷，收入却没有明显增长。

由此导致的恶果在疫情期间非常明显。一方面，掌握诸多尖端制造业核心技术的美国防疫物资短缺，不得不从别国手里强行抢购；另一方面，民粹主义崛起撕裂了社会，阻碍了共识的形成，导致美国抗疫表现一团糟。

相比美国，中国的优势就在于有中国共产党作为政治主体。如果没有这样的政治主体，中国就会像美国那样政府缺位、两党互掐，连最紧迫的抗疫工作也难以有效开展。但中国也面临类似的挑战，即发展不平衡和不充分的问题。中国已取得了人均 GDP 超过 1 万美元的巨大成就，但仍和发达国家有明显差距。我们国家还有 6 亿中低收入及以下人群，国家东西部发展还很不平衡，再加上多民族国家的属性，挑战依然艰巨。

如果发展问题解决好，中国的制度优势将更加凸显，自然会收获更多认可，美国炒作的不少问题也转化不成内部的挑战。为此，中国在硬基建之外，必须更加重视“软基建”。

学习亚洲智慧，搞好“软基建”

我认为，“软基建”的关键就是要培育、壮大和巩固中国的中产阶层，这是实现中国经济由数量扩张向质量效益转型的必由之路。

我 20 世纪 80 年代初在北大上学时，中国的人均 GDP 还不到 300 美元。今天的中国已经是世界第二大经济体，近 8 亿人实现了脱贫，成绩斐然。但难以否认的是，我们的中产阶层还很脆弱，低收入群体也存在返贫的可能。同时，传统的经济增长红利逐渐耗尽。许多地区的基建甚至比西方国家还要先进，已没必要重复之前大规模的基建。

2020 年 4 月 17 日，中央政治局会议强调要坚定扩大内需。扩大内需要培育国内市场，就要把更多的人转化为中产阶层。中国的独生子女一代已经逐渐成长为社会的中坚力量，但住房、教育、医疗等问题不解决，当前的消费主体就还很脆弱，潜力也得不到充分释放。

“软基建”的目标就是以社会改革为解决这些问题提供制度保障，让更多民众共享发展成果。“软基建”不仅是单纯的经济概念，还是社会和制度概念。要把更多人口带入中产阶层，培育橄榄型社会结构。有了庞大的中产阶层，才能保证社会发展方向不轻易失衡。

相比于美欧发达国家，不少亚洲国家和地区在这方面更值得学习。它们吸取了美欧近代以来的教训，主动推进医疗、教育、公共住房等方面的建设，培养有益于社会稳定的中产阶层，从而避免重蹈欧洲经历长期社会暴力和战争的覆辙。比如日本的“国民收入倍增计划”，新加坡的“居者有其屋”公共住房政策，都用适合自己的方式扩大了中产阶层。

20世纪六七十年代，日本启动了“国民收入倍增计划”。到该计划完成时，日本已相继超越法德等欧洲国家，成为资本主义世界第二大经济体。该计划不是没有副作用，但是它的确改善了日本的经济结构，实现了比较充分的就业，最重要的是打造了一个强大的中产阶层，有利于日本社会长期平稳。

“软基建”的另一重意义是激励创新。中国经济在发展，但创新不够。我们的创新主要在管理、运用等商业模式上，技术上的原创还远远不够。没有原创，就只能进行依附型增长。华为是我国领先的IT企业，但美国一断供，还是面临这么大的困境。因此，我们要从应用大国更快成为原创大国。

中央提出建设创新型国家，而创新也离不开庞大的中产阶层。日本成为科技强国和创新大国的过程，几乎同步伴随着中产阶层的崛起。地狭人多的新加坡能实现经济和科技起飞，与合理解决住房问题也不无关系。创新需要冒险，也需要制度性保障。对于缺少冒险文化的国家来说，更需要社会有一套比较完善的福利保障体系，让人们为生计耗费的心力投入到创新创业中。

然而，公共福利不是资本发展本身的逻辑，而是社会改革的产物。要强调的是，经济转型中尤其要注意保护农民的合法权益。中国经济腾飞至今，农民贡献巨大。在经济进入新常态阶段，要通过“软基建”更好地回馈农民，让他们也能更多地进入中产阶层。

必须打造世界级经济平台

中国必须更加坚定地扩大开放，打造世界级的经济平台。

党的十八大重申了扩大开放的决心，这是中国政治领导层智慧和理性的体现。但在新常态下，中国要加强自己的国际竞争力，就必须更加重视对粤港澳大湾区、长三角、海南岛等开放型经济区的打造。如果没有几个大的世界级经济平台，是不利于实现经济转型的。

改革开放以来，中国与西方发达国家的差距迅速缩小。但西方在经济平台与科学技术上的优势依然明显，因为西方最好的技术与人才还都留在西方。疫情后，这些生产要素是否能被吸引到中国，是值得思考的问题。

西方优势生产要素之所以无法向发展中国家流动，除了发展程度存在差异，西方嵌入式经济平台的整合优势是重要原因。如美国旧金山湾区和日本东京湾区，由于政策、人居、文化和开放程度等优势，资本、技术与人才深深地嵌入和整合到这些地域。一旦离开这块地域，这些要素就难以发挥既有的作用。

中国目前还没有这种级别的经济平台。像珠三角这样的制造业中心，在今天就面临实体产业不断流出的挑战。中国需要通过扩大开放，打造几个世界级经济平台，才能增强自己的不可替代性。

《战国策》记载了相国邹忌劝谏齐王，使齐王通过明修内政“战胜于朝廷”的故事。新冠肺炎疫情的暴发，客观上更加凸显了国家治理能力的重要性。因此，中国还是要有自己的战略定力，通过改革开放充实自己的“内功”。

中国须丢掉幻想，避免对美误判[1]

自从特朗普成为美国共和党总统候选人以来，因为其被美国学者称为“民粹权威主义”的政治风格，美国的传统政治精英和媒体从来就没有看好过他。特朗普内政外交的所有方面，几乎和美国传统背道而驰，美国内政外交乱象因此而生。

在美国内部，美国衰落的声音不绝。很多人相信特朗普不仅没有如他所宣称的“让美国再次伟大”，而是恰恰相反，加速着美国的衰败。美国也不乏有人开始把特朗普治下的美国视为“失败国家”。在外部，特朗普治下的美国也不被看好。在这次新冠肺炎疫情中，没有一个国家（包括美国的盟友在内）向美国求援，这是美国进入世界体系 100 多年以来的首次。其他国家，尤其是美国的盟友，知道美国发生了方向性错误，但或许是由于“恐惧”特朗普，或许是因为感到无能无助，没有一个国家的领袖试图公开提醒特朗普或者美国。

中国社会对特朗普治下的美国也表现出复杂的情绪。更多的人则

---

① 本文原载于 2020 年 8 月 4 日新加坡《联合早报》。

表现出轻美情绪，他们相信美国已经衰落，甚至相信美国因为治理失败而已经成为“失败国家”。一些人甚至开始把美国的衰败视为中国的机会，想在国际舞台上“取美国而代之”，不惜在任何问题上与美国公开对决。

中国发展到这个阶段，无论美国的对华政策如何，中国的继续崛起都不可阻挡。但如果人们跟随美国国内的一些观点，也以为美国衰败了，或者以为美国会解体，而可以在国际上“取代”美国，就会犯极大的战略错误。其他国家可以错误地理解美国，中国却不可以。因为美国已经把中国定为其头号“敌人”，中国对美国的估计必须实事求是。

理性分析美国内部矛盾

对于美国所发生的一切，我们必须进行理性的分析。

外交是内政的延续。今天美国的外交政策是其内政的反映。在内部，今天的美国面临着几大矛盾。

第一，种族矛盾，主要表现为 BLM 运动。其他种族的运动也存在，但被黑人运动淹没。

第二，阶级矛盾，主要表现为巨大的收入分配和财富差异问题。20 世纪 80 年代以来，在新自由主义经济学主导下，美国二战后成长起来的，也是美国引以为傲的中产阶层急剧缩小，中产阶层社会演变成为“富豪社会”。

第三，意识形态极端化，主要表现为保守主义和自由主义之间的矛盾尖锐化，两者演变成激进保守主义和激进自由主义。两者之间的交集越来越少，越来越没有妥协性。

第四，政治利益矛盾，表现为民主党人与共和党人之间、两党之间的矛盾，光用意识形态来解释很难说清楚，政治人物自私自利走向极端，他们之间的对立和仇视已经公开化，不可调和。

所有这些矛盾导致了美国的治理制度问题，或者如一些人所说的治理失败。而治理失败的关键在于政党制度的失效。西方自近代以来，政党是组织国家政治生活的最主要手段。尤其在美国，几乎所有的问题都要通过政党政治转化成为国家政策来最终得到解决。但在民主与共和两党互相对立和否决的情况下，有效的治理无从谈起。

美对华政策转为敌对

美国所有的内部问题也以不同途径反映到国际层面，就出现了很多国际和外交层面的问题，主要表现为以下几个方面。

第一，调整盟友关系。同盟关系是美国外交的主轴。美国在一战期间进入世界体系，二战以后成为世界体系的领导者。尽管美国提供了大部分所谓的“国际公共品”，但美国主要还是通过和其他国家的结盟来主导世界。很显然，没有任何一个国家可以单独主导世界事务。特朗普上台之后，美国急速地减少对盟友的承诺，要么要求盟友承担维持同盟关系的更多费用，要么减少对盟友各方面的援助和支持。

第二，从国际组织“退群”。因为国内面临的困难，美国很难支撑一个已经过度扩张的“帝国”。减少对不必要的国际事务卷入的问题，在特朗普之前已经被提出。

奥巴马总统开始计划美国如何有序地从一些对美国影响减小的国际事务（尤其是中东事务）中撤出来，而转向对美国来说更为重要的一些领域（例如亚太区域）。但这一战略在特朗普上台之后，演变成为全面“退群”。美国不仅从联合国的一些组织体系“退群”（例如世界卫生组织），而且也从自己主导的区域协议中“退群”（例如TPP），还对多边协议也进行了重新安排，例如北美自由贸易区等。

第三，与内部民粹主义崛起相对应，对外民族主义高涨。民族主义是弱国的武器，强国不需要民族主义。二战之后，美国成为世界上最强大的国家，也是最具有国际主义的国家，民族主义倾向降低到最低程度。

在很多美国人看来，民族主义似乎是其他国家的事情，与己无关。在2007—2008年全球金融危机之前，美国表现为自信、开放、包容。

美国内部矛盾的激化，导致特朗普民粹主义的崛起，而内部民粹主义的外部表现便是民族主义，在政策层面则表现为贸易保护主义、经济民族主义和反移民等。可以预计，如果美国解决不了国内的治理问题，继续弱化，美国民族主义会趋于高涨。

第四，软力量的衰退。这是民族主义外交政策崛起的必然结局。民族主义外交所凸显的是一个国家的自私自利性质，唯利是图，而全然不考虑他国的利益，甚至盟友的利益。

人们见到，特朗普上台之后，即使是美国的很多盟友也对美国胆战心惊，在小心翼翼地应对美国，既不想得罪特朗普，也不想盲目地跟随美国。

第五，对华政策演变成为敌对政策。美国对华敌对政策表现为内外两个方面。在外部，美国已经正式地把中国界定为其头号对手，而俄罗斯次之。美国现在所进行的外交都聚焦中国，试图形成最广泛的“统一战线”来对付中国。

但更为重要的是，对华政策也成了美国内政的一个重要部分，两党竞争着谁对中国更狠。这里认同政治起着关键作用，即妖魔化中国。

认同政治对美国的对华政策具有很长远的影响，因为它深刻影响着美国社会（民众）对中国的认知。这种认知一旦社会化，转化成为文化，就很难改变。美国当时对苏联的认同政治到今天仍然发挥着影响。即使美国当局想改善和俄罗斯的关系，这种努力也没有社会基础，很难实现。

对美形势误判的后果

美国内部矛盾的激化和对华实行全面打压政策，这两者混合在一起，足以促成一部分人对美国的误判。这种误判如果影响到中国的外交政策，可以预见，中国就很难避免陷入美国所设定的对华政策议程。

因此，要制定有效的对美政策，人们需要对美国的现状，在基本事实的基础上，做理性的分析。至少对如下几点是需要有认知的。

第一，美国现在面临的是由政治危机所引发的治理危机，但并非是总体政治制度危机。美国政治制度的核心是宪法，宪法体现为一种精神。

美国被视为第一个“新国家”，它建国之初，没有沉重的历史包袱，可以把当时为止的人类最优质的制度要素有机地结合在一起。所以，美国这个国家尽管很年轻，但确实是一个文明类型国家，即美国代表着西方文明。

美国的政治制度是开放的，面向未来，宪法根据时代的需要，不断修正。历史上，美国既有伟大的领袖，也不乏庸人，犯错和纠错并存。

今天的 BLM 运动在清算美国的历史，包括制宪人物在内的政治家的雕像被推倒。不过：制宪人的雕像可以倒，宪法却不会倒；宪法可以修正，但不会废弃。很难想象，在可预见的将来，美国的政治制度会出现另一种替代品。

第二，美国的制度空间足够大，或者“制度笼子”足够大，可容纳社会运动。社会抗议和反叛本来就是美国政治制度的内在部分，制度设计已经充分考虑到了这一点。今天勃兴的黑人运动，使得一些人怀疑美国的制度是否会倒塌，“制度笼子”会不会被打破。但从历史经验看，这种可能性并不大。

今天的黑人运动，远远比不上 20 世纪 60 年代至 70 年代的黑人民权运动。当时除了民权运动，还有庞大的反越战运动。美国的处理方法就是让“笼子”更大一些，给各社会群体更多的法律层面的权利。

正因为如此，各类社会运动会影响美国，但改变不了美国制度的性质。今天的美国认同政治盛行，社会运动碎片化，很难聚集起来对总体政治制度构成有效冲击。

第三，保守主义的反弹。今天的社会运动是美国激进自由主义的产物，符合自由主义发展的逻辑，但这并不意味着美国社会会沿着激进自由主义的方向发展。相反，激进自由主义也在导致保守主义的强烈反弹。

从历史上看，二战以后，自由主义主导美国政治和经济，但到 20 世纪 80 年代，里根主义（即新保守主义）崛起。

今天，随着 BLM 运动的激进化，保守主义也在崛起。自由和保守力量的较量不可避免，直到双方达到一种新的均衡。在这个过程中，美国会不会发生内战？正如前面所说的，美国的政治制度基本上可以容纳各种社会抗议和反叛，很少有人会认为今天这样的抗争会演变成内战。

第四，经济与政治的分离。经济的自治性是西方近代以来最具有重要意义的一个制度创新。

随着资本的崛起，资本追求独立自主，以免受政治权力和社会的冲击。近代以来西方的制度是以资本为核心的，各种制度安排都是为了资本的安全。马克思已经指出了这一点，迄今并没有大的变化。

因此，在西方，所有其他问题不会对经济产生致命性的影响。政治可以干预、规制和修正经济，但主导不了经济规律。这也为此次新冠肺炎疫情危机所证实。新冠肺炎疫情对美国社会各个方面和日常经济生活造成了巨大的冲击，但对美国的基本经济体系并未构成巨大的压力。

第五，从经验上看，每次危机都会影响到美国在国际社会的软力量，但每次危机之后，美国的硬力量不仅很少受到影响，反而会变得更加强大。这背后有很多因素，但其中一个重要因素就是上述政治和经济的分离。

今天，并没有显著的迹象表明美国的硬实力在衰落。再者，硬力量的存在和上升，反过来会助力美国在危机之后恢复软力量。

中美之间不存在谁取代谁的问题

如果能够考虑到以上基本事实，也不难得出如下结论。

第一，美国的衰落是相对的，就是与其他国家的发展比较而言的衰落。如果与美国自己的过去相比较，美国仍然在发展，只是较慢的发展。

第二，大国的衰落是一个很长的历史过程。中国晚清的衰落经历了很长时间，苏联解体之后，俄罗斯的军事力量到今天为止仍然是最强大的之一。在这个漫长的过程中，美国仍然有复兴的机会。

第三，美国没有全面衰落，而是部分衰落。在经济、军事、科学技术、创新等领域，仍然没有任何国家可以和美国比拟。

第四，美国内部的“衰落论”主要是美国人的深刻危机感所致。美国是一个危机感驱动的社会，和其他国家的国民比较，美国人很少有忍耐性。因为民主、开放、自由，美国人一有苦就叫出来，加上热衷于报道负面新闻的媒体的大肆渲染，美国社会往往具有深刻的危机感，而政治人物（因为选票的缘故）不得不回应。不难理解，“西方衰落”和“美国衰落”的声音，在西方和美国从来就没有间断过。

就中美关系来说，结论也是清晰的。

第一，两国的紧张关系是结构决定的，即中国已经崛起到被美国视为真实威胁的程度。

第二，美国可以围堵中国，围堵也可以对中国产生影响，但遏制不了中国的继续崛起。

第三，中美两国不是谁取代谁的问题，美国遏制不了中国，中国也取代不了美国。

第四，中美两国的问题是共存问题。丢掉一切不切实际的幻想，学会和美国的共存，应当是人们思维的起点。

中国今后如何与美国共存[①]

学国际关系的都熟知两句话，第一句是外交是内政的延伸，第二句是战争是政治的另一种表达方式。但政治学中还有一句话，即所有的政治都是地方政治（local politics）。把这三句话结合起来，我们可以说，所有战争的原因都是来自地方政治。中美关系的恶化尽管主要问题出在美国身上，但我们也要反思我们缺少对美国内部发展的理解。

从很大程度上说，当前的形势比美苏冷战更为严峻，因为美苏冷战只是意识形态的冲突，没有文明的冲突，美苏至少还属同一个文明。俄罗斯人理解美国，我们却不那么理解美国。我们观察一下海外社交媒体上的现象就知道，俄罗斯人可以用美国人的化名，可以伪装成美国人的情绪去影响美国的选举，而中国人只会简单地把自己的情绪放在社交媒体上。我们和美国之间即使没有文明冲突，也有很大的

① 本文整理自作者在 2020 年 10 月 24 日的 IPP 中美关系闭门研讨会“特朗普时期中美关系回顾与中国未来的战略选择”上的主旨演讲，有删改。

文化理解差异，很多人不理解美国。

很长一段时间里，美国人一拳打过来，我们就一拳打回去，这种方法不行。软力量和意识形态是我们的短板，我们不能用自己的这一短板去挑战美国（西方）的长板。中国外交要充分利用我们的比较优势。我们有两个比较优势，第一个优势是开放的潜力，第二个优势是市场规模。

中国开放的潜力是什么？中国有很多的市场领域还未开放，任何一个领域的开放都可以改变西方对中国的态度。中美这两年一直在打贸易战，关系越来越糟糕，但根据美国彼得森国际经济研究所的智库报告，过去这两年有 6 000 亿美元流入中国的金融市场，因为这几年我们的金融市场开放了一个口子。英国《经济学人》统计，2020 年前 10 个月有 2 000 亿美元流入中国金融市场。这么大规模的资本流入和中国的市场规模是有关系的。

中国市场规模有多大？消费社会主要和中产阶层有关。穷人不是消费阶层，精英阶层已经消费过度了，对经济贡献都不会太大。美国的中产阶层占比大概为 50%，中国现在是 30%，但我们的人口基数庞大，中产阶层已经有 4 亿人口，美国的中产阶层是 2 亿人口。也就是说，我们的中产阶层人数相当于美国的总人口数。特朗普政府和日本政府曾都希望用钱吸引本国企业回归，但美国和日本都不会成功，主要是因为美国和日本的企业都不想放弃中国市场。

中美之间实现脱钩很困难，我并不认为这两个经济体能完全脱钩。美国在搞“一个世界、两个市场”，或者说“一个世界、两套体制”。我觉得出现两套技术体系有可能，但是两个市场完全脱钩是不太可能的。美国的脱钩政策在一个领域有可能实现，即所谓的国家安全领域，美国会以保护国家安全的名义要求甚至强制高科技企业回归。

另一个领域即医疗物资领域，贸易依存度会大大减低，但也不可能完全脱钩。医疗企业的回归已经开始了，很多人把这理解为“去中国化”，但我觉得医疗物资是与老百姓生命攸关的大事，不能全部放到海外生产。根据美方的统计，美国 80% 以上的医疗物资依靠中国供应，97% 的抗生素依赖中国。尽管这个统计数据可能有夸张成分，但如果依赖程度太高，便是不合理的。

中美之间其他领域的产业转移，不能说是脱钩或者“去中国化”。在中美贸易战之前，西方一些企业已经从珠三角和长三角转移到其他国家去了，因为中国的劳动力成本和土地成本提高了，环保意识增强了。这种产业转移是正常的经济行为。所以，我们前段时间对中美经济关系变化的解读太过于民族主义化了。

这一波超级全球化导致了国际层面的劳动分工，但很难持续。道理很简单，经济和社会本身是一体的，是互相嵌入的，但现在资本的主导地位太突出，经济和社会完全分离了，并且因为是国际层面的分离，主权国家无能为力。那么社会怎么办？现在我们看到的只是收入分配的问题，但实际上还产生了更深刻的问题，并且无解。

我最近在思考，我们在崛起过程中，如果没有开放，包括国有企业在内的既得利益集团是没法打破的。我觉得中国政府在这个问题上也是有共识的。这也是为什么我们会在过去不允许开放的金融领域实现开放，这是一个策略问题。中国发展到今天，应该也已经具备了足够的能力对美西方实行单边开放政策。中国要学习历史上的大英帝国，大英帝国是实践单边开放的，即使你不向我开放，我也向你开放。美国的做法是对等开放，你向我开放，我再向你开放。

在很多方面，大英帝国的方法要远远优于美国。美国霸权持续没多长就开始衰落了，大英帝国的霸权持续了一个多世纪。单边开放的道理在于，只有在开放状态下，全球生产要素才能进入本国。西方的企业像汽车工业，德国、日本、美国本身的汽车行业已经在中国形成了产业链，不可能把整个产业链迁回去，企业本身更没有动力放弃中国市场。

只要政府不把外国企业赶出去，外国企业是不会走的；任何一个国家都没有那么大的财政投入，把这些企业都吸引回去。所以，只要美国（西方）还是资本主义国家，只要中国是开放的，完全脱钩就很难实现。如果我们实行单边开放，那么美国搞脱钩就更没有希望。

总之，我们要对美国有一个客观评估。美国的衰落是相对的，它没有绝对衰落，美国还在进步。美国今天的问题主要是治理体制问题，而不是经济体系问题，其经济还是自由创新的，创新能力、优质资本、优质技术、优质人才还都留在美国，并没有往外逃跑。

美国当前的危机远远赶不上20世纪60年代反越战和黑人民权运动危机。实际上，美国一直危机不断。它的宪政体制就考虑到危机，一般性的危机冲垮不了其宪政体制。

未来，中国只要不犯颠覆性的错误，还是有非常大的优势的。所谓的颠覆性的错误就是把自己封闭起来，不再继续开放。只要中国持续开放，外国资本还是会进来，技术也不会完全脱钩。中国要学会和美国共存，不要想着怎么样打败美国。中美这样的大国，只要自己不打败自己，很难被对方打败。

中美关系过去是以合作定义竞争，未来将以竞争定义合作。

担任参议员和副总统时期的拜登，既是鹰派也是鸽派，更是个外交实用主义者。拜登在对华经贸、外交和安全政策上，都会更强调盟友、规则和价值观因素，以重塑美国声誉和实力作为对华政策的基石。同时，拜登定义中国为竞争对手而不是敌手，为中美关系注入了相对稳定的因素。

与特朗普政府的高度保护主义的贸易策略不同，拜登更信奉自由贸易。除了消除疫情的影响之外，他的首要任务就是恢复美国经济，因此他的对华政策大概率也将与这个目标保持一致。

自中美签署了第一阶段贸易协议后，两国的贸易谈判小组一直保持定期接触。第一阶段协议可能成为未来经贸磋商的一个起点。